DORADO RESTAURANT

Jeanette Erazo Heufelder

Havanna Feelings –
Die Magie des alten Kuba

Jeanette Erazo Heufelder

HAVANNA *Feelings*

Die Magie des alten Kuba

Aus den Erinnerungen des Fernando Campoamor

Gustav Lübbe Verlag

Gustav Lübbe Verlag ist ein Imprint der Verlagsgruppe Lübbe

Originalausgabe

Recherche in Zusammenarbeit mit Eugenia Erazo-Mettelsiefen

Lektorat: Helmut R. Feller
Textredaktion: Ulrike Brandt-Schwarze, Bonn
Schutzumschlag- und Einbandgestaltung: Guido Klütsch, Köln
Satz: Bosbach Kommunikation & Design GmbH, Köln
Gesetzt aus der Adobe Caslon
Druck und Einband: Friedrich Pustet, Regensburg

Printed in Germany
ISBN 3-7857-2067-X

5 4 3 2 1

Sie finden uns im Internet unter:
http://www.luebbe.de

Inhalt

HAVANNA *Feelings*

La Habana? –
Fernando Campoamor!

Wie ein Diamant im Licht

La Habana – die Schöne, die große Dame der ehemaligen spanischen Kolonien, die Metropole mit den Allüren einer alternden Diva. Obwohl die Jahrhunderte nicht spurlos an ihr vorübergegangen sind, liefert sich der weibliche Star unter den lateinamerikanischen Großstädten dem Leben immer noch mit einer Leidenschaft aus, die verhindert hat, dass aus Alltag monotone Gewohnheit wurde. La Habana improvisiert nach Tageslaune, frech und ohne Selbstgefälligkeit, womit sie eigentlich so gar nicht ihrer Rolle einer in die Jahre gekommenen Diva entspricht. Ihr gelingt es jeden Tag aufs Neue, das Publikum mit ihrer Selbstinszenierung zu begeistern, ohne in falsche Sentimentalität oder Effekthascherei abzugleiten. Der Dialog mit den Bewohnern füllt die Stadt mit Leben.

Die Hälfte ihrer Straßen führen zum Meer hin, wo sie sich im tiefblauen Horizont verlieren. Von dort dringt beständig frische Luft in die Stadt. Das Meer pumpt Lebenselixiere über die Mauern der kilometerlangen Uferpromenade und durchtränkt die Straßen mit jener jodhaltigen Prise Salz, die Tag und Nacht vom Golfstrom herüberweht. Die pralle, in der Mittagszeit oft bleischwere Sonne kippt über Havanna das Füllhorn der Tropen aus, eine Hitze, die wie ausgereifter Rum durch den Körper strömt. Sie dringt in alle Poren ein und lässt dennoch Luft zum Atmen. Denn die Nähe des Ozeans nimmt ihr das Drückende. Allerdings bringt dieser Nachbar in regelmäßigen Abständen auch Unruhe in die Stadt. Immer dann, wenn sich die Winde zu tosenden Wirbelstürmen steigern. Havanna hat sich längst an die Temperamentsausbrüche gewöhnt. Die Stadt am Meer lässt sich bei ihrer täglichen Darbietung nicht aus der Fassung bringen. Unter dem unverwüstlich leuchtenden Blau der Karibik zeigt sie ihre tausend Gesichter. Und wenn vor der Kulisse wuchtig und kurz ein tropischer Vorhang aus warmem, schwerem Regen fällt, holt sie Atem, um wieder strahlend und mit scheinbar unerschöpflicher Energie auf der Bühne zu erscheinen. Die letzten Regentropfen lässt sie von der Sonne trocknen, die sich nach den pausenfüllenden Stürmen und Regengüssen erneut ihren Weg in Häuser und Innenhöfe bahnt, durch Ritzen geschlossener Jalousien und durch aufwändig verarbeitetes Buntglas; Schutzschildern, mit denen Fenster und Türen verkleidet werden, um das Licht zu mildern, das sich über Straßen, Plätze und Patios ergießt. Lebendiges, tanzendes Licht, das mehr als einmal dazu verführt hat, die Stadt auch mit einem Diamanten zu vergleichen, der je nach Lichteinfall in wechselnden Primärfarben leuchtet. Ein Spiel mit Schatten und Kontrasten, voller Feinheiten und Anspielungen, für die das menschliche Auge in Havanna besonders empfindsam zu sein scheint.

Der Blick auf Kubas Metropole nutzt sich nicht ab. Er gleicht der Betrachtung eines Lieblingsgemäldes, bei dem man voller Erstaunen feststellt, dass es immer wieder ein neues, überraschendes Detail zu entdecken gibt.

Havannas Atmosphäre wird von Geräuschen genährt, die an keinem Ort der Stadt verstummen, weil sie wie das Licht der Sonne durch den kleinsten Mauerspalt ins abgelegenste Haus dringen. Die lärmenden Pumpen der Tankwagen, die Wasser in die Zisternen der alten Wohnhäuser leiten. Das Scheppern der Holzkarren mit den kleinen Rädern auf dem Kopfsteinpflaster der Altstadt, die den Beginn jedes neuen Arbeitstages verkünden und erst am Abend wieder verstummen. Das asthmatische Motorenbrummen museumsreifer Straßenkreuzer, die zu Havannas Straßenbild gehören wie die Statue der Giraldilla auf dem Turm des Castillo de la Real Fuerza. Und überall ein Hämmern, Bohren, Klopfen, Schleifen, Sägen – optimistische Geräusche einer Stadt, die nie den Glauben an sich selbst verloren hat, auch wenn von ihren Häusern, die durch halb geschlossene Augenlider wie Theaterkulissen wirken, teilweise nur noch die Fassaden stehen, nachdem sie jahrzehntelang dem zersetzenden Atem der salzhaltigen See und der Zeit überlassen wurden. An Mauern blättert Farbe ab, und von Fassaden bröckelt Putz. Die Häuser verfallen. Aber dort, wo die Pastelltöne verblichen sind, streicht ein trauriger Bolero neue Farbe darüber. Wo sich Putz löst, untermauert Ñico Rojas' Lied *Mi ayer* melancholisch die Vergänglichkeit. Und wo ein müder Straßenhändler zum Kauf seiner Erdnusstütchen auffordert, erinnert Moises Simons Hit *El Manisero* an die Blütezeit der Marktrufe, als lauthals schreiende Händler Havannas Straßen mit einem vielstimmigen Chor erfüllten. In Form von Liedern und Refrains boten sie von Fisch bis zu Orangen alles an, was sich in Karren schieben ließ, so einfallsreich, dass kubanische Schriftsteller ihrer Faszination erlagen. Die Stimmen der Marktrufer leben in der kubanischen Literatur weiter, nachdem sie in Havannas Straßen verstummt sind. Die Refrains der Händler sind verschwunden, das musikalische Potpourri auf den Straßen ist dennoch geblieben und unterstreicht Havannas maroden Charme.

Die Kubaner gehen mit ihrer Hauptstadt ausgesprochen menschlich um. Sie ärgern sich über sie und verzeihen ihr wie einer alten Freundin, die man seit Kindestagen kennt, oder einer Lebensgefährtin, mit der man zu viele vertraute Gewohnheiten teilt, um durch einen Streit ein endgültiges Zerwürfnis zu riskieren. (Und deshalb soll von Havanna – wie im Spanischen – auch hier als einer weiblichen Stadt die Rede sein.) Wer Havanna verlässt, wird fortan durch die Erinnerungen an einen Ort aufgewühlt, dem auf der Suche nach existenziellen Alternativen und politischer Freiheit vielleicht enttäuscht oder sogar verbittert der Rücken gekehrt wurde. Doch zum Schmerz des Exils gesellt sich bald die stechende Sehnsucht nach einer Stadt, deren Pulsschlag mit dem eigenen unlösbar verbunden zu sein scheint, da beide gleichermaßen von jenen Lebensenergien durchdrungen werden, die diese wunderbare Mischung aus Sonne und Licht, Hitze und Stürmen, Rhythmus und Farbe erzeugt. Wer das Glück hatte, mit einer solch sinnlichen Nahrung aufzuwachsen, wird sie an anderen Orten vergeblich suchen. Auch in der Ferne werden die Gedanken und Gefühle weiterhin um Havanna kreisen, stärker und eindringlicher noch als vorher. Worte stehen nun anstelle des Gelebten, »die verlorenen Worte« – so der Titel eines Romans von Jesús Díaz – der Exilanten, die über dem Golfstrom verhallen. Könnte Havanna sie hören, würden sie ihr vertraut sein, da ihre Sprache auf den Straßen der Stadt zu Hause ist: Tragik entlädt sich in Witz. In den Worten der Fortgegangenen lebt Havanna mit einer Selbstverständlichkeit weiter, die eine tiefe Zuneigung erahnen lässt. Mühelos werden Straßen und Plätze im Gedächtnis abgerufen, Anekdoten und Geschichten liefern den Stoff für die kubanische Exilliteratur.

In *Sábanas blancas*, einer musikalischen Huldigung an Kubas

Hauptstadt, singt Gerardo Alfonso: »Wenn dich meine Augen eines Tages verlieren, wenn mich das Leben in einen weit entfernten Winkel der Erde verbannt, schwöre ich dir, werde ich vor Liebe und vor Sehnsucht danach sterben, einmal noch durch deine Straßen zu spazieren.« Havanna hat keine Angst vor Kitsch. Jahrhundertelang liefen in der kubanischen Metropole die Fäden zusammen, die die Alte mit der Neuen Welt verbanden. Hier gesellte sich Tratsch und Klatsch zu hoher Dichtkunst. Spanisches Pathos mischte sich mit afrikanischen Rhythmen und überzog alles, was anderswo vielleicht nicht zusammengepasst hätte, mit einer unverwechselbaren kubanischen Patina. Was den Romancier und Essayisten Alejo Carpentier dazu brachte, Havanna als »wirklich malerische« Stadt zu charakterisieren, als wäre er verblüfft darüber, dass diese Umschreibung, der doch der Ruch eines Allgemeinplatzes anhaftet, auf seine Stadt tatsächlich zuzutreffen scheint.

»Havanna? Ich weiß nicht, ob die Stadt wirklich existiert. Sie ist vor allem ein Seelenzustand«, sagt der Regisseur Enrique Pineda Barnet.

Andere drücken sich weniger romantisch aus: »Havanna kommt mir vor wie eine zu stark geschminkte Frau«, meint der Choreograf Ramiro Guerra, Begründer des zeitgenössischen Tanzes auf Kuba und eingefleischter Habanero. »Wie eine Frau, über die man sagt, dass sie zwar nicht schön sei, aber interessant.« Doch letztlich klingt selbst Kritik an der Hauptstadt aus dem Mund eines Kubaners wie eine kleine Liebeserklärung. Die mühsame, beschwerliche Gangart einer sozialistischen Metropole nimmt man hier mit einem Seufzer hin, in dem der Stoizismus eines Volkes mitschwingt, das gelernt hat, mit Schwierigkeiten zu leben: »*No es fácil* – leicht ist es nicht, das Leben.« Aber wenn diese Erkenntnis irgendwo auf der Welt zu einer kreativen Grundstimmung stilisiert wurde, dann in Havanna.

Zwei Institutionen ragen als augenfälligste Symbole eines Alltags heraus, der von materiellen Entbehrungen gezeichnet ist: *el camello* und *la cadena* – die Stadtbusse und die unvermeidliche Beziehungskette. »Kamele« werden die lang gezogenen Busse genannt, deren Dach tatsächlich gewisse Ähnlichkeit mit Kamelhöckern aufweist. Sie wurden einst als Zeichen für den Aufbruch in eine neue Zeit gefeiert, stellten sie doch mit ihrer gewaltigen Fassungskapazität und mit festen Fahrzeiten eine Verbindungsachse zwischen Wohn- und Arbeitsvierteln her. Dreihundertfünfundsechzig Personen zwängen sich in die Busse. Mit ihrer Schwäche für Symbolik vergleichen die Habaneros den Platz in den Camellos mit den Tagen eines Jahres. Aber die Stadtbusse sind altersschwach geworden wie die Revolution. Statt für infrastrukturellen Fortschritt stehen sie nur noch für lange, lästige Warteschlangen an den Haltestellen und stickige Enge während der Fahrt. Der ständige Kampf um Stehplätze und die häufigen Unfälle machten aus den Camellos eine Zielscheibe öffentlichen Ärgers und Spotts. Ein Glückspilz, wer die Fahrten mit ihnen vermeiden kann, weil er eines der dröhnenden, Benzin verschlingenden Uralt-Automobile besitzt, das tatsächlich seinen Dienst tut, wenn der Motor angelassen wird. Ist Letzteres nicht der Fall, tritt die *cadena* inkraft – die lebenswichtige Beziehungskette, über die auf ganz Kuba Ersatzteile, Benzin, Mitfahrgelegenheiten, frischer Fisch, Kaffee, Brillen, bevorzugte Behandlung bei Ärzten und in Ämtern, Kleidung, Schuhe, Zigarren und Rum organisiert werden. Die Kubaner sind Meister der Cadena, vielleicht, weil diese nicht erst mit der sozialistischen Schattenwirtschaft geboren wurde. Der kubanische Maler Julio Girona erzählt eine Anekdote über seinen berühmten Kollegen Wifredo Lam, der einige Zeit in Italien gelebt hatte. »Und wie ist Italien?«, fragte ihn Girona. »Schrecklich! Genauso wie Kuba«, antwortete ihm Lam. »Wenn du einem Freund erzählst, dass du dir neue Schuhe kaufen möchtest, versucht er dich sofort davon zu überzeugen, sie im Geschäft seines Onkels zu kaufen, wo du sie selbstverständlich zum Freundschaftspreis bekommst. Ein anderer Freund hat einen Großvater, der Schuster ist und erstklassige Schuhe macht. Und was passiert? Monate später läufst du immer noch in deinen alten Schuhen herum.«

Die Cadena und die öffentlichen Transportmittel, beide haben eine lange, eigentümliche Tradition in Havanna. Während die »Kamele« die Errungenschaft der kubanischen Revolution sind, stellt die Straßenbahn eine Innovation der jungen kubanischen Republik dar. 1902 kamen die von nordamerikanischen Gesellschaften in gebrauchtem Zustand gekauften Straßenbahnen auf Havannas Straßen zum Einsatz. Als ihnen der Nationaldichter Nicolás Guillén 1950 einen ironischen Artikel widmete, mühten sie sich bereits seit einem halben Jahrhundert ab und waren hoffnungslos veraltet.

»Bis Mitte vergangenen Jahres«, stellt Guillén fest, »waren sie ideale Vehikel für das Verladen höflicher, zurückhaltender, stets beherrschter und geduldiger Menschen, wie der Schreibkraft, die sich noch nicht auf die Schnelligkeit der Maschine umgestellt hat, wie dem Staatspensionär oder dem Schachspieler. Sie konnten sich an eine Straßenecke stellen und alles weitere bestand darin zu warten. Mit einer Strickarbeit, einem Buch von Jorge Mañach oder mit abschweifenden Gedanken über Themen, die auf keine sofortige Lösung drängten. Vierzig Minuten später wurden sie von einem unverwechselbaren Gebimmel überrascht. Die Straßenbahn war da! Sie konnten es sich in der langsamen Karosse bequem machen und in aller Seelenruhe einschlafen. In der Gewissheit, gesund und sicher ihr Ziel zu erreichen. Jetzt, liebe Freunde – und leider ist es notwendig, eindringlich darauf hinzuweisen –, jetzt ist alles ganz anders geworden. An den Drahtleitungen der Trolleys hat der Zahn der Zeit genagt, und so gibt es keine Fahrt ohne Unfälle mehr. Täglich reißen Kabel durch, die wie Schlangen über der Straße baumeln. Stundenlang stauen sich die Autos, während Scherzbolde angesichts dieser Zwischenfälle, die einer Hauptstadt nicht nur unwürdig, sondern auch lebensgefährlich sind, ihre Witze reißen. Falls sich die abgerissenen Stromleitungen an ihren Enden verheddern, sie den Kopf eines zerstreuten Fußgängers streifen oder ein Passant darauf tritt, kommt es zur Katastrophe. Mit anderen Worten: Ein Fortbewegungsmittel, das einst der solide Beschützer unseres Nervensystems war, lädt nun ständig zur letzten Reise ein.«

Guillén gab seinem Pamphlet den widersinnigen Titel *Fortschrittlicher Stillstand bei den Straßenbahnen* und traf den Nerv Kubas, dessen Geschichte schon immer von Paradoxien geprägt wurde.

Die kubanischen Widersprüche durchschneiden Raum und Zeit, führen zu ganz neuen Wirklichkeiten, die in keiner Stadt so bunte Blüten treiben wie in Havanna. So förderte zum Beispiel die kubanische Revolution Kubas agro-industriellen Fortschritt. Doch heute pflanzen hoch qualifizierte Arbeiter in den Hinterhöfen der Hauptstadt wieder

Gemüse an oder halten sich Schweine und Hühner. Denn die staatlichen Betriebe zahlen in kubanischen Pesos, zum Leben brauchen die Kubaner jedoch Dollars. Die Bewohner der Metropole versuchen auf die Widersprüche der Gegenwart mit einer Haltung zu antworten, die schon immer ihre Stärke war: Sie verlassen sich auf ihren Erfindungsreichtum, bei dem sie aus dem Fundus einer jahrhundertealten Kulturgeschichte schöpfen können. Es ist alles noch vorhanden! Paläste, Musik, Theater, Religionen und große Namen. Entweder lässt es sich in irgendeiner Form noch zum Leben gebrauchen, oder es wird in einer dunklen, staubigen Nische der Geschichte abgelagert, wo es allmählich in Vergessenheit gerät.

Havanna ist die Stadt der Paläste und Wäscheleinen, der Jungfrau Maria und afrikanischen Heiligen, der nationalen Denkmäler und volkstümlichen Helden, der Künstler und Sonderlinge, der geschliffenen Pointen und der deftigen Zoten, der großen Geschichte und der kleinen Geschichten. Es ist ein historistisches Wohnzimmer mit Zwischendecke und Alkoven, in dem unbekümmert und ehrfurchtslos Stilmöbel und Selbstgebasteltes nebeneinander platziert werden! Eine Stadt der Wunder, in der sich Wirklichkeit zu Poesie verdichten kann. Wo sonst lässt sich eine solche Szene erzählen: Ein Arzt wird nachts ins Haus einer Gebärenden gerufen. Als der Morgen graut, bringt sie ein gesundes Kind zur Welt. Die Mutter der Gebärenden bedankt sich überschwänglich bei dem Arzt, der ihrer Tochter die ganze Nacht über beigestanden hatte: »Als die Wehen einsetzten«, beichtet sie ihm erleichtert, »habe ich das Bild des allmächtigen Heiligen unter die Matratze meiner Tochter geschoben, damit er ihr helfe.« Die alte Mutter zieht das Bild des Heiligen unter der Matratze hervor, küsst es ehrfürchtig und wischt den Rahmen noch einmal sauber, bevor sie es wieder vorsichtig an seinen alten Platz ins Wohnzimmer hängt. Es ist ein Porträt des argentinischen Tangosängers Carlos Gardel.

Hätten Anekdoten Gewicht, müsste Havanna unter ihrer Last schon längst zusammengebrochen sein. Jedes Viertel kann Geschichten aus einer anderen Zeit erzählen.

Die Altstadt Habana Vieja durchziehen Erinnerungen an die frühen Siedlungstage, als dörfliche Neugier die fehlende Abwechslung in einem Inselleben hinter hohen Stadtmauern ersetzte. Pikante Gerüchte und harmlose Skandale füllten die Tage. In der Refugio-Straße soll der kubanische Gouverneur Ricafort bei einem Gewitter Zuflucht im Haus einer jungen Witwe gefunden haben, der er daraufhin gelegentlich einen Besuch abstattete. *Refugio* – Zuflucht oder Schutz fand Ricafort wohl vor dem Unwetter, nicht aber vor den Lästerzungen der Nachbarn, die meinten, dass die Besuche des Gouverneurs wohl mehr der Schönheit der jungen Witwe galten als ihrer guten Tat.

Auch in der Calle de Damas, der Straße der Damen, scheinen die Frauen an Zahl und Schönheit überwältigend gewesen zu sein, hat sich doch die Erinnerung an sie im Straßennamen erhalten.

Später sprengte die Stadt die Enge ihrer hohen Schutzmauern. Das Stadtgeflüster wurde in den repräsentativen Parkanlagen und Flaniermeilen des Viertels Centro Habana fortgesetzt. Die Anekdoten kreisten zunehmend um kreolische Helden, allesamt kubanische Unabhängigkeitskämpfer, die ihr Leben geopfert hatten, um ihre Insel von der spanischen Herrschaft zu befreien. Ein Name war öfters zu hören als jeder andere: José Martí. Als dann der Traum von der Unabhängigkeit 1902 wahr wurde, änderten sich wieder die Modeviertel, und mit ihnen die Themen.

Die üppig ausgestatteten Villen des Stadtteils Vedado erzählen vom Glanz der fetten Jahre beim Schwindel erregenden »Tanz der Millionen«, als Kubas Zuckerwirtschaft aufgrund des Zusammenbruchs der europäischen Rübenzuckerindustrie während des Ersten Weltkriegs ihren Höhepunkt erlebte. Der Preis für das Pfund Zucker stieg auf den internationalen Märkten von 1,9 auf 22,5 Cents an. Von ausgedehnten Reisen nach Europa brachten die Habaneros neue Impulse, Objekte und Ideen mit, die sie lustvoll kubanisierten. Neobarock, korinthische Säulen, italienische Renaissance und französisches Rokoko – nicht selten mischen sich Stilelemente unterschiedlicher Länder und Epochen auf den Hausfassaden aus dieser Zeit. Die Habaneros geizten nicht mit ihrem neuen Reichtum.

Am meisten haben vom wirtschaftlichen Aufschwung allerdings nicht die traditionellen, einheimischen Aristokraten profitiert, sondern die amerikanischen Investoren, die während der Kriege die wirtschaftlich zerstörten und brachliegenden Ländereien der Insel aufkauften und die neuen Herren im republikanischen Kuba wurden.

In die Viertel Biltmore und Country Club zog der American way of life ein. In den vornehmen Herrenhäusern und Clubanlagen wurde Gesellschaftstratsch vornehmlich in Englisch ausgetauscht. Das neue Selbstbewusstsein der reichen karibischen Metropole spiegelt sich auch in Miramar, wo Luxus nicht mehr verschwenderisch zur Schau gestellt wurde, sondern sich elegant in weitläufig angelegte tropische Gärten einfügte, die diskret die Geschichten über die dubiosen Karrieren jener Geschäftsmänner und Politiker verschlucken, über die ganz Havanna flüsterte.

Im Stadtteil Alamar verstummen diese Geschichten. Sie waren über Nacht veraltet! Alamar hat eigene, neue Helden. Denn die Kämpfer der Sierra Maestra haben mittlerweile Havanna erobert. Und wieder wurde im Zeichen einer neuen Zeit das Stadtbild erweitert. Doch während sich Havanna bislang in Richtung Westen ausdehnte, entschieden sich die neuen Baumeister nun für den Osten der Stadt.

Havannas Viertel unterscheiden sich also in Architektur und Alter. Doch nie überließ die Stadt die gestalterische Federführung über einen längeren Zeitraum hinweg den Ideologien und puritanischen Stilrichtungen. Irgendwann erfasste die rebellische, fantasievolle Dynamik Havannas auch die neuen Randbezirke und rückte sie, zumindest im spirituellen Sinn, ein wenig näher an den Stadtkern.

Havannas langer Arm ist der Malecón, die lang gestreckte Uferpromenade, an der sich die einzelnen Wohnviertel wie Perlen aneinander reihen. In der Höhe der Altstadt leitet der Malecón durch den Tunnel unter der Hafeneinfahrt in die östlichen Viertel Havannas über. An seinem westlichen Ende führt ebenfalls ein Tunnel unter dem Almendares-Fluss in den Stadtteil Miramar weiter.

Havanna begrüßt Reisende mit ausgebreiteten Armen. Wer das Glück hat, sich ihr vom Meer aus zu nähern, erliegt auf den ersten Blick dem Zauber dieser Stadt, die sich in ihrer ganzen Pracht längs des Malecón erstreckt. Havanna erscheint inmitten eines Schaumteppichs, den die aufgewühlte und am Wall der Uferpromenade abprallende Brandung erzeugt. Seit Jahrhunderten übt der Anblick dieser Schönen, deren Umrisse langsam zwischen Himmel und Meer aufsteigen und sich dann immer klarer abzeichnen, auf Reisende die gleiche unveränderte Wirkung aus.

Columbus hat Kuba auf seiner ersten Reise in die Neue Welt bekanntlich eher zufällig entdeckt, als er den westlichen Seeweg nach Indien suchte. Zunächst hielt er Kuba für die sagenhafte Goldinsel Zipangu – das heutige Japan –, von der Marco Polo bei seiner Rückkehr aus Cathay, dem nördlichen China, sprach. Erst auf der zweiten Reise wurde ihm sein Irrtum bewusst, womit sich der Traum vom Eldorado wieder in weiter Ferne verlor. Doch trotz seiner Enttäuschung entging Columbus nicht die Schönheit der Insel, vor der er sich galant verbeugte: »Nie habe ich ein schöneres Land gesehen«, bezeugte er der Nachwelt, die seine bewundernden Worte seitdem oft wiederholt hat.

Nach den Entdeckern und Eroberern kamen die Forscher. Alexander von Humboldt machte zweimal Station auf Kuba. Dank seiner umfangreichen Studien ging er als »zweiter Entdecker« in die Annalen des Landes ein.

Es gibt jedoch Entdeckungen, die sich jeder Geschichtschronik entziehen, weil sie einem vertraulichen Zwiegespräch entspringen, bei dem das fremde Land oder die unbekannte Stadt dem Reisenden ihre Geheimnisse enthüllt. Sie lassen sich weder historisch nach Epochen einordnen noch räumlich an bestimmten Orten, Straßen, Plätzen oder Hausnummern fixieren. Es sind vielleicht gar nicht wirkliche Entdeckungen, eher Offenbarungen. Und kein Reiseführer spielt den Lotsen, sondern die eigene Imagination. Wer für diese Art von Entdeckungsreisen empfänglich ist, gerät unweigerlich in den Sog dieser Stadt. Der chilenische Schriftsteller Pablo Neruda entdeckte Havanna – Jahre, bevor er die Stadt tatsächlich zum ersten Mal besuchte – als Kind unter den Dingen seiner Mutter in einer Zedernholzschachtel, einer alten Zigarrenkiste:

»Beim Öffnen schlug mir ein süßes Aroma entgegen, das nach schwerer Erde und weit entfernten Meeren roch. In diesem Havanna gab es die tausend kleinen Dinge meiner Mutter zu entdecken: Fingerhüte und Sicherheitsnadeln, Samtbänder, Taufbildchen und Bleistiftstummel. Und alles eingehüllt in einen verheißungsvollen, fremden

Duft. Diese Kiste war voller Geheimnisse und vertrauter Mysterien, die sich nur mir offenbarten.«

Bekenntnis, Sehnsucht, Lebensgefühl. Havanna war schon immer mehr als eine Stadt, auch wenn sich in den ersten Stunden ihrer Existenz noch nichts von ihrem späteren Aufstieg ahnen ließ. Das heutige Havanna entstand im Jahr 1519 als letzte jener legendären sieben Städte, mit denen der spanische Conquistador Diego Velázquez die Siedlungspolitik auf der Insel einleitete. Bald löste Havanna Santiago de Cuba als Hauptstadt ab, und seitdem bestimmt sie die Geschicke der Insel. Allerdings sollte sie in ihrer Geschichte ein paar pechschwarze Nächte erleben wie jene, als ihr der Pirat Jacques de Sores seinen Besuch abstattete. Doch zu dieser Zeit war Havanna noch kein bedeutendes Handelszentrum, nur eine Versorgungsstation auf der Route der spanischen Entdecker und Eroberer. Es gab nichts zu holen. Und so verschwanden die Räuber, wie sie gekommen waren – mit leeren Händen. In ihrer Wut zündeten sie die Stadt an, die Holzhäuser Havannas verbrannten zu Asche. Und als schließlich immer häufiger von Havannas Reichtum die Rede war, davon, dass sich in der Hafenbucht die reich beladenen spanischen Silberflotten aus Nombre de Dios, Cartagena und San Juan de Ulúa sammelten, um im Verband den Atlantik zu überqueren, zogen die Gerüchte um die Schatzkammern der Stadt die Freibeuter und Piraten magnetisch an. Aber mittlerweile hatte sich Havanna auf sie vorbereitet und war mit drei Festungsanlagen und einer meterdicken Stadtmauer uneinnehmbar. Begehrt und umworben von den großen europäischen Nationen, erlebte Kuba seine erste Blütezeit. Wer die Insel sein Eigen nennen konnte, kontrollierte den gesamten Handel in der Karibik.

Als die Engländer im Jahr 1762 Kuba schließlich besetzten, nahmen sie Havanna ein, ohne sich um den Rest der Insel zu kümmern. Denn Havanna *war* Kuba. Ein knappes Jahr später fiel die Stadt im Tausch mit Florida wieder an Spanien zurück. Doch die Monate der englischen Besatzung reichten aus, um aus Havanna einen blühenden Handelshafen zu machen. In der Bucht ankerten 1762 mehr Schiffe als in den vorangegangenen Jahrhunderten der spanischen Herrschaft. Da die Händler keine Lust mehr hatten, sich wieder an die kurze Leine des spanischen Handelsmonopols binden zu lassen, blühte der Schmuggel. Von Havanna aus wurden Zucker und Melasse an der spanischen Krone vorbei in die nahe gelegenen englischen Kolonien exportiert und im Gegenzug Fleisch, Hölzer, Leder und vor allem Sklaven importiert.

Havanna war der erste Schmelztiegel der Neuen Welt. Kreolen, englische Matrosen, spanische Händler und französische Prostituierte bevölkerten die Viertel um den Hafen. In der Bahía ankerten die Schiffe, die afrikanische Sklaven nach Kuba verfrachteten. Diese brachten ihre Götter mit, ihre Musik und ihre alten afrikanischen Sprachen. Und als später die Sklaverei verboten wurde, gingen in Havannas Hafen erneut Scharen unfreiwilliger Emigranten an Land. 1837 ankerte die *Oquendo* mit zweihundertsechs chinesischen Vertragsarbeitern an Bord. Sie waren die ersten von über hunderttausend verarmten chinesischen Landarbeitern aus der Provinz Kanton, die den Platz der befreiten afrikanischen Sklaven auf den Plantagenfeldern einnehmen sollten. Dann kamen Arbeiter aus Jamaica, Barbados und Haiti auf die Zuckerinsel. Sie waren *braceros*, Zuckerrohrschneider, die sich ins Heer der Landlosen einreihten.

Im 19. Jahrhundert zog der Ruf nach Unabhängigkeit vom lateinamerikanischen Festland über das Meer. Simón Bolívar, der Befreier Südamerikas, forderte die Unabhängigkeit Havannas. Er sagte Havanna und meinte Kuba. Havannas historische Präsenz überdeckte längst den Rest des Landes. Jetzt wurde die Stadt das Symbol für *Cuba libre*.

In zwei langen Kriegen konnte sich Kuba die Freiheit von Spanien erkämpfen und kam dennoch nicht in den Genuss eines Sieges. Denn die Vereinigten Staaten machten den spanisch-kubanischen Krieg im letzten Moment zur amerikanisch-spanischen Angelegenheit. Mit der Niederlage Spaniens fielen ihnen die Philippinen, Guam, Puerto Rico und – wie eine reife karibische Frucht – auch Kuba in den Schoß. Im Jahr 1898 übergab Spanien die Oberhoheit an die Regierung der Vereinigten Staaten. Schauplatz der Zeremonie war Havanna. Eine schöne, wirkungsvolle Geste vor der Weltöffentlichkeit, der nun wirkliche politische Taten folgen mussten. Kuba hatte zu viel gekämpft, um sich mit dem Status eines Anhängsels der USA zufrieden zu geben. Doch als das Land vier Jahre später eine eigene Verfassung erhielt, die ihm Unabhängigkeit garantierte, hatten die Vereinigten Staaten in einem Verfassungszusatz – dem berühmten »Platt Amendment« – endgültig und unmissverständlich die Grenzen kubanischer Souveränität festgelegt, die dort verliefen, wo sie mit nordamerikanischen Interessen kollidierten. Die USA hatten sich in der kubanischen Verfassung das Recht eingeräumt, in Krisenmomenten auf der Insel zu intervenieren. Ernüchternde Zukunftsaussichten für die Politik der jungen Republik, die zu diesem Zeitpunkt wirtschaftlich bereits dem Einfluss Nordamerikas erlegen war. Mit dem Ausverkauf der ländlichen Gebiete wurde, wie gesagt, während des Krieges begonnen, als sich nordamerikanische Gesellschaften die brachliegenden, hypothekenbelasteten und zerstörten Plantagen aneigneten.

Anfang des 20. Jahrhunderts lagen sechzig Prozent der landwirtschaftlichen Flächen in den Händen nordamerikanischer Investoren. Die kreolische Pflanzeraristokratie wich einer neuen Oberschicht aus Geschäftsleuten, Händlern und Spekulanten. Sie alle wohnten in der Hauptstadt und legten ihr Geld in Bereichen an, die Profit versprachen. Nichts davon floss in die ländlichen Gebiete ab. Die Entfernung zwischen Havanna und dem Rest des Landes wurde größer als je zuvor in der Geschichte der Insel Kuba.

Havanna absorbierte das gesamte öffentliche Leben. Die kubanische Metropole war kosmopolitischer, wohlhabender und teurer als jede andere Stadt Lateinamerikas. Zuckerfabrikbesitzer und Großkaufleute, die zu den reichsten Männern der Welt zählten, scheuten keine Kosten, um das Ausland zu verblüffen. Unvergessen ist die Erinnerung an die Darbietung von Fanny Elßler im erst drei Jahre vorher eröffneten Tacón-Theater. Die österreichische Tänzerin hatte von begeisterten Verehrern eine große Schatulle mit Goldmünzen geschenkt bekommen. Und als weiteres Dankeschön für die Vorstellung der Primaballerina schickte ihr einer ihrer Anbeter eine Kiste Zigarren. Ein ziemlich merkwürdiges Geschenk für eine Dame, fand auch die Elßler. Erst als sie eine Zigarre aus der Kiste nahm, begriff sie die eigentliche Extravaganz im Geschmack ihres Verehrers. So schwer konnte keine Zigarre sein. Das Deckblatt löste sich und darunter war – Gold!

Legendär ist auch die astronomisch hohe Gage von zehntausend

Dollar pro Auftritt, die Enrico Caruso für seine Gastauftritte im Tacón-Theater erhielt, das 1920 bereits Nationaltheater hieß; ein Name, den es beibehielt, bis es nach 1959 in *Gran Teatro García Lorca* umbenannt wurde. Und so heißt es immer noch.

Nie waren das kulturelle Leben in der Stadt unterhaltsamer, die Fassaden prächtiger und die Politik korrupter. Die goldenen Jahre der Metropole bauten auf den jahrhundertealten Widersprüchen auf, die mit dem Wohlstand der Hauptstadt noch größer wurden. Kubas Tanz der Millionen endete als Tanz auf dem Vulkan, der sich nach dem Staatsstreich von Fulgencio Batista im Jahr 1952 schließlich in einem fulminanten Schlussakt entlud. Unter Batista wurden Politik und Wirtschaft unberechenbar. Selbst der Mittelstand war von den sozialen und wirtschaftlichen Missständen betroffen. Die Korruption blühte noch unverfrorener als in der Vergangenheit. Batista machte es der italo-amerikanischen Mafia möglich, sich in Kuba zu etablieren. Er selbst bereicherte sich hemmungslos bei dem Deal und verzichtete sogar darauf, einen letzten Rest von Diskretion zu wahren. Kein Wunder, dass in der kubanischen Gesellschaft die Opposition gegen den Machthaber wuchs. Und nachdem Batistas Repressionsmaschinerie die mutigen Stimmen seiner Kritiker und Kontrahenten zum Verstummen gebracht hatte, konzentrierte sich die Hoffnung auf ein Grüppchen bärtiger Widerstandskämpfer, die in den Bergen der Sierra Maestra gemeinsam mit ihrem Kommandanten Fidel Castro dem Regime unbeirrt die Stirn boten. Bald erreichten außer Solidaritätsbekundungen auch Gelder die Rebellen. Die Unterstützung kam von den unterschiedlichsten Bevölkerungsgruppen, die in jenen Tagen die Opposition gegen Batista vereinte.

Mit dem Instinkt lateinamerikanischer Diktatoren spürte der Machthaber, dass seine Zeit abgelaufen war. Er hatte wenig Lust, gegen Rebellen zu kämpfen, denen die Sympathie des Volkes gehörte, und setzte sich lieber rechtzeitig mit der gefüllten Staatskasse ins Ausland ab.

Am 1. Januar 1959 begann auf Kuba eine neue Zeitzählung. Fidel Castro übernahm die Staatsgeschäfte. Die nächsten Jahre glichen einem Film, der zunächst im Zeitraffertempo ablief, allmählich an Geschwindigkeit verlor und schließlich nur noch in Zeitlupe wahrgenommen wurde. Was als romantische Volksbewegung begann, endete ernüchternd realpolitisch. Castro, der einst gegen das politische Establishment in den Kampf gezogen war, hat die Macht bis heute nicht mehr abgegeben.

Der staatlichen Wirtschaft fehlten Investitionen. Die USA begannen bereits kurz nach Beginn der Revolution mit ihrer Blockadepolitik. Parallel dazu näherte sich Kuba der Sowjetunion an und geriet in neue ideologische und wirtschaftliche Abhängigkeiten.

Zum ersten Mal in der Geschichte der Insel brachte die Revolution eine wirtschaftliche Entwicklung zugunsten der ländlichen Regionen in Gang, mit der Absicht, das Gleichgewicht zwischen der Hauptstadt und dem Rest des Landes wiederherzustellen. Die Regierung unter Castro wollte mit der Monokultur des Zuckerrohrs brechen, Kuba den Weg zur Industrienation ebnen. Doch im osteuropäischen COMECON, dem »Rat für gegenseitige Wirtschaftshilfe«, beschränkte sich Kubas Beitrag auch weiterhin auf seine historische Rolle als Zuckerlieferant.

Fortschritt und Stillstand – Kubas alten Widerspruch konnte auch das neue Regime nicht lösen. Zwar entstanden in Havanna zunächst die neuen Arbeiterwohnviertel im Osten der Stadt, weil dringend Wohnraum benötigt wurde. Doch dann ging der Revolution der Atem aus. Für neue Bauprojekte fehlten schlichtweg Geld und Materialien. Dabei standen bereits Anfang der Sechzigerjahre dringende Sanierungsarbeiten an.

Der historische Stadtkern war das Sorgenkind der Stadtplaner, seit die reiche Zuckeraristokratie mit dem zu Ende gehenden 19. Jahrhundert die Altstadt verlassen hatte. Zurück ließ sie ihre herrschaftlichen Paläste, die nach den Jahrhunderten der eleganten Feste und aristokratischen Gäste nun weitaus bescheideneren Zeiten entgegensahen. Räume, die sich früher in vornehme Stille und gedämpftes Halbdunkel hüllen konnten, füllten sich plötzlich mit dem geschäftigen und lauten Treiben ihrer neuen Bewohner. Die Betriebsamkeit des nahe gelegenen Hafens prallte nicht länger an den dicken Außenmauern der Wohnpaläste ab, sondern drang durch die mächtigen Portale in die Häuser ein und verwandelte sie in Warenlager. In den oberen Etagen der ausgedienten Paläste begannen in enger Nachbarschaft Dutzende von Familien zu leben. Sie teilten sich durch Zwischendecken gewonnene Etagen und die Gemeinschaftsbäder in den Hinterhöfen. Aus Palästen wurden nachbarschaftliche Wohngemeinschaften. Hinter Fassaden, die einst kolonialen Lebensstil widerspiegelten, türmten sich seit Jahrzehnten hygienische und soziale Probleme als Folge einer vernachlässigten Wohnungsbaupolitik. Die Gebäude blieben noch nach dem Auszug ihrer aristokratischen Besitzer voller Leben, aber nichts wurde unternommen, um es zu erhalten. Man spekulierte lieber mit dem Abriss des ganzen Viertels, weil sich dadurch Platz für lukrativere Projekte schaffen ließ. Bereits Anfang der Dreißigerjahre lag ein Sanierungsplan des französischen Architekten Jean-Claude Forestier vor, der in diese Richtung ging. In den Fünfzigerjahren rief Batista erneut eine Kommission ins Leben, die die Altstadt unter touristischen Gesichtspunkten neu gestalten sollte. Man plante breite Promenaden und Hochhäuser anstelle der engen, verwinkelten Gassen und kolonialen Paläste, viele Hotels und dazwischen einzelne restaurierte historische Gebäude als besonders attraktive Sehenswürdigkeiten. Das Konzept ließ sich nicht mehr verwirklichen, da die Revolution dazwischenkam. Damit entging der historische Stadtkern in letzter Minute jener blindwütigen Modernisierungswut, die viele andere lateinamerikanische Kolonialstädte unter sich niederwalzte. Alt-Havanna behielt seinen Reiz; um den Preis, dass alles, so baufällig und pflegebedürftig es schon damals war, auch die nächsten Jahrzehnte sich selbst überlassen blieb. Erst als die UNESCO den historischen Stadtkern 1981 zum Kulturerbe der Menschheit erhob, besann man sich des vergessenen Viertels. Doch allzu viele Häuser fielen jetzt unter die Kategorie C des Altstadt-Sanierungsplans: »C« – das heißt Häuser mit höchster Einsturzgefahr. Für einige kulturgeschichtliche Juwelen kommt jede Hilfe zu spät. So stehen zum Beispiel von jenem Haus, in dem Gonzalo Roig – einer der drei großen kubanischen Komponisten des 20. Jahrhunderts – lebte und *Cecilia Valdés,* seine berühmte, operettenähnliche Zarzuela, schrieb, nur noch die Ruinen. Seine Partituren konnten gerettet werden. Sein Piano wurde unter dem Schutt begraben.

In der Blütezeit der Revolution stand Havanna nicht im Mittelpunkt der Politik. Die Stadt hatte ihr Comeback erst, als die Insel mit dem Zusammenbruch der Sowjetunion Handelspartner verlor, die ihr die Abnahme des Zuckers garantierten. Castro verhängte den »Ausnahmezustand in Friedenszeiten«, mit dem er den wirtschaftlichen Bankrott des Landes ideologisch in Worte verpackte. Es war sein Appell an die Kubaner, in schwierigen Zeiten durchzuhalten. Für die Habaneros hieß das, sich weiterhin darin zu üben, worin sie erwiesenermaßen Meister sind: in der Kunst der Improvisation.

In den ersten drei Jahrzehnten der kubanischen Revolution überdeckte das exzessive, vergnügungssüchtige Bild des vorrevolutionären Havanna alles andere, was existierte. Doch seit der Ausnahmezustand in Friedenszeiten die Marschrichtung der Politik vorgibt, kommt Havannas zerbröckelnder Charme wieder in Mode. Für Devisen bringende Touristen, die auf Spurensuche nach einer vergangenen Epoche sind, darf die alternde Schöne ihre glitzernden Accessoires aus der vorrevolutionären Ära entstauben.

Straßen, Plätze, Häuser, Bars und Kneipen werden zu Wegweisern in eine Welt, in der aus Begegnungen Legenden und aus den Orten solcher Begegnungen Kultstätten wurden.

Schauspieler, Stars, Schriftsteller – alle waren sie hier, im Paris der Karibik. Frank Sinatra, Ava Gardner, Marlene Dietrich. Und immer wieder Hemingway. In den Klatschspalten der internationalen Boulevardblätter tauchte täglich der neueste Tratsch aus der kubanischen Hauptstadt auf. Wer nicht in Havanna gesichtet wurde, war passé. *Havana by night* war das Lieblingsthema der internationalen Boulevardpresse. Über allem swingten kubanische Rhythmen, versüßt durch die schmelzende Stimme von Nat King Cole.

Wenn La Habana heute die Vergangenheit verlockend im Gewand der Nostalgie präsentiert, wenn die sehnsüchtigen Klänge eines *filin*, dieser unvergleichlichen Mischung aus Trova, Bolero und Jazz, aus offenen Fenstern auf die Straße dringen, wenn in den Foyers der ältesten Hotels der Stadt ein Hauch von Glamour die Gegenwart streift und aus den großen Holzportalen kolonialer Paläste der dunkle Duft jahrhunderteschwerer Feuchtigkeit strömt, erliegen die Reisenden den sinnlichen Berührungen jener anderen Zeit, die in Havanna noch immer greifbar zu sein scheint:

»Man betrachtet den Campo de Marte, auf dem vor einem Jahrhundert die ersten Pferderennen stattfanden, wie einen Ort aus einer anderen Zeit. Und selbst wenn man über die Plaza de la Catedral flaniert, wirkt sie wie eine Museumskulisse. Man muss daran denken, wie die Stadt sich einstmals bemüht hat, den spirituellen Charakter des Platzes durch weiße Tauben hervorzuheben und durch die Errichtung eines Denkmals, das Pater Bartolomé de Las Casas zeigt. Das Projekt ließ sich aber nie durchsetzen.

Plätze wie diese suchen wir nachts auf, um uns in Erinnerungen zu verlieren, wenn uns tagsüber Eile und Lärm bedrücken. Die Vergangenheit war weder besser noch schlechter als die Gegenwart. Es geht auch gar nicht darum, sie wieder zum Leben zu erwecken. Wenn wir uns den Erinnerungen hingeben, dann nur, um aus ihnen klüger zu werden. Im Grunde heißt die Vergangenheit lieben nichts anderes, als sich zu beglückwünschen, dass sie tatsächlich vorbei ist. Denn damit haben die Dinge das Raue verloren, das uns in den Augen kratzte, solange sie noch Gegenwart waren.« (*Selecta,* 1936)

Diese wehmütig-philosophischen Gedanken konnte man in Havanna bereits vor über einem halben Jahrhundert in einer Tageszeitung lesen. Wie überall auf der Welt sind es auch hier die Journalisten, die sich der Aufgabe widmen, einen täglichen Blick auf das Stimmungsbarometer ihrer Stadt zu werfen. Seit 1790 Havannas erste Zeitung erschien, wird in einer endlosen Folge über den Zustand einer Stadt reflektiert, die zwischen den Zeiten erstarrt zu sein scheint. Wo der Nachhall der Vergangenheit heute allzu gewollt in Szene gesetzt wird, gleitet die Atmosphäre allerdings ins Museale ab. Dann schleicht sich Wehmut ein, weil zu spüren ist, dass auch in Havanna die Bilder jener heraufbeschworenen Zeit wie Staffage wirken können.

Wer einen Blick hinter den Schleier werfen will, der die Stadt überzieht, muss in alten Zeitungen stöbern. Wer wissen will, wie sich das Leben auf den Plätzen und Straßen, in den Bars, Cafés und Theatersälen, deren Flair so vieles verheißt und doch so wenig verrät, tatsächlich abgespielt hat, muss sich entlang der Schneise bewegen, die die Journalisten quer durch die Zeit geschlagen haben. Und man wird bekannten Namen aus der kubanischen Literaturszene begegnen, weil auch Schriftsteller wie Alejo Carpentier oder Nicolás Guillén nicht vom Verkauf ihrer Bücher leben konnten, sondern sich mit Beiträgen für kubanische Zeitungen ihren Lebensunterhalt verdienten und die kleinen Auflagen ihrer Bücher finanzierten. Ihr Blick fällt wie das Licht der Sonne durch Buntglas auf Havanna, sodass selbst die Randnotizen vom Tage wie kleine Mysterien erscheinen, deren Geheimnisse mit leidenschaftlichen Worten gelüftet werden:

»›*¿Qué hubo?* – Was war los?‹, so lautet für gewöhnlich unser kreolischer Gruß, mit dem wir das andernorts gebrauchte ›Wie geht's?‹ ersetzen. Die Frage zittert in der Luft und hinterlässt eine leichte Spur am Himmel, wenn sie die Gegenwart streift und dann doch wieder eine Schleife zurück in die Vergangenheit zieht. Was war los? In der Frage schwingt Begierde mit, etwas über die Gegenwart zu erfahren, auf die sie sich bezieht. Und trotzdem bleibt sie weiterhin im Gestern verhaftet.

›*¡En la lucha!* – Immer im Kampf!‹ Ob der Angesprochene Anwalt ist oder Fabrikarbeiter, ob er gerade schreibt, frühstückt oder spazieren geht … das ist die ritualisierte Antwort auf die immer gleiche Frage: Man schlägt die Schlacht des Lebens, ohne sie näher zu präzisieren. Die Antwort sagt alles, und trotzdem erfährt man nichts. Kurz und bündig weicht sie dem brutalen Zusammenstoß mit der Realität aus. Solange man noch kämpft, zögert man die Bestimmungen des Schicksals hinaus.

›*Hasta luego* – Bis später‹. Eine bizarre, wunderbare Art, die Partie gegen die Zeit zu gewinnen. Eine Minute ist so viel wie ein Jahr, ein Jahr nicht mehr wert als eine Minute. Es können Wochen vergehen oder Jahrhunderte. Letzten Endes dauert alles nur ›bis später‹. Eine tragische Philosophie der Unbekümmertheit. Mit einem einfachen Gruß weicht unsere kubanische Seele vor nichts Geringerem als der Ewigkeit aus.« (*Diario de la Marina,* 1957)

Leider werden die täglichen Seitenblicke der Zeitungsjournalisten ebenso wenig von der Vergänglichkeit verschont wie die Zeit, über die sie schreiben. Während sie noch das *Qué hubo* ihrer Leser beantworten, hat längst ein neuer Tag begonnen. Und nichts ist so alt wie die Zeitung von gestern. Nur, zum Gestern unterhält die Stadt ja eine ganz besondere Beziehung. Sie entledigt sich selbst ihrer alten Zeitungen nur widerstrebend und entsorgt sie nicht auf dem Müll, sondern legt sie in einem dunklen Winkel ihres großen Erinnerungsfundus ab, bis aus veralteten Nachrichten wertvolle Zeitdokumente geworden sind.

Der alte Mann und seine Erinnerungen

In Havanna lebt ein Journalist, der es wie kaum ein anderer verstanden hat, aus den Stimmen der Stadt die Stimmungen und aus ziselierten Beobachtungen die *cubanía*, das kubanische Lebensgefühl, herauszuarbeiten: Fernando Campoamor. Der 1914 geborene Campoamor folgte in unzähligen Artikeln, Glossen und Reportagen sechs Jahrzehnte lang dem Pulsschlag seiner Stadt.

Als Freund der Bohème und des guten Lebens tauchte Campoamor immer zur richtigen Zeit am richtigen Ort auf, um die internationale Presse mit Exklusivgeschichten aus Havanna zu versorgen. Es ist typisch für diese Stadt, dass es einen wie ihn gibt. Liebenswürdig, schlagfertig, humorvoll, mit einer diebischen Freude an Wortschöpfungen und Wortverdrehungen, in denen er ein unschlagbarer Meister ist. Ein Arbeitstier, Dandy und Matador, einer, der sein Leben lang die Frauenherzen erobert hat, ein Zauberer, feinsinnig, aufmerksam, empfindlich, bei aller Lust am Fabulieren bescheiden und nun im hohen Alter – einsam. Fernando Campoamor lebt zurückgezogen in derselben Wohnung im Stadtteil Vedado, in der er fünf Jahrzehnte früher Gabriela Mistral, Pablo Neruda, José Clemente Orozco, Miguel Angel Asturias und Ernest Hemingway empfing.

Seine Gastlichkeit war berühmt, seine Hausbar immer reich gefüllt. »Immer!«, betont Campoamor nachdrücklich. »Oder hast du jemals gesehen, dass Gäste in meinem Haus mit leeren Gläsern vor sich dasaßen?«, fragt er Rosita, die Haushälterin, die vor vielen Jahren – wie viele es genau sind, weiß keiner der beiden mehr – die Stelle ihrer Mutter in der Familie Campoamor übernommen hat. Rosita lächelt, eine winzig kleine Frau, die ihr Leben lang diente, ohne aufzubegehren, und dabei früh und übergangslos alt und müde wurde. Der einzige Luxus, den sie sich als Reminiszenz an eine Jugend erlaubt, die sie wahrscheinlich nie wirklich gelebt hat, besteht darin, sich jeden Morgen kühn die Augenbrauen zu schminken. Eine kräftige, fast durchgehend gezogene dunkelbraune Linie über den Augen gibt ihrem zerbrechlich wirkenden Gesicht etwas Freches und Keckes. Bis vor wenigen Jahren noch hatte Rositas Leben wenig mit dem Campoamors gemeinsam, der sich mehr auf der Straße, bei Empfängen und in Bars aufhielt als zu Hause. Erst der Tod seiner Frau Olga im Jahr 1996 raubte ihm die Lust an Geselligkeit. Und als er auch noch schwer stürzte, wurde er seinen lebenslangen Gewohnheiten endgültig untreu und ergab sich ohne weiteren Widerstand dem Alter. Seitdem kamen sich Haushälterin und Hausherr näher. Ihre Welten glichen sich einander an. Campoamor braucht Rosita, da sie als Einzige übrig geblieben ist, mit der er die Vergangenheit teilen kann. Sie steht neben dem verschlissenen Holzstuhl, auf dem er sich durch seine langen, altersschwachen Tage schaukelt, und hört ihm zu, wenn er sich in den Gedanken eines alten Mannes verliert. Geduldig bestätigt sie oft Gehörtes und beruhigt einen aufgewühlten Campoamor, der sich dafür entschuldigt, dass ihn das Alter und die wirtschaftliche Situation daran hindern, Gäste so weltgewandt und zuvorkommend zu empfangen wie einst. Dann dient Rosita als Zeugin der besseren Zeiten, die diese Wohnung gesehen hat, als ihr Hausherr jenen typisch kubanischen Stil kultivierte, den er selbst in unzähligen Artikeln skizziert hat: »Großzügig, gesellig, humorvoll und hilfsbereit. Optimistisch und laut. Ausdrucksstark und kommunikativ. Offen gegenüber den Kobolden der menschlichen Fantasie und herzlich gegenüber Fremden, die wie Familienangehörige mit einer Umarmung begrüßt werden.«

Eine Figur wie Campoamor hat den kubanischen Stil im 20. Jahrhundert mit Sicherheit beeinflusst. Wo der Starjournalist auf der Suche nach Neuem in Havannas Nachtleben auftauchte – ob er eine Feier für Hemingway ausrichtete, die Ehrenmedaille der Spanischen Republik entgegennahm oder mit Freunden einen anregenden Abend in der *Bodeguita del Medio* verbrachte –, immer wurde er selbst zum begehrten Objekt der kubanischen Presse:

»Wir treffen Campoamor in der *Bodeguita del Medio*, wo er mit

Arbeitskollegen zu Abend isst. Als er die gastronomischen Freuden für einen tiefen Zug an der Zigarre unterbricht, nützt unser Fotograf die Gelegenheit und drückt auf den Auslöser. Dabei fällt ihm der kleine Kompass auf, den Campoamor an einer kurzen Uhrkette trägt. Auf die Frage, wo er den Kompass erworben habe, meint er: ›Von meiner Frau. Ich nehme an, sie schenkte ihn mir, damit ich auch im stürmischen Alltag immer den Weg nach Hause finde.‹« Wenn man den blendend aussehenden Mann mit dem schicken Schnurrbart und der lässig entzündeten Zigarre auf dem vergilbten Foto sieht, versteht man, dass es nicht nur an seinen würzigen Bonmots gelegen haben kann, wenn die Lokalpresse neugierig die öffentlichen Auftritte des bekannten Reporters verfolgte.

Den alten Mann im Schaukelstuhl trennen fünfzig Jahre von dem attraktiven Lebemann auf der Fotografie. Er ist weißhaarig geworden, weiß ist auch sein Schnurrbart, von dem er sich nie getrennt hat. Mittlerweile verirren sich in seine Wohnung nur noch selten Gäste, weil die wenigsten wissen, dass er überhaupt noch am Leben ist. Campoamor wurde von seiner eigenen Legende eingeholt. Der alte Mann und seine Erinnerungen bereichern die nostalgische Aura der Stadt, wenngleich die Erinnerungen längst die Oberhand über den Campoamor der Gegenwart gewonnen haben. In den Fünfzigerjahren schrieb er einmal in der venezolanischen Tageszeitung *El Nacional*, dass ein chronologisches Interesse an Dingen und Personen nicht gerade das Steckenpferd seiner Landsleute sei:

»Weitaus mehr als Daten und Abläufe interessieren uns Abschnitte, große Etappen und Strömungen im Leben einzelner Persönlichkeiten ebenso wie in der Geschichte ganzer Völker. Am liebsten würden wir den Kopf wegdrehen und die tickende Uhr an der Wand ignorieren. Auch wenn dem vorwärts schreitenden Sekundenzeiger etwas höchst Dramatisches anhaftet, sollten wir doch die ermutigende Komponente nicht übersehen, die im kontinuierlichen Sich-Fortbewegen der Zeit liegt. Ist sie doch die einzige wirklich unsterbliche Zeugin, die bestätigen kann, dass Ereignisse Geschichte geworden sind.« Eine Erkenntnis, die in der Rückschau zum eigenen Nachruf geriet. Der professionelle Spaziergänger von Havanna wurde längst Teil jener Ku-

1 Fernando Campoamor – Havannas bekanntester Journalist, der es wie kaum ein Anderer verstanden hat, aus den Stimmen der Stadt die Stimmungen und aus feinsinnigen Beobachtungen die *cubanía*, das kubanische Lebensgefühl, herauszuarbeiten. Sechs Jahrzehnte lang folgte er in unzähligen Artikeln, Glossen und Reportagen dem Pulsschlag seiner Stadt: Erst wenn Starjournalist Campoamor darüber schrieb, wurde eine Nachricht zum Ereignis.

MARTINO BAR
DORADO RESTAURAN
EL DORAD

BAR
Club
KALAMAZOO
Savoy
BAR
CLUB
EL MORRITO

2–4 Havana by night war das Lieblingsthema der internationalen Boulevardpresse. Im Havanna der Fünfzigerjahre war die Nacht der eigentliche Tag. Nachtschwärmer begannen ihre Streifzüge durch die Welt der Bars und Cabarets auf dem *Paseo del Prado*, dem Prachtboulevard zwischen dem *Malecón* und dem *Parque Central*. Auch Frank Sinatra und Ava Gardner waren gern und oft gesehene Gäste in der karibischen Metropole, die ihnen eine filmreife Kulisse für publicitywirksame Szenen bot. Havanna machte aus einer flüchtigen Begegnung schnell eine Aufnahme für die Ewigkeit.

5 José Martí – dichtender Revolutionär und philosophierender Freiheitskämpfer. Er ist der geistige Urheber eines unabhängigen Kuba. Als gebürtiger Habanero wurde er so zur wichtigsten Integrationsfigur des kubanischen Nationalbewusstseins.

6 Eine Karikatur macht während der Machado-Diktatur (1925–1933) Zeitungsgeschichte: Der Bobo, ein volkstümliches Männchen, erobert als weiser Tor die Herzen der Habaneros. Politischer Protest versteckt sich hinter der harmlos wirkenden Maske des pausbäckigen Biedermanns: »Aber wem applaudierst du eigentlich?« – »Der Stille, denn sie ist die Einzige, die redet.«

7 Mit Hemingway verband Fernando Campoamor die Lust an gutem Rum und guten Gesprächen. Die Jahrzehnte währende Freundschaft mit dem nordamerikanischen Schriftsteller bereicherte Havanna in den Skizzen Campoamors um einige wunderbare Geschichten.

8 Die Kluft zwischen Arm und Reich ist groß. Ambulante Straßenverkäufer in Havannas Chinatown versuchen durch das ermüdende Geschäft mit dem Glück der Anderen zu überleben.

9 Die Altstadt war seit der Jahrhundertwende das Stiefkind der Stadtplaner. Die wohlhabenden Bürger zogen in die neuen Viertel im Westen der Stadt. Zurück blieben Arbeiterfamilien, die sich in den heruntergekommenen Mietshäusern die Wohnungen und eine Menge hygienischer Probleme teilten.

10 Geschönte Wirklichkeit: Mit dem Panoramablick über die kubanische Hafenmetropole lässt sich bestens karibisch elegantes Lebensgefühl verkaufen. Die gesellschaftlichen Widersprüche, die die Stadt zweiteilen, lösen sich einfach am Horizont über der Karibik auf.

11 Mit einem Cabriolet, das älter ist als die kubanische Revolution: der alte Campoamor auf einer Spritztour durch die Stadt. Alles ist seit seiner großen Zeit anders geworden, und trotzdem ist Havanna die Theaterkulisse einer Freilichtbühne geblieben, die unermüdlich die Show der Vierziger- und Fünfzigerjahre spielt; um den Preis, dass alles, so baufällig und pflegebedürftig es schon damals war, weiterhin sich selbst überlassen bleibt.

lisse, über die er jahrzehntelang schrieb und die er, schreibend, mitgeprägt hat.

Immer wieder skizzierte er Havanna: Havanna bei Nacht, Paseo del Prado, die Innenhöfe und die Skyline von Havanna. Kino, Theater, Ausstellungen, Politik, kleine Anekdoten und Porträts von stadtbekannten Persönlichkeiten. Der Nachruf auf den Tod eines adeligen Rennfahrers, eine Glosse über die neue Lust am Weekend, die Ankündigung eines Konzerts im *Auditorium*, die Notiz über den Bau eines Hubschrauberlandeplatzes in der Altstadt ... erst wenn Campoamor darüber schrieb, wurde aus der Nachricht ein Ereignis.

Nach dem wichtigsten Ereignis in seinem eigenen Leben befragt, nennt Campoamor ohne zu zögern die Begegnung mit Hemingway. Diese Freundschaft begleiten einige Trinkgelage und wunderbare Legenden, aus ihr sind eine Flut an Artikeln und Reportagen hervorgegangen. Alle Kubaner über siebzig kannten Hemingway, sagt man. Und selbst, wenn sie es nicht taten, wer will heute noch das Gegenteil beweisen? Campoamor tut nichts zu seiner Ehrenrettung, im Gegenteil: »Ich erzähle Legenden«, entgegnet er, und in seinen Augen blitzt es schalkhaft. »Legenden sind immer wunderbar und wahr. Auch wenn sie nicht Punkt für Punkt die Wirklichkeit widerspiegeln. Sie sind nicht so brutal und roh wie die Realität. Legenden sind sanfte Geschichten, aber keine Lügen.«

Die Freundschaft zwischen Campoamor und Hemingway gehört zu dieser Art von Geschichten, und die fruchtbare journalistische Tätigkeit, die aus der Begegnung der beiden Männer resultierte, zeigt, dass sich hier Legende und Wirklichkeit keineswegs so sehr im Wege sind, wie uns Campoamor gerne glauben lassen möchte. Er plädiert für eine fantasievolle Lesart der Wirklichkeit, weil dann Facetten sichtbar werden, die einer nüchternen Berichterstattung eventuell entgehen. Deshalb erlag Campoamor jedoch in keinem Moment der Versuchung, die journalistische Wirklichkeit vollends aufzuheben. Er nahm eindringlich, klar und aufmerksam das Objekt seines Interesses in den Blick. Er informierte sich, sammelte Wissenswertes, Kurioses, jede Art von Notiz und recherchierte in Nachschlagewerken, bevor er sein Thema in eine seiner wunderbaren Kolumnen verwandelte.

Und immer ging es ihm dabei um Kuba. Campoamor ist Kubaner aus Leidenschaft. Wie alle Patrioten bekennt auch er sich zu José Martí, dem Apostel der kubanischen Geschichte. Er scheut nicht vor Pathos zurück, wenn es um seine Heimat geht, von der er sagt, dass er sie vor fünfhundert Jahren kennen gelernt habe: »Das erste Mal kam ich mit Columbus hierher. Da er die Lorbeeren für die Entdeckung der Neuen Welt allein ernten wollte, hatte er mir verboten, das Schiff zu verlassen. So sah mich die Insel erst im Jahr 1914 wieder, als ich in Artemisa zum zweiten Mal das Licht der Welt erblickte.

Unsere Traditionen sind noch frisch, weil unsere Geschichte erst mit den Spaniern begonnen hat. Das indianische Kuba existiert nur noch für Archäologen und Anthropologen. Es hat polemische Bedeutung. Denn von dem, was die Conquistadoren sahen, als sie zum ersten Mal ihren Fuß auf diese Insel setzten, ist nichts außer der Landschaft übrig geblieben ...«

... und einigen Namen: Hatuey, der indianische Häuptling, der vor seinem Tode die katholische Taufe verweigerte, weil er nicht in den Himmel kommen wollte, wenn er dort auf Spanier träfe, ist 1923 in einer Biermarke gleichen Namens wieder auferstanden. Die Sängerin Celia Cruz warb im kubanischen Fernsehen der Fünfzigerjahre mit ihrer Stimme für Hatuey-Bier.

Und La Habana verdankt ihre Weiblichkeit der weichen Klangfärbung durch die indianische Namensendung, weshalb Campoamor von *La India Habana* spricht, auf deren »nackte Silhouette verführerisch das Licht fällt, wie sie so daliegt, ihren Kopf eingewühlt in die Hügelkette am Ende des Hafens und ihre vom Meer feuchten Beine ausgestreckt auf dem salzigen Felsen unterhalb des Castillo del Morro«.

Havannas Name ist indianisch, doch die feminine Sinnlichkeit, die darin mitschwingt, verbindet Campoamor wie jeder kubanische Mann mit einem anderen Frauenideal, das zum Inbegriff der Kubanerin wurde: *la mulata*, die Mulattin, »mit ihren festen gitarrenförmigen Hüften, die eine reife kreolische Frucht symbolisieren. Die Ära der Mulattin fand ihren Höhepunkt in der Epoche der Cecilia Valdés. Diese literarische Figur von Cirilo Villaverde begründete den großen Mythos der Habanera«.

Für einen jungen, ambitionierten Journalisten war La Habana zu verführerisch, um lange ihren sirenenhaften Rufen widerstehen zu können. Mit einundzwanzig Jahren verließ Campoamor seine Heimatstadt Artemisa und zog in die Hauptstadt, wo er eine Tour de force durch die Redaktionsbüros Dutzender von Tageszeitungen startete und schließlich als erster kubanischer Korrespondent für internationale Zeitungen aus Havanna berichtete. Er arbeitete für die venezolanische Tageszeitung *El Nacional,* womit seine täglichen Kolumnen auch jene dreißigtausend Kubaner erreichten, die in den Fünfzigerjahren in Venezuela lebten. Und für die brasilianische Zeitschrift *O Cruzeiro* schrieb er seine wöchentlichen Reportagen und Titelgeschichten, für die er sich nicht nur in Havanna umschaute, sondern im gesamten karibischen Raum unterwegs war. Auf diese Art trug er zum internationalen Ruhm der Kneipe *Bodeguita del Medio* bei und förderte den Kult um Hemingways Lieblingsbar *El Floridita*. Campoamor berichtete über die beliebten Hunderennen, über den Tourismus, den Danzón, die Rumba und den Cha-Cha-Cha. Er schrieb kleine Biografien über den Daiquirí und den Rum. Es gibt nichts, woraus diese lebende Enzyklopädie nicht einen Artikel hätte zaubern können, mit seiner begnadeten Feder und der kubanischen Hauptstadt als nie versiegende Geschichtenquelle.

Havanna war eine Zeitungsstadt. Der Name des Journalisten Campoamor wurde in einem Atemzug mit den Größen der kubanischen Literaturszene genannt. Er genoss es, am Puls der Zeit zu sein, lateinamerikanische Präsidenten und Nobelpreisträger zu empfangen, ihnen das Nachtleben Havannas zu zeigen und in der viel besungenen Stadt der Weiblichkeit typisch lateinamerikanische Männerfreundschaften zu pflegen. Doch das machte ihn nicht zum unpolitischen Journalisten. Angesichts der gesellschaftlichen Widersprüche, die sein Land zerrissen, bekannte er sich früh zu sozialistischen Ideen. Der militärische Geheimdienst SIM verfolgte seine journalistischen Aktivitäten, seit sich bei ihm marxistische Tendenzen beobachten ließen. Kaum zwanzig Jahre alt, kam der junge Artemiseño wegen der intellektuellen Anführerschaft bei einem Streik ins Militärgefängnis der Provinz Pinar del Río. Im Dossier mit der Nummer 26 344 wurde sein gesamter Lebenslauf festgehalten. Wer wollte, konnte erfahren, dass Fernando Campoamor in seiner Heimatstadt eine kulturelle Gesellschaft gegründet hatte und außerdem Mitglied der *Casa de la Cultura* war; dass er 1937 einem prorepublikanischen Komitee beitrat, welches Spanien im Kampf gegen Franco unterstützte, und dass er ein Jahr später den Literaturteil der Tageszeitung *Pueblo* leitete, dem Blatt der spanischen Republikaner in Lateinamerika.

Als intellektueller Vertreter eines lateinamerikanischen Landes, dessen gesellschaftliche Entwicklung stets von politischen Gewaltexzessen, Machtmissbrauch und extremen Ungerechtigkeiten begleitet wurde, hoffte Campoamor wie viele aus seiner Generation, dass eine Revolution sein Land zu mehr politischer und gesellschaftlicher Demokratie führen würde.

Doch der bekannte Journalist nutzte seinen Einfluss auf die öffentliche Meinung nie aus, um eigene Macht aufzubauen. Das entsprach nicht seiner moralischen Einstellung. Und vielleicht lässt sich so auch erklären, dass es nach der kubanischen Revolution von 1959 stiller um ihn wurde, obwohl nun der gesellschaftliche Wandel einsetzte, für den er sich stets engagiert hatte und sogar in Kauf nahm, das Visum für die Vereinigten Staaten entzogen zu bekommen.

Der ehemalige Starjournalist begann, die Mühlen der sozialistischen Bürokratie zu durchlaufen. Er wurde Mitglied des nationalen Pressezentrums, des nationalen Verlagswesens, des kubanischen Buchinstituts und des Kulturministeriums. Der einstige Star der Fünfzigerjahre, der mit Preisen und Auszeichnungen überhäuft worden war, betreute nun eine Seite in der Samstagsausgabe der Arbeiterzeitung und überarbeitete früher veröffentlichte Artikel, die in den Broschüren der nationalen Tourismusbehörde erschienen. Die zweite Hälfte seiner beruflichen Laufbahn verlief wesentlich ruhiger und eine Spur provinzieller als die ersten fünfundzwanzig Jahre.

Zwar stand er noch einmal während der kulturromantischen Phase zu Beginn der Revolution für einen kurzen Moment im Licht der Öffentlichkeit, als er zum Direktor des neu eröffneten Hemingway-Museums ernannt wurde. Doch Fernando Campoamor scheint gespürt zu haben, dass er damit auch ein wenig aufs journalistische Abstellgleis geschoben wurde: »Ich durfte auf ein totes Haus aufpassen. Bei den leblosen Dingen um mich herum fing ich an, mich selbst immer älter zu fühlen. Ich passte mich schnell meiner Umgebung an.«

Durch seine Arbeit im Bereich der Verwaltung des Hemingway-Nachlasses in Havanna wurde das westliche Ausland noch einmal auf ihn aufmerksam. 1976 nahm ihn die Mark-Twain-Gesellschaft feierlich in ihre Reihen auf. Vielleicht erinnerte man sich auch seines journalistischen Stils, der in die Tradition dieser literarischen Gesellschaft passte: Fernando Campoamor schrieb sozialkritisch, spöttisch und humorvoll. Seine Artikel zeichneten Heimatliebe und Menschlichkeit aus. Und sie trugen die Handschrift eines etwas altmodischen Ritters.

Campoamors Geschwister und seine beiden Söhne haben das Land verlassen. Er blieb mit seiner Frau in Havanna. Konnte ein ausgeprägter Individualist wie Campoamor wirklich einer Ideologie folgen, die ihm verbot, sein wichtigstes berufliches Werkzeug zu verwenden, das Instrument der Kritik? »Ich war nie *fidelista*, aber auch nicht contra Fidel.« Das ist das Einzige, was er zu diesem Thema sagt. So blickt der alte Mann auf sein Leben zurück: eine Sache, die abgeschlossen ist, fest und unwiderruflich verankert im Jahrhundert der großen Extreme und Ideologien. Es kann nicht wieder belebt werden. Er sagt das ohne Sentimentalität, überzeugt davon, dass es nichts Langweiligeres gibt als die Wiederholung. Und dennoch stellt er seinen letzten Lebensabschnitt ganz in den Dienst der Vergangenheit.

Sein Name dient als Zugpferd, mit dem die bekannteste Rummarke des Landes kubanisches Lebensgefühl exportiert. Seit der Flirt mit den glamourösen Fünfzigern wieder politisch korrekt ist, wird Campoamor zum Klatschreporter stilisiert, der im brodelnden Havanna über die Eskapaden des Jetsets berichtete. Als Freund Hemingways, als Verfasser einer kleinen Kulturgeschichte des Rums und als passionierter Zigarrenraucher lässt sich mit ihm überzeugend kubanisches Savoir-vivre verkaufen. »Möge der Rum so rein wie Tabak sein und der Tabak im Gegenzug den Geschmack des Rums wachrufen. Tabak und Rum beneiden sich gegenseitig. Die Zigarre ist ein einsames Vergnügen. Der Rum hingegen ein fröhlicher Gesell, der sich am liebsten in Gesellschaft trinken lässt«, schmunzelt Campoamor auf den Titelseiten der Lifestyle-Magazine. Er spielt die Rolle des Lebemanns mit spitzbübischem Vergnügen, da sie ihn an früher erinnert und Abwechslung in sein monotones Altersdasein bringt.

Wie er einst für seine Leser die Ereignisse in Havanna protokollierte, so verwaltet er jetzt die Protokolle dieser vergangenen Ereignisse. Sie sind inzwischen Geschichte geworden und damit für die Nachwelt interessant; ganz im Sinne jener aufmunternden Komponente im Umgang mit der Vergänglichkeit, für die er Jahrzehnte früher, in der Blüte seines Lebens, plädierte.

Wie ein Gralswärter wacht Fernando Campoamor in seinem Schaukelstuhl über ein dunkles, geheimnisvolles Zimmer seiner kleinen Wohnung, in dem unter einer dicken Staubdecke ein einmaliger Schatz begraben liegt: das Antlitz einer wunderschönen Großstadt im noch jungen 20. Jahrhundert, konserviert in Artikeln, Briefen, Notizen und Fotografien; die Fragmente und Schnipsel einer jahrzehntelangen journalistischen Tätigkeit. Fernando Campoamor lebt in einem Archiv voller Erinnerungen, die sich – Artikel für Artikel – zu einem bunten Kaleidoskop zusammensetzen lassen, das den Blick in die Welt des vorrevolutionären Havanna ermöglicht. Die Glassplitter fügen sich zu einem Nebeneinander von Halbwelt und Glamour, Entertainment und intellektuellen Zwischentönen. Das fruchtbare Zusammentreffen von tropischem Lebensgefühl und lässig zelebrierter Kultur weist Jahrzehnte später immer noch Konturen auf. Die Entdeckungen in Campoamors Archiv lassen aus der Entfernung eines halben Jahrhunderts heraus erahnen, was Havanna zu einem jener besonderen Orte mit einer ganz eigenen, unerklärlichen Anziehungskraft gemacht hat.

Fernando Campoamor ist vielleicht auch deshalb in Havanna geblieben, weil er sich mit Leib und Seele dieser Stadt verschrieben hat, von der er sagt, dass man sie auf den ersten Blick zu lieben beginnt: »Sie ist die Hauptstadt Kubas. So steht es in den Reiseführern, Wörterbüchern und Atlanten. Aber damit ist noch nicht alles gesagt. Es gibt nämlich Hauptstädte, die zum Teil wenig, zum Teil gar nichts zu sagen haben. Zunächst einmal hat Havanna immer etwas zu sagen. Dass sie nie schweigt, macht sie zwar nicht besser als die übrigen Metropolen, aber anders. Havanna ist Havanna. Nachdem ich in die Geheimnisse der Stadt eindringen durfte und sie in ihrem Innersten kennen lernen konnte, muss ich einfach den berühmten Satz von Jules Michelet zitieren, den er Paris wie eine Rose hinterlassen hat. Ich möchte ihn an Havanna weiterreichen, denn ›diese Stadt bedeutete wirklich alles für mich‹.«

Die Begegnung mit Campoamor ist ein Glücksfall. In seiner bescheidenen Wohnung lebt er ein Eremitendasein, in dessen bedächtige Routine sich vor kurzem ungewöhnlich viel Unruhe eingeschlichen hat. Der ehemalige Journalist hat damit begonnen, einige Dinge zu regeln, als würde er sich langsam auf seinen Abschied vorbereiten. Zunächst ließ er die originale Martí-Büste des Bildhauers Juan José Sicre, deren Kopien vor jeder Polizeistation und auf jedem öffentlichen Platz stehen, von ihrem angestammten Platz auf der Wohnzimmeranrichte entfernen und übergab sie der öffentlichen Bibliothek seiner Heimatstadt Artemisa.

Etwas lässt ihn noch nicht zur Ruhe kommen: sein Archiv. Die Tür zu seiner journalistischen Schatzkammer ist seit Jahren verschlossen. Um es genau zu sagen, seit jenem Tag, als er von einem längeren Krankenhausaufenthalt nach Hause kam und dort ein unbeschreibliches Chaos vorfand, wo er Wochen zuvor ein systematisch nach Jahren und Themengebieten unterteiltes Archiv hinterlassen hatte. Während er sich im Krankenhaus von seinem Sturz erholte, wurde zu Hause auf Anraten der Ärzte sein Lebenswerk entrümpelt. Ein alter, bettlägeriger Mann braucht keinen mit modrigen Papieren voll gestopften Raum, sondern ein Krankenlager. Die ganzen Dokumente wurden lieblos in Kartons geworfen und landeten in einer Rumpelkammer. Campoamor stand fassungslos vor dem ungeordneten Wust, der von seiner jahrzehntelangen Arbeit übrig geblieben war. Tief in seinem Stolz verletzt, schloss er die Tür und erlaubte fortan niemandem, das Archiv zu betreten.

Anfangs wollte er wieder Ordnung in das grenzenlose Durcheinander bringen, versprach sich selbst, seinen zukünftigen Nachlass in angemessener Würde zu übergeben. Doch dann schob er das Vorhaben immer weiter hinaus, bis sich der verzweifelt wiederholte Vorsatz zur Floskel verflüchtigte. »Morgen fange ich an, Ordnung in meine Unterlagen zu bringen«, vertröstet er neugierige Fragesteller und befreit sich selbst von der Last einer unbezwingbaren Altersaufgabe. Denn der Satz schwebt mit dem Rauch seiner Zigarre nur noch als leicht dahingesagte Redensart durch den Raum. Er fügt ihn in Gesprächen ein, unterteilt damit die Zeit zwischen Frühstück, Mittag- und Abendessen und sagt ihn so hingebungsvoll seufzend dahin wie das allerorts zu hörende *no es fácil.* »Morgen …«, prostet der alte Mann im Schaukelstuhl seinem Gegenüber in der mit Spiegeln verkleideten Wand zu. Morgen, *hasta luego,* bis später, Campoamor hat – wo kein anderer Ausweg mehr war – zu den Waffen der Kubaner gegriffen. Er reduziert die Ewigkeit auf eine Floskel und verschafft sich damit einen Zeitaufschub.

Im Grunde hat er kapituliert, vor dem Alter, dem Vergessen. Die Zeitungsausschnitte wurden brüchig, modrig und schwarz vor Dreck und waren ungeschützt den Attacken der tropischen Feuchtigkeit ausgesetzt.

Doch jetzt hat er damit begonnen, seine Angelegenheiten in Ordnung zu bringen, und will endlich auch diese letzte Tür öffnen, damit das einfallende Licht neues Leben in die Stapel angesammelter Papiere bringt. Seit er sich nur noch wie ein einsamer Don Quijote in einer dahinrasenden Zeit fühlt, drängt es ihn plötzlich, die Vergangenheit noch einmal Revue passieren zu lassen, die verstaubten Papiere zum Sprechen zu bringen und ihnen die alten Anekdoten zu entlocken. Und erst wenn er weiß, dass seine Sammelleidenschaft ihren Sinn erfüllt hat, kann er beruhigt aufatmen, sich in seinem Schaukelstuhl zurücklehnen und entspannt an seiner Zigarre ziehen.

Campoamors Aufzeichnungen führen in eine Welt, in der mit Havanna berühmte, klingende Namen verbunden waren. Seine Zeitungsausschnitte liefern den roten Faden bei der Reise zu den Schauplätzen der Stadt; Namen, die er beiläufig erwähnt, verweisen auf die Biografien schillernder Persönlichkeiten. Seine Reportagen und täglichen Kolumnen liefern immer neue Anknüpfungspunkte, um die Gesichter einer Stadt zu skizzieren, die einst in einem Atemzug mit den künstlerisch und kulturell aufregendsten Städten der Welt genannt wurde. Aus Schnipseln, Notizen, Randbemerkungen entsteht das Mosaik einer Epoche.

Fernando Campoamor hat über fast alles irgendwann einmal geschrieben, und selbst wenn er kein Thema hatte, machte er daraus eine Geschichte, wie sie typisch für einen Berichterstatter aus einer Stadt ist, die nie schweigt, sondern immer etwas zu sagen hat.

Thema ohne Thema

»Es ist sechs Uhr morgens. Der Milchmann hat die Milch vor die Tür gestellt, der Bäcker die Brötchen hingelegt und der Zeitungsjunge den *Diario Nacional.*

Im Zwielicht und mit schlaftrunkenem Blick überfliege ich Überschriften und Kleingedrucktes. Nichts davon ist wirklich aufregend. Die internationalen Nachrichten von heute ähneln denen von gestern und die nationalen denen von vorgestern. Nach einer verlorenen halben Stunde mit der Zeitung in der Hand – die schon schmutzig von der Druckerschwärze geworden ist – kehre ich zur morgendlichen Routine zurück, ohne den geringsten Drang zu verspüren, einen Freund mit der allerneuesten Nachricht aufzuwecken.

Das nächtliche Fasten verlangt seinen Tribut. Und beim Frühstück beginnt mich der Gedanke zu beunruhigen, dass ich ein Thema für meine heutige Kolumne finden muss. Das Telefon klingelt … leider nur eine Frau, die sich verwählt hat. Ich schalte das Radio ein, um die informative Leere mit einer Morgenmelodie zu kompensieren, und werde nicht enttäuscht. Eine halbe Stunde lang versorgt mich das Radio mit Musik, die unfehlbar in ihrer Fähigkeit ist, Gefühle in mir zu wecken. Bis neun Uhr hat die musikalische Matinee meinen Geist beflügelt, und derart beschwingt, nähere ich mich dem Bücherregal, in der naiven Hoffnung, dort die Eingebung zu finden. Ich fische eine kürzlich erschienene Zeitschrift heraus, irgendein Buch, einen verloren geglaubten Brief, eine unleserliche Notiz, eine Telefonnummer ohne Namen, ein weißes Blatt. Meine Damen und Herren, wir haben neun Uhr dreißig. Um halb zehn muss der Mensch an einem alltäglichen Morgen, so wie es dieser ist, etwas vorzuweisen haben. Ich habe es nicht.

Ich muss mich fertig machen, um gegen zehn mit einem geeigneten Thema in der Redaktion zu erscheinen, zumindest mit der Zusage, dass ich es um elf liefern werde, damit es gegen zwölf zum Setzer gebracht werden kann. Nichts Peinlicheres, als sich der Welt mit leeren Händen zu präsentieren, wenn sich die Sonne schon auf ihrem Zenit befindet.

Ich gehe aus dem Haus, mit dem Schlüsselbund in der Hand und dem abwesenden Thema im Kopf. Ich schließe mein Auto auf, starte den Motor und fahre kreuz und quer durch die Straßen, bis ich endlich ein vertrautes Gesicht entdecke, das mir die Rechtfertigung gibt zu bremsen, den Motor abzustellen und auszusteigen. Dem Freund fehlt das Thema wie mir! Nur denkt er, dass ich es ihm liefern werde. Natürlich durchschaue ich ihn, lasse ihn aber in dem guten Glauben und mache mir seine Absicht zu Eigen: Ich taxiere seine Mimik, Nasenflügel, Lippen. Bringt mich wirklich nichts an ihm auf eine Idee, die sich zur heutigen Kolumne für den *Diario Nacional* ausbauen ließe?

In ganz Havanna ist es jetzt zwei Uhr, und mein Kopf macht immer noch Ferien. Die Augen treten beinahe aus den Augenhöhlen heraus bei dem Versuch, etwas, was sich als Tagesthema eignete, einzufangen. Der Geruchssinn weitet sich und nimmt die Witterung auf. Das Gehör öffnet sich und reagiert wie ein Radar auf jede Geräuschwelle, die zu ihm dringt. Der Körper strafft sich, und die Sinne des Journalisten bündeln ihre Wahrnehmungsgabe, brennend vor Ungeduld, ihrem Besitzer irgendwie nützlich sein zu können. Aber die Zeit fährt fort, die Minuten zu zählen, und die Stunden schreiten gefühllos voran. Es ist drei Uhr, und das Thema bleibt unaufspürbar, weg, verschwunden. Jetzt heißt es, erfinde! Entdecke es! Grüble! Schaffe, schmiede, knete es, um der Kolumne endlich das Thema zu geben, das zu diesem langweiligen Samstag passt, an dem weder die Zeitungen noch die Leute auf der Straße etwas zu berichten hatten.« (*Diario Nacional*, 1957)

Campoamor porträtiert sich selber, augenzwinkernd und ironisch. So können wir ihn uns vorstellen, wenn er auf der Jagd nach jener besonderen Note ist, die dem orchestralen Konzert seiner Stadt jeden Tag eine unverwechselbare und nicht zu wiederholende Klangfärbung gibt. Genau das ist es, was Campoamor in seinen täglichen Glossen, Streiflichtern und Kolumnen zu Papier bringen wollte: das richtige Timbre Havannas. Er lüftete Geheimnisse, geizte nicht mit Bewunderung für seine Stadt und zeigte sogar Stolz. Doch er kannte auch ihre Schwächen und tippte auf die Stellen, an denen La Habana in provinzielle Kleinbürgerlichkeit verfiel, wo sie Überheblichkeit, Eitelkeit, Borniertheit und politische Blindheit zeigte. Dann versuchte er, in ihr das Gefühl wachzurufen, dass dies ihrer nicht würdig sei. Aber nie stellte er ihre Fehler bloß, nie wurde er zynisch. Schließlich ist er selbst ein Gewächs dieser Stadt.

Dabei hatte die kubanische Metropole nicht immer einen so leidenschaftlichen und loyalen Kritiker in ihm, der – stets gut aufgelegt und elegant gekleidet – durch die Straßen Havannas wie durch die Räume seines Redaktionsbüros flanierte, Hände schüttelnd, schulterklopfend, um aus Gesprächsfetzen die Tagesthemen zu schöpfen, die, selbst wenn in ihnen Ärger und Enttäuschung mitschwangen, aus seiner Feder nie verletzend geklungen haben.

»Der Puls des Landes schlägt in der Provinz!«

Dieser Satz überschreibt einen wütenden Protest, den der blutjunge Campoamor der verwöhnten Metropole noch im Jahre 1934 auf den Seiten des *Heraldo Pinareño* erregt entgegenschmettert. Es geht um das uralte Drama der kubanischen Kultur: blühende Landschaften in der Metropole, verdorrte Wüsten im Rest des Landes. Das Land sei wie »ein Stück Vieh, das unter sengender Hitze vertrocknet, in unüberbrückbarer Entfernung zum kubanischen Meridian, der durch die Hauptstadt verläuft«, schimpft der Journalist aus Artemisa in der Provinz Pinar del Río, kaum achtzig Kilometer von jener geschmähten Metropole entfernt.

»Ich will damit sagen, dass gerade noch im Umland von Havanna die mickrige Existenz unseres Landes wahrgenommen werden kann. Während uns die versteckten Jahre auf dem Land saft- und kraftlos machen, läuft ein Exodus in Richtung Hauptstadt ab, dem blutenden Herz der Republik, mit einem Kapitol aus Stein und Bronze und Stadtvierteln aus Lehmhütten und Feuchtigkeit. Die Karawane folgt einem Staatsetat, der sie mit lächerlichen Krümeln ködert und dabei den Löwenanteil in die Bauten einer Stadt verschwendet, in der von den vier

Millionen Menschen, die auf der Insel leben, eine Million wohnt. Damit gleicht Havanna einem von Giften aufgeschwemmten Organ, das mehr als der gesamte Körper wiegt. Der Puls der Insel schlägt auf dem Land, in den Dörfern aus Palmdächern. Wenn man wirklich um Kubas Wohl kämpft, muss man die Insel von ihren Provinzen aus und vor allem *für* ihre Provinzen regieren.«

Gerade eben hatten die Kubaner die blutigste Diktatur in der Geschichte ihrer jungen Republik hinter sich gebracht. Gerardo Machado regierte die Insel acht Jahre lang, von 1925 bis 1933, mit starker Hand und ausgeschalteter Opposition. Er folgte nur einem Ziel – als größter Bauherr in die kubanische Geschichte einzugehen, auch wenn er sich dabei als größter Ignorant der sozialen Misere entpuppen sollte. Unter Machado bekam Havanna die Ambitionen eines egomanischen Regenten zu spüren, für den Kultur stets in Stein gehauen war und Bauwerke immer die eigene Größe symbolisierten. Der Machthaber hörte auf keine ratgebenden Stimmen außer auf seine eigene, und diese innere Stimme sagte ihm, dass er der Auserwählte sei, der Havanna in die Moderne führe. Machado entfaltete eine Bauwut wie kein Präsident vor oder nach ihm. Bei seiner Antrittsrede vor dem Kongress präsentierte er die Konstruktion öffentlicher Bauten als zentrales Anliegen seiner Regierung und listete siebenhundert Projekte auf, für die er fast den gesamten Staatshaushalt zur Verfügung stellte: dreihundert Millionen Pesos (der kubanische Peso entsprach einem US-Dollar). Kein Vorhaben war dem Präsidenten zu groß, kein Architekt zu teuer. Er feilte an einer repräsentativen Regierungsstadt, die mit jeder europäischen Stadt konkurrieren konnte. Machado holte die weltweit renommiertesten Fachleute ins Land, zum Beispiel den französischen Landschaftsarchitekten Jean-Claude Forestier. Dieser entwarf einen gigantischen Stadtbebauungsplan, in dem landschaftliche, gesellschaftliche und historische Zusammenhänge harmonisch aufeinander abgestimmt sein sollten. Doch das Stadtkonzept, das über Steuererhöhungen, Privatkredite und Pfandbriefe der Chase Manhattan Bank in New York finanziert wurde, ließ sich nicht als Gesamtmodell umsetzen. Denn in der Zwischenzeit sank die Nachfrage nach kubanischem Zucker auf dem Weltmarkt drastisch, und damit entfielen die Haupteinnahmen aus der kubanischen Exportwirtschaft. Die Wirtschaftskrise ließ die Geldgeber unruhig werden. Bauunternehmen und Kreditgeber drängten Machado zur Rückzahlung der Schulden. Denn der Zuckerpreis war die Grundlage bei der Kreditvergabe gewesen. Das heißt, Machados Wirtschaftspolitik basierte auf geliehenem Geld, für dessen Rückzahlung plötzlich die Garantien entfielen. Die Staatskassen waren leer, gähnend leer, sodass selbst kubanische Beamte immer länger auf die Auszahlung ihrer Gehälter warten mussten. Machados ehrgeizige Bebauungspläne gerieten ins Stocken, wenngleich einige Großprojekte beendet werden konnten. Forestier baute die Uferpromenade, deren erster Teilabschnitt 1901 in der Zeit der nordamerikanischen Militärverwaltung unter dem Gouverneur Leonard Wood entstanden war, weiter aus in Richtung Westen bis zum Almendares-Tunnel und in Richtung Osten bis zur Hafenstraße. Beim Ausbau des Malecón gelang Forestier tatsächlich die praktische Umsetzung dessen, wovon er in seinen Konzepten stets schwärmte. In der Architektur der Uferpromenade wurden gesellschaftliche und landschaftliche Aspekte harmonisch miteinander verbunden. Der Malecón war auf die Bedürfnisse der Bewohner Havannas abgestimmt. Für die Menschen wurde es zur geliebten Gewohnheit, sich abends auf der Flaniermeile zu treffen, um in den heißen Monaten die Tage bei einer angenehm milden Brise ausklingen zu lassen. Und wenn sich die ersten Nordwinde ankündigten, unter deren Wucht das Meer in riesigen Fontänen über die Mauer der Uferpromenade stürzte, standen die Habaneros unter dem Rondell am Malecón-Park, weil sie sich dieses Spektakel nicht entgehen lassen wollten.

Forestier gab auch dem Paseo del Prado, dem ersten Prachtboulevard Havannas, sein heutiges Aussehen und baute die Außentreppe der Universität von Havanna als klassizistisch angehauchtes Symbol für die höheren Weihen. Doch die Karriere des kubanischen Bildungstempels verlief nicht so, wie es sich ihr Baumeister Machado gewünscht hatte. Am Anfang hatte er noch alles fest im Griff. Kaum im Amt, ließ sich der Diktator in der Aula der Universität mit einem Doktortitel honoris causa ehren. Später entglitt ihm die Kontrolle über die künftige Elite des Landes. Forestiers Treppe avancierte zum Symbol des Widerstands gegen Machados despotisches Regime. Der Präsident löste das Problem auf seine Weise und ließ 1930 die Universität schließen. Wieder eröffnet wurde sie erst 1933, nach dem Ende seiner Herrschaft.

Machado wollte sich als »Bau-Präsident« feiern lassen, doch ausgerechnet sein ehrgeizigstes Projekt stand in ironischem Widerspruch zu seinem repressiven Regime: Das Capitolio ist eine exakte Kopie seines Vorbilds in Washington, dem Symbol bürgerlicher Demokratien.

Unter Machado war Architektur nicht an gesellschaftliche Inhalte geknüpft, Prunk und Marmor sollten die politische Größe und Macht des Auftraggebers demonstrieren. Im Bereich des Wohnungsbauwesens bewegte sich kaum etwas. Mit Ausnahme einiger Gebäude im Art-déco-Stil für die gehobene Mittelschicht entstanden unter Machado kaum nennenswerte Projekte. Kein Versuch wurde unternommen, sich den drängenden sozialen Fragen zu stellen. Der Arbeitslosigkeit begegnete Machado mit dem Patentrezept der Diktatoren: Er zog die Erwerbslosen kurzfristig für den Straßenbau ab. Der Bau der ersten zentralen Überlandstraße als längst überfälliges Zeichen infrastruktureller Modernisierung wurde allerdings nicht von dem Interesse geleitet, die gesellschaftliche Distanz zwischen Havanna und dem Hinterland aufzuheben. Vielmehr ging es darum, die Dynamik zu beschleunigen, mit der sich ein neues Phänomen abzuzeichnen begann: der Tourismus in Kuba. Den Gästen aus dem Ausland sollte sich Havanna dekorativ präsentieren, ohne zu protestieren oder gar Fragen zu stellen. Drei Monate nach seinem viel versprechenden Amtsantritt zeigte der ehrenwerte Dr. Machado zum ersten Mal das Gesicht des »Dr. Jekyll und Mr. Hyde«. Von einem politischen Mord war die Rede, bezeichnenderweise an einem Journalisten: Armando André. Und spätestens bei der Konferenz der amerikanischen Staaten, die 1928 in Havanna tagte, pfiffen es in Havanna die Spatzen von den Dächern, dass der politische Terror auf Kuba längst Methode geworden war. Während die internationalen Delegationen in der Stadt weilten, sorgte die kubanische Regierung unter Anwendung von Willkürmaßnahmen für Ruhe und Ordnung in Havanna. Das Prinzip war einfach: Oppositionelle wurden vorbeugend ins Gefängnis gesteckt. Für manche war dort Endstation. Geschockt reagierte die Bevölkerung auf einen makabren politischen Mord, der durch die Presse ging. In der *Bohemia* tauchte der Name eines spanischen Arbeiters auf: Claudio Bousón, »weder gefährlicher noch oppositioneller als der Rest der Bevölkerung«. Er blieb verschwunden, nachdem die internationale Karawane aus Havanna wieder abgezogen war. Kurze Zeit später hatten Fischer in der Bucht von Havanna einen Hai im Netz, in dessen Bauch sie einen menschlichen Arm fanden. Der Arm steckte noch im Ärmel des Hemdes, durch das sich der Tote als Claudio Bousón identifizieren ließ.

Havannas Straßenbild war von Männern in Uniform bestimmt, die Machado immer pünktlich und großzügig entsoldete, so leer die Staatskassen auch waren. Das Militär festigte und stählte seinen politischen Arm. Durch so viel Krafttraining konnte Machado eindrucksvoll seine Muskeln spielen lassen und auf den Rückhalt im Volk verzichten, was dazu führte, dass er bei den Wahlen 1928 die politische Opposition ganz ausschaltete.

Fernando Campoamor war mit sechzehn Jahren in seiner Heimatstadt Artemisa Zeuge, wie das Regime eine Volksversammlung gewaltsam zerschlagen ließ. Ein Treffen der Machado-Gegner geriet zum Aufstand. Soldaten schossen in die Menge. Unter den Bürgern gab es Tote und Verletzte. Für den jungen Campoamor war das ein prägendes Erlebnis, das sich in einer seiner ersten journalistischen Veröffentlichungen niederschlagen sollte, einem in pathetischem Ton verfassten, aber mutigen Aufruf zur Revolution:

»Soldaten! Ihr seid Kubaner wie wir! Das bedarf keiner weiteren Worte! Mit Kuba ist bereits alles gesagt! Die Einmischungen in die politischen Arabesken und Intrigen führen euch weit weg vom Feld, auf dem mit militärischen Ehren gekämpft wird. Denn Ehre lässt sich nie mit politischen Winkelzügen und Gemetzeln gewinnen. Die Jugend erhebt sich. Sie lässt sich nicht aufhalten. In ihren Adern fließt das Blut von 1868, und sie hat Martí gelesen.« (*El Tiempo,* 1933)

Da sich der aufbrausende Journalist nicht mit seinen Äußerungen zurückhielt, landete sein Name schließlich in den Akten der Geheimpolizei, und es war ein Glücksfall, dass er in diesen Tagen des revolutionären Zorns nach dem Ende des Machado-Regimes am Leben blieb. Vielleicht war die Provinz diesmal sein Schutzengel, die ihn davor bewahrte, vollends in das Fadenkreuz der Gewalt zu geraten. Denn seine Stimme ertönte *nur* in einem Lokalblatt, Längengrade von der Hauptstadt entfernt, in der die Verfassungsgarantien außer Kraft gesetzt und Pressezensur eingeführt worden waren.

Die Universität geschlossen, die Presseorgane zensiert, die Intellektuellen außer Landes: Paradoxerweise gewann gerade in den Jahren stärkster Unterdrückung das intellektuelle Profil des Landes an Konturen. Der Widerstand gärte in den kulturellen Organisationen, die in den Jahren des Machado-Regimes wie Pilze aus dem Boden schossen. Der Frauen-Club *Lyceum*, die Vereinigung der Maler und Bildhauer, das Philharmonische Orchester, die Kunstakademie – sie sprangen ein, wo die Politik versagte, und boten den Bürgern kulturelle und intellektuelle Freiräume. Der kubanische Ethnologe Fernando Ortiz, Leiter der neu gegründeten hispanokubanischen Kultureinrichtung, lud spanische Schriftsteller und Dichter zu Seminaren und Konferenzen nach Havanna ein. So weilte Frederico García Lorca einige Monate auf Kuba. Er schloss Freundschaften mit einheimischen Künstlern und hatte genügend Zeit, durch die Provinzen zu reisen und sich ein eigenes Bild von der Insel zu machen. In einem Brief an seine Eltern schrieb er: »Wenn ich verloren gehe, sucht mich in Andalusien oder Kuba.«

Einer Einladung der hispanokubanischen Kultureinrichtung folgte im Jahr 1930 auch die chilenische Dichterin Gabriela Mistral. Sie hielt sich häufig in Havanna auf, wo sie auch schon bald den jungen Fernando Campoamor kennen lernen sollte. Die beiden wurden Freunde. Lebenslang verband sie etwa die gemeinsame Bewunderung des poetischen Revolutionärs José Martí, von dem die spätere Literaturnobelpreisträgerin sagte, dass ihr seine Verse Kuba ankündigten, »so wie sich im Meereswind die Düfte eines noch fernen Landes ankündigen«. (*El Fígaro*, 1922)

Albert Einstein war zur gleichen Zeit Gast der geologischen Gesellschaft in Havanna. Bei einem Besuch der medizinischen und naturwissenschaftlichen Akademie trug er sich mit folgenden Zeilen ins Gästebuch ein: »Die erste wirklich internationale Gesellschaft war die Forschungsgesellschaft. Hoffen wir, dass die nächste Generation eine wirtschaftliche und politische Gesellschaft gestalten wird, die in der Lage ist, Katastrophen zu verhindern.«

Der junge Campoamor gehört zur »Generation von 1930«, die von den Intellektuellen mehr gesellschaftliches Engagement verlangte. Mit dieser Prämisse gründete er, gerade neunzehn Jahre alt geworden, in Artemisa die Kulturgruppe *Proa*, was in der Übersetzung so viel wie Stirn oder Bug bedeutet. Währenddessen fand sich in Manzanillo, einem Städtchen am anderen Ende der Insel, eine Gruppe Gleichgesinnter, die eine kulturelle Vereinigung mit dem Namen *Orto*, Sonnenaufgang, ins Leben rief. Gruppen wie *Proa* und *Orto* waren Teil einer Nischenkultur, die nicht als geistige Rückzugsregion in gesellschaftlich gefährlichen Zeiten zu verstehen war. Ganz im Gegenteil lieferte sie die fehlende Orientierung, um besser ins Tagesgeschehen eingreifen zu können.

Unter Machado erhielt Kritik an der Politik kulturellen Schliff. Außerdem begann sich ein typisch kubanisches Merkmal im Umgang mit der politischen Gewalt abzuzeichnen: die Flucht in doppeldeutigen Humor, in den spöttischen Witz. Je stärker den Habaneros von den Politikern die Luft abgeschnürt wird, desto beißender und stechender wird der Spott, mit dem sie diese überschütten.

Um nicht zu sterben, muss man lachen

Eine kleine politische Karikatur machte in den dunklen Tagen des Machado-Regimes Zeitungsgeschichte: der *Bobo*, ein volkstümliches Männchen, das als heiliger Narr die Herzen der Habaneros eroberte. In flüchtigen, schnellen Strichen gezeichnet, mit dem pausbäckigen Gesicht des Biedermanns, vier einsamen Haaren auf der Glatze und den hochgezogenen Schultern im zerknitterten Anzug, tauchte der Bobo meist in Begleitung des Bobito auf. Söhnchen und Väterchen als weise Toren, die wie alle wahren Naiven gefährlich schlichte Fragen stellen.

Fast ohne zu sprechen, beinahe nur durch Gesten, verkörperte der Bobo in der Maske des Einfaltspinsels die Tragödie der Kubaner. Der Bobo lieferte das Ventil, um den Groll abzulassen, den sie schweigend gegen den Despoten hegten.

Fernando Campoamor hat dem Helden seiner Jugend drei Jahrzehnte später eine Sonderseite in der Zeitung *Diario de la Marina* gewidmet:

»In einem Land, in dem die Zensur das Gesetz war, brach der Bobo das Schweigen mit einer volkstümlichen Satire, die sich in politischen Zündstoff verwandelte. Der Bobo sagte seine Meinung, ohne um Erlaubnis zu fragen. Träge, bedächtig, fast immer mit einem Schal um den Hals als Folge einer chronischen Angina, die ihn daran hinderte, die schreckliche Realität unter Machado einfach zu schlucken. Der Bobo blieb als einziger Torero übrig, dem wir unsere Banderilla anvertrauen konnten, damit er sie unten auf dem Platz mit sicheren Händen dem Stier in den Nacken stach. Der Bobo war der einzige Kritiker, dem in der Presse noch kein Sprechverbot auferlegt worden war.

Er wurde zum täglichen Brot hungriger Kubaner in Zeiten der Diktatur. Der Idealist verwandelte sich in eine Karikatur, damit Kubas Aufschrei zumindest in den subtilen Ausdrucksformen der Kunst gehört werden konnte.

Natürlich musste der Bobo dem Machado allmählich unangenehm werden. Denn wenige Striche genügten, um die Aufmerksamkeit der Leser zu gewinnen, die gierig die Kritik aufsaugten, die sich in der täglichen Satire versteckte. Gelegentlich schickte der Karikaturist Abela seine Figur stumm in die Arena, wo sie dann eine blütenweiße Kerze hochhielt, die wie der Protest im Volk anwuchs, bis sich in der schicksalhaften Nacht der Diktatur ihr Docht endlich entzündete und die Heimat Bobos mit Hoffnung füllte. Das Ende Machados war in dem Moment abzusehen, als er zögerte, den Bobo ins Gefängnis zu schicken. Die wahren Dummköpfe waren die Gehilfen Machados, die der Figur keine Beachtung schenkten und nicht begriffen, dass das, was sie war und sagte, die unterdrückte Würde des Volkes verkörperte.

Machado flüchtete, und Bobo reiste in die wohlverdienten Ferien. Denn Abela, sein geistiger Vater, wollte für ihn einen Abgang von der Bühne, bevor die Jahre und das Rheuma seinen Bewegungen und Einfällen die subtile Anmut und naive Frische nehmen konnten.« (*Diario de la Marina*, 1956)

»*Para no morir hay que reír* – um nicht zu sterben, muss man lachen.« Das ist das Hausrezept eines Volkes, das sich eine ganze Apotheke mit hilfreichen Kräutersuds und Heilmitteln gemischt hat, um an den immer wiederkehrenden politischen Enttäuschungen nicht seelisch zu erkranken. Die volkstümlichste Tinktur ist der *choteo*, der spöttische Witz, der auf die ganze Spannbreite allseits vertrauter kubanischer Sitten, Typen und Schwächen anspielt. Es ist die Flucht in den Humor, wenn kein anderer Ausweg bleibt, und Campoamor sollte bald mit sämtlichen Windungen, Schleifen, Spiralen und mäandrisch fließenden Richtungen des *choteo* seiner Landsleute vertraut sein.

Bei Machado beobachtete er das Geschehen auf der Bühne Havannas allerdings noch von einem der hinteren Provinzplätze aus. Die Jugend und die Entfernung zur Hauptstadt zwangen ihn, auf seinen Auftritt zu warten. Nur einmal stampfte er ungeduldig auf dem Boden auf, als er die Richtung der Politik zumindest geografisch verändern wollte: aus den Provinzen, für die Provinz! Doch dann musste sich auch der junge Rebell der natürlichen Autorität beugen, die sich die Hauptstadt in den Jahrhunderten als Star allen öffentlichen Lebens erworben hatte. Campoamor wollte studieren, und in Havanna lockte die älteste Universität des Landes. Also biss er die Zähne zusammen, verzichtete auf weitere Schmähschriften und schrieb sich 1935 für Jura, Philosophie und Literatur an der Universität von Havanna ein. Gleichzeitig begann er bei der Tageszeitung *El Mundo* zu arbeiten. Und ein Jahr später wurde er bereits leitender Redakteur von *Pueblo*, dem Blatt der spanischen Republikaner.

Damit hatte sich Fernando Campoamor in Havanna etabliert. Artemisa blieb sentimentale Heimat, aber seine wirkliche Welt spielte sich von nun an im Dreieck zwischen Almendares-Tunnel, Vedado und Habana Vieja ab. Die Stadt hatte sich ihren leidenschaftlichen Kritiker zum Verbündeten gemacht. Das übertriebene Pathos seiner ersten Veröffentlichungen ließ Campoamor in der Provinz zurück. Den Pulsschlag der Großstadt würde er mit elegant geschliffener Feder einfangen. Liebevoll beobachtend, humorvoll schmunzelnd, aber auch spöttisch stichelnd.

Kritische Journalisten, die gegen einen Machthaber opponierten, machten im Havanna vor der Revolution die Erfahrung beruflicher Einschränkungen und Drohungen, die von Zensur und Bestechungsversuchen bis hin zu Attentaten und Mord reichten. Aber erst unter Castro wurde das Pressewesen systematisch zum Propagandamotor der Regierungspolitik ausgebaut. Die Präsidenten vor ihm hatten keine eigene Ideologie zu verkaufen. Im Gegenteil: Sie versuchten, einen erfolgreichen Journalisten mit allen Mitteln für sich einzukaufen – oder zum Schweigen zu bringen. Deshalb konnte die kubanische Presselandschaft selbst in politisch düsteren Zeiten überleben. Und eine Persönlichkeit wie Campoamor, der bald über genügend internationales Prestige sowie professionelles Gespür für die richtige Tonart verfügte, konnte das wilde Geschehen auf der politischen Bühne kommentieren, ohne um sein Leben fürchten zu müssen. Er flüchtete in den spöttischen Humor der Habaneros:

Seit der letzte Polizeichef sein Amt angetreten hat, herrschen neue Umgangsformen. Es fing damit an, dass er der Presse die Türen öffnete, sich vor dem Recht verbeugte – obwohl ihn seine Tressen als ranghöchste Autorität auswiesen – und einige unumgehbare Anordnungen ankündigte, die, wie er betonte, in seinem rechtlichen Zuständigkeitsbereich lägen. Kurz und gut, er schmückte seinen Amtsantritt mit einem Thema, in dem er sich gut auszukennen schien. War er uns doch diesbezüglich bereits mit den besten Grüßen von der Bürgerschaft empfohlen worden! Dort sagt man sich nämlich: »Worauf Hernando Hernandez sein Auge richtet, fliegen auch Kugeln.« Wir finden, er verdient unseren Vertrauensvorschuss, wenn es ihm – ganz alter Sportsmann! – gelingt, seine Pistolen im Halfter zu lassen und die Aufräumaktion mit den friedlichen Waffen einer ehrenwerten Polizeistation durchzuführen.

Zunächst versprach er uns ein Weihnachtsgeschenk: »Ich möchte Ihnen hiermit mein Wort geben, dass ich in Havanna für Ruhe sorgen werde.«

Nun wurde um diese Sache mit dem Lärm mittlerweile so viel Lärm gemacht, dass die im Allgemeinen gutgläubige Nachbarschaft diesbezüglichen Versprechungen keinen Glauben mehr schenkt. Aber da man uns Kubanern keine Knickrigkeit nachsagen kann, lassen wir uns noch einmal dazu überreden, den Ankündigungen zu trauen – stammen sie doch vom Leiter der Brigade höchstpersönlich! Nun also, nehmen wir ihn beim Wort. In aller Unschuld.

Unter dem Punkt »Ruhe und Ordnung« kann man im Text der Straßenverkehrsordnung nachlesen, dass die Fahrer (und das hier erscheint in Fettschrift) den Gebrauch von Megafonen, Hupen, Tröten und Klingeln nicht missbrauchen dürfen. Eine knappe Woche war diese Vorschrift in Mode, dann wurde sie von den Fahrern und Fußgängern im »Land des kurzen Gedächtnisses« allerdings schnell wieder vergessen. Wir dösen seitdem weiter ganz benommen unter der Wirkung der Sirene dahin, die der Chauffeur der Krankenambulanz ganz nach Lust und Laune betätigt, auch wenn er ohne Notpatienten über die Straßen fegt. Wir ertragen weiterhin den Unruhestifter im schicken Cabriolet, der mit quietschenden Reifen und heulendem Motor durchs Viertel saust. Wir leiden weiter unter dem aggressiven Fahrstil des Busfahrers, der ohne Ruhepausen seine Runden dreht. Und dann haben auch die Leute auf der Straße, die nicht im Auto unterwegs sind, ihre besonderen Foltermethoden entwickelt. In Bars und Bodegas, die sich mittlerweile an jeder Straßenecke ausbreiten, stehen Musikboxen, deren Platten unermüdlich und ohne Pause in voller Lautstärke abgespielt werden, um mit dem Riesenlärm zu konkurrieren, der um sie herum anschwillt. Jeder, der einen Fernseher oder ein Radio besitzt, dreht die Lautstärke seines Gerätes auf und überhäuft Havanna großzügig mit einer Woge an Lärm. Angesichts des Krachs und Durcheinanders auf der Straße gewöhnen sich die Fußgänger daran, schreiend zu reden. Und so schaffen wir uns eine Stadt, die außer Konkurrenz ist: die durchdringendste und lauteste Stadt in ganz Lateinamerika.

Eine selbstmörderische »Liga gegen den Lärm« beendete ihre Arbeit zunächst damit, ihre Statuten festzulegen, und entschloss sich dann, ihr nützliches Vorhaben zu überschlafen. Das war der Stand der Dinge, als General Hernando Hernández auf der Bildfläche erschien und uns nun Ruhe und Ordnung als Medizin gegen unsere angeschlagenen Nerven verschrieb. Wenn er es tatsächlich schafft, uns den Luxus wahrer Ruhe zu schenken, bei der bisher jede Zivilisation begonnen hat, erhält er einen Preis. Nie würden wir diesen Helden, der das Wunder von Havanna vollbracht hat, vergessen. Der neue Polizeichef besitzt einen großen Vertrauensvorschuss, unterzeichnet von einer Million Habaneros, die am Rande des Nervenzusammenbruchs leben. (*Diario Nacional,* 1956)

Wenn Campoamor in seinen Kolumnen, ganz in der Tradition des Bobo, dem politischen Sittenverfall der wechselnden Regierungen spitze, ironische, perfekt platzierte Seitenhiebe versetzte, wurde dem kubanischen Humor der journalistische Ritterschlag erteilt.

Als er 1935 nach Havanna zog, konnte er wahrscheinlich nicht mehr die Aufführungen im *Alhambra*-Theater erleben. Das Traditionshaus schloss im gleichen Jahr für immer seine Pforten. Ein Teil des altersschwachen, morschen Holzgebäudes war eingestürzt. Fünfundvierzig Jahre lang war das *Alhambra* die Heimat der kubanischen Volksbühne, die sich aus dem *teatro bufo* heraus entwickelt hatte: kurzen, revueartigen Stücken, die in burlesker und satirischer Form Alltagsszenen präsentierten. Die Gestik war übertrieben, und die dargestellten Personen verkörperten Typen aus dem Volk: die Alte, die Mulattin, der arme Bauer, der Schwarze. Im *Alhambra* entstand aus den Traditionen des Possentheaters ein volkstümliches Sittengemälde der kubanischen Gesellschaft. Die übertriebene Gestik fiel weg, der Witz der Straße blieb erhalten, politische Kritik kam hinzu. Das *Alhambra* war bei den Kubanern außerordentlich beliebt. Es gab täglich zwei bis drei Vorstellungen, die meisten von ihnen waren ausverkauft. Und jedem der einheimischen Präsidenten, die Kuba seit Tomás Estrada Palma regierten, widmete es mindestens ein kritisches Stück. Kuba lieferte die Themen. In den Typen, die auf der Bühne agierten, konnten sich die Habaneros selbst wiedererkennen. Einige Jahre lang trat im *Teatro Alhambra* sogar ein Bobo auf. Und das, obwohl im Alltagsleben Havannas, dem das Volkstheater die Typen entlehnte, die Rolle des Bobo unbesetzt war. Man fand dort den *guajiro*, den armen Bauern, der sich, getreu der Vorurteile im realen Leben, auf der Bühne zum Klischeebild des Hinterwäldlers ausbauen ließ; man fand den immer fleißigen und ordentlichen Chinesen sowie den *gallego*, den Galizier, der, eben erst aus Spanien angekommen, garantiert übers Ohr gehauen wurde und Betrügern aller Art auf den Leim ging. Dieses feste Rolleninventar wurde noch durch eine Reihe anderer exzentrischer Figuren ergänzt, von denen allerdings keine im wirklichen Leben mit der Rolle des offiziellen Volksnarren kokettiert hätte. Und dennoch hatte das *Alhambra* seinen Bobo, Jahre bevor er auf den ersten Seiten des *Diario de la Marina* auftauchte. Dieser »dumme August« erfreute sich beim Publikum solcher Beliebtheit, dass er immer in einer der ersten Szenen auf der Bühne erscheinen musste, damit die Zuschauer nicht lauthals nach ihm riefen. Doch im Unterschied zu den übrigen Figuren, war der Erfolg des Bobo mit dem Namen eines beliebten Schauspielers verbunden, und als dieser starb, beendete auch der Bobo seine Karriere am *Teatro Alhambra*.

Während im *Teatro Tacón*, dem großen Opernhaus am Parque Central, europäische Stücke aufgeführt wurden, hatte sich das kubanische Theater im *Alhambra* künstlerisch von der Alten Welt befreit und einen eigenständigen Weg eingeschlagen, der mit der Schließung des Hauses unterbrochen wurde. Der kubanische Schelmenhumor war obdachlos geworden. Er landete wieder dort, wo er herkam – auf der Straße. Und auf der Straße gabelte ihn nun der Neuankömmling aus Artemisa auf, um ihn gemeinsam mit einer neuen Generation von Publizisten als zeitgemäßes Stilmittel eines kritischen Journalismus einzusetzen.

HAVANNA *Feelings*

Metamorphosen einer Stadt

Die Bombe des Caruso

Im Havanna des Jahres 1935 kamen argentinischer Tango und Carlos Gardel in Mode. Gardels tödlicher Flugzeugabsturz im gleichen Jahr schockte seine große Fangemeinde in der Stadt. Zur gleichen Zeit sang im Aufnahmestudio des Radiosenders CMQ Joseíto Fernández zum ersten Mal sein Lied *Guantanamera*, und im Theater hatte eine musikalische Komödie Premiere: *Havanna ohne Theater*. Ein Titel, der überspitzt darauf anspielte, dass die Theaterwoge, die Havanna seit der Jahrhundertwende erfasst hatte, nun verebbte. Als Campoamor seine journalistische Tätigkeit in der Hauptstadt aufnahm, erlebte er nur noch den Nachhall jener Tage, in der die Bewohner zwischen einem Dutzend schönster Theatersäle und Revuebühnen wählen konnten.

Die schillernden Geschichten aus den Jahren, in denen Havanna der unangefochtene Star der lateinamerikanischen Theaterwelt war, bekam er trotzdem zu hören. Sein Studienfreund Eduardo Robreño, Sprössling einer alteingesessenen Schauspielerdynastie, erzählte sie ihm. Großvater, Vater und Onkel Robreño waren Schauspieler, Regisseure und Bühnenbildner am *Alhambra*. Bis nun Robreño junior mit der Familientradition brach und die brotlose Kunst gegen das Studium der Jurisprudenz eintauschte, übernahm er selbst Gesangsrollen im *Alhambra*. Das Theater blieb die heimliche Leidenschaft des späteren Juristen. Einmal im Monat lud Eduardo Robreño zu seinen Lesungen ins Foyer des Traditionshotels *Inglaterra* ein, wo er die Zuhörer mit Theatergeschichten aus weit zurückliegenden Tagen unterhielt. Er konnte aus seinen Büchern zitieren, in denen er die Anekdoten, die um die Auftritte der einheimischen und internationalen Bühnenstars in Havanna kreisen, festgehalten hat. Was hinter der Bühne passierte, wenn Havanna eine Sarah Bernhardt begrüßte, eine Pavlova oder Fanny Elßler, wenn im *Teatro Tacón* Rubinstein oder Rachmaninow dirigierten und Andrés Segovia spielte, das hatte Robreño seit seiner Jugend zusammengetragen und niedergeschrieben. Die Manuskripte gab er seinem Freund Fernando Campoamor, der Korrektur las, bevor sie in den Druck gingen. Auf diese Weise lernte auch der Zuspätgekommene das Kapitel der großen Theaterära in Havanna kennen.

Robreños Vater trat fünfunddreißig Jahre lang im *Alhambra* auf, während sein Onkel die Stücke schrieb, Regie führte und das Bühnenbild entwarf. Der junge Eduardo wuchs mit den kleinen Geheimnissen und Vertraulichkeiten auf, die sich hinter der Bühne abspielen und den Stoff für jene Theatergeschichten liefern, in denen die Seele eines Schauspielhauses noch weiterlebt, wenn der Schlussapplaus der letzten Vorstellung schon lange verklungen ist.

Da war zum Beispiel die Trommel des *Alhambra*. Von der ersten bis zur letzten Vorstellung gab sie den Rhythmus vor. Unverwüstlich bis zum Ende. Selbst als die Holzbühne des *Alhambra* einstürzte, zog man sie unbeschädigt unter den Trümmern hervor. Ein wertvoll gewordenes Instrument, wertvoll, nicht nur im nostalgischen Sinn.

Robreño erzählt die bühnenreife Geschichte der Trommel des *Alhambra*, die, obwohl fünfundvierzig Jahre lang täglich im Einsatz, nie wirklich in den Besitz des Theaters überging. Wie so etwas möglich sein konnte?

Alhambra-Theater, 1890: In einer halben Stunde sollte die große Eröffnungsvorführung beginnen. Hinter der Bühne herrschten Hektik und Lampenfieber, und niemandem fiel auf, dass ein Mitglied des Ensembles noch aufgeregter war als alle anderen. Der Trommler konnte sein Instrument nicht finden. Doch anstatt den Verlust zu melden, lieh er sich gegen eine Gebühr von vierzig Centavos die Trommel heimlich von einem befreundeten Musiker aus. Aus Schuldgefühl oder aus Angst, seine Stelle zu verlieren, schwieg das unglückliche Orchestermitglied auch am nächsten Tag. Stattdessen kam für weitere vierzig Centavos wieder die Trommel des Freundes zum Einsatz. Eine Notlösung, die zur Dauerlösung wurde, zum geheimen Ritual, von dem für den Musiker der Erfolg der Vorstellung abzuhängen schien. Nach seinem Tod übernahm der Sohn nicht nur die Stelle des Vaters, sondern auch dessen Marotte. Für vierzig Centavos gaben im *Alhambra* fünfundvierzig Jahre lang geliehene Trommeln den Takt an. Robreño rechnete aus, dass die ahnungslosen Theaterbetreiber für das Instrument, das nie ihr Eigentum wurde, insgesamt immerhin 5075 Pesos Leihgebühr bezahlt hatten.

Eine der bildmächtigsten Erinnerungen an die Jahre, in denen Havanna als Theatermetropole den anderen lateinamerikanischen Städten den Rang ablief, ist der Auftritt von Enrico Caruso im *Tacón*, das um die Jahrhundertwende renoviert und 1915 wieder eröffnet wurde und seitdem unter dem Namen *Teatro Nacional* nahtlos an alte Bühnenerfolge anknüpfte. Der Tanz der Millionen war noch voll im Gange. Die reiche kubanische Bourgeoisie investierte ihr Vermögen in eine Art von kulturellem Gesellschaftsspiel, bei dem sie sich gegenseitig mit dem Bau von Theaterhäusern und mit der Organisation pompöser Konzert- und Operngalas zu übertrumpfen versuchte. In diesem gesellschaftlichen Wettkampf spielte der schwerreiche Zuckerfabrikant und Theaterimpresario Adolfo Bracale die Trumpfkarte aus, als er den alternden italienischen Star-Tenor mit zehntausend Dollar pro Auftritt köderte und ihn zu einer Tournee durch mehrere Städte Kubas verpflichtete. An neun Abenden sang Caruso.

Ein Zwischenfall während der letzten Vorstellung sollte sein Intermezzo auf Kuba in eine jener skurrilen Episoden verwandeln, die die Habaneros lieben und immer bunter ausschmücken, bis sie schließlich selbst an sie glauben.

»Caruso verabschiedete sich von Havanna mit Verdis *Aida*. Er sang den Part des Radames. Der Saal war bis auf den letzten Platz gefüllt. Nachdem der berühmte Tenor die Arie des Triumphmarsches gesungen hatte, gab es im Saal einen gewaltigen Knall. Im Theater breiteten sich Rauchschwaden aus, das Publikum geriet in Panik. Eine Bombe! Die Leute sprangen von ihren Sitzen und versuchten, zu den Ausgängen zu gelangen. Jeder schubste und drängte in eine andere Richtung«, so beschreibt Eduardo Robreño den Zwischenfall, der die Vorstellung vom 13. Juni 1920 sprengte. »Die ›Bombe‹ bestand aus Knallkörpern, die die gewerkschaftlich organisierten Arbeiter des *Teatro Nacional* in einer Zigarrenkiste in der Herrentoilette deponiert hatten, um ihren Lohnforderungen Nachdruck zu verleihen.«

Und Caruso? Robreño lächelt verschmitzt. Es gibt zwei Versionen über das, was der Maestro machte, nachdem die Böller explodierten: »Von Panik gepackt, stürmte er im Kostüm des Radames auf die Galiano-Straße. Stark geschminkt, mit roten Lippen und schwarz umrandeten Augen, dazu noch schwer mit Armbändern und goldenen Ohrringen behangen, wurde er von der Polizei aufgegriffen und landete auf der nächsten Polizeistation wegen Erregung öffentlichen Ärgernisses.«

Caruso in einer Opera buffa, und das passende Libretto schrieb Havanna. Es gibt wohl kaum eine komischere Art, sich von seinem Publikum zu verabschieden. Eine surrealistische Szene, ganz im Stil der Stadt. Allerdings greift die Dichtung der Wahrheit dabei etwas unter die Arme. Denn Carusos improvisierte Einlage auf Havannas Straßen entstammt der Fantasie von Alejo Carpentier, der das Gastspiel des italienischen Startenors in seinen Roman *Die Methode der Macht* mitverarbeitete: Ein lateinamerikanischer Diktator will seinem unterdrückten Volk Sinn für Kultur beibringen und baut ein imposantes, protziges Opernhaus, für das er die teuersten Sänger der Zeit engagiert. Mit dem Tanz der Millionen als Vorlage, beschreibt Carpentier verschwenderische Galavorstellungen und mischt Fiktion mit den realen Zwischenfällen während Carusos Tournee durch Kuba.

»In Wirklichkeit verließ Caruso das Theater durch die Hintertür, die auf die Consulado-Straße führt, und verschwand im Auto einer Verehrerin.« Robreño liefert auch diese zweite Version der Geschichte. Selbst wenn das die historische Wahrheit ist, wird die Anekdote über den ungewöhnlichen Bühnenabgang des großen Caruso im Bild des Radames weiterleben, der im ägyptischen Kostüm über die Galiano-Straße irrt.

Ein Wettkampf der besonderen Art

Jahrzehnte bevor sich der bauwütige Machado in Gestalt architektonischer Großprojekte ein unsterbliches Denkmal setzen wollte, entfachte eine Gruppe einflussreicher spanischer Händler einen Wettstreit. Sehr zum Wohle der Stadt, die dabei einige ihrer schönsten Theaterhäuser gewann.

Den Anfang machte der Fischgroßhändler Francisco Marty y Torrens. Havanna brauchte ein neues Theater, da das völlig veraltete und zu kleine Prinzipaltheater geschlossen werden sollte. Vom Gouverneur Miguel Tacón erhielt Marty y Torrens eine finanzielle Unterstützung, dank der er das erste große Theater der Stadt bauen konnte. Das neue Opernhaus wurde in der Karnevalszeit des Jahres 1838 eingeweiht und auf den Namen des Inselgouverneurs getauft: *Teatro Tacón*. Bald wurde der Auftritt im *Tacón* zur Nagelprobe für den Erfolg bei geplanten Amerika-Tourneen. »*Hacer la América!*«, lautete das Zauberwort: »Spielen wir in Amerika«, was im Spanischen auch als Aufforderung, sein Vermögen zu machen, verstanden werden kann. Die Conquista der amerikanischen Bühnen versprach den Künstlern Erfolg, Ruhm und Reichtum in der Neuen Welt. Bestanden sie ihre Feuertaufe im *Tacón*, stand auch der Eroberung Amerikas nichts mehr im Weg!

Der katalanische Fleischhändler Joaquín Payret beobachtete nachdenklich, in wie viel helleres Licht sein Landsmann seit dem Bau des *Tacón* gesellschaftlich gerückt war. Bald liebäugelte er damit, selbst ein Theater zu bauen. Natürlich sollte es das *Tacón* an Größe und Pracht übertreffen. Und tatsächlich schaffte es der Spanier, sich seinen Traum zu erfüllen. Gegenüber dem Capitolio, an einem der besten Plätze der Stadt, stand sein Theater nicht weit vom *Tacón* entfernt. Doch welchen Preis musste Payret dafür zahlen! Bis das Theater 1878 seine Pforten öffnete, hatte der Bau sein gesamtes Vermögen verschlungen.

Als »rotes Kolosseum« wurde das neue Theater in der Presse gefeiert, weil es in seinem Inneren in dunklem, intensivem Rot ausgestattet war. Doch die Öffentlichkeit sprach nur vom *Teatro Payret*. Vielleicht linderte diese aufmerksame Hommage beim Bauherrn die Kummerfalten angesichts seines finanziellen Ruins.

Der Wettkampf ging weiter! Den Basken Irijoa schreckte das finanzielle Fiasko seines Landsmanns in keiner Weise von seinem eigenen ehrgeizigen und abenteuerlichen Theaterprojekt ab. Es kam, wie es kommen musste: Irijoa baute seiner Stadt einen Palast, der tausend Zuschauer fassen konnte und mit mehreren Gärten im Stil der Sommertheater – der Mode in Madrid! – gehalten war. Der Bauherr gab sein gesamtes Vermögen aus, starb völlig verarmt und hinterließ Frau und Kindern nichts als Schulden. Für seine Familie wurde nach seinem Tod im familieneigenen Theater eine Benefizveranstaltung organisiert.

Irijoa starb nicht nur arm, sondern tief enttäuscht. Sein Märchensaal blieb leer. Die Aufführungen trafen nicht den Geschmack des Publikums. »Alles vergeblich!«, resümierte er deprimiert und verbittert, bevor er das Zeitliche segnete.

Wie hätte er auch angesichts der leeren Ränge ahnen können, dass sein Theater einer glanzvollen Zeit entgegenging. Unter dem Namen *Martí* sollte es die Heimat der operettenähnlichen Zarzuela werden, die aus Spanien ihren Weg über den Atlantik fand und unter der Ägide der drei großen Komponisten Ernesto Lecuona, Rodrigo Prats und Gonzalo Roig »kubanisiert« wurde.

Aber selbst das *Teatro Martí* blieb nicht von der Wirtschaftskrise und der ruinösen Politik Machados verschont. In den Dreißigerjahren brachte es seine gesamten Energien auf, um die goldenen Jahre der kubanischen Zarzuela angemessen ausklingen zu lassen. Von 1931 bis 1936 wurden seine Besucher noch einmal mit wunderbar leichten Kompositionen verwöhnt, deren Melodien den Zuhörern so vertraut anmuteten: *La Habana de noche, Maria la O, Amalia Batista, Cecilia Valdés* … Doch irgendwann war auch das letzte Stück vorbei. Als der Applaus verebbte, hatte sich das *Martí* von der großen Ära der kubanischen Zarzuela verabschiedet. Die Melodien verklangen über den nächtlichen Dächern von Havanna.

Nach dieser letzten, atemlos langen Saison kürzte das *Martí* sein Programm auf die drei Wintermonate, die sich in Havanna als Theatersaison etablierten, weil dann die Stadt voller Touristen war. Das hintersinnige Volkstheater und die musikalisch hoch angesiedelte Zarzuela verkamen zur reinen Unterhaltungsrevue.

Nicht nur die deprimierenden wirtschaftlichen Realitäten führten zum Niedergang der großen Theaterkultur. Das *Martí* und das *Payret*, das *Albisu* – ebenfalls im Baufieber spanischer Geschäftsleute entstanden – und selbst das *Tacón* erhielten Konkurrenz von ganz anderer Seite: Havanna wurde vom Tonkino erobert. Den neuen Leinwandgöttern mussten im Laufe der nächsten beiden Jahrzehnte zahlreiche kleinere Theatersäle und selbst einige der größeren Traditionstheater weichen.

1948 schloss das *Payret* seine Pforten, um wenige Jahre später wie Phönix aus der Asche als »Kathedrale des spanischen Kinos« wieder aufzuerstehen. Auf den Ruinen des *Alhambra* errichtete man das Kino *Alcazar*. Der Schriftsteller Miguel Barnet hat Amelia Sor, eine Tänze-

12–13 »La Habana« verdankt ihre Weiblichkeit der weichen Klangfärbung durch die indianische Namens-Endung, weshalb Campoamor von *La India Habana* spricht, auf deren »nackte Silhouette verführerisch das Licht fällt, wie sie so daliegt, ihren Kopf eingewühlt in die Hügelkette am Ende des Hafens und ihre vom Meer feuchten Beine ausgestreckt auf dem salzigen Felsen unterhalb des Castillo del Morro«. Ein Postkarten-Idyll voller Mysterien und Geheimnisse, eine Stadt im Wandel. Ländlich, fast unschuldig noch an manchen Ecken. Nicht mehr provinzielle Hafenstadt, aber noch nicht pulsierende Großstadt – so lernte Campoamor *La India Habana* kennen und lieben.

14 Der französische Architekt Jean-Claude Forestier baute den Malecón, die Uferpromenade weiter aus, deren erster Teilabschnitt 1901 in der Zeit der nordamerikanischen Militärverwaltung fertig wurde. Dabei gelang es Forestier tatsächlich, das umzusetzen, wovon er in seinen Konzepten stets schwärmte: gesellschaftliche und landschaftliche Aspekte harmonisch miteinander zu verbinden.

15 Der Malecón war von Anfang an auf die Bedürfnisse der Bewohner Havannas zugeschnitten. Noch heute treffen sich die Habaneros abends auf der Flaniermeile, um in den heißen Monaten die Tage bei einer angenehm milden Brise ausklingen zu lassen. Und wenn das Meer mit riesigen Gischtfahnen über die Mauer der Uferpromenade stürzt, kündigen sich die ersten Nordwinde an.

16 »In den Straßen *San Rafael* und *Galiano* kauften die bestgekleideten Frauen Lateinamerikas ein. Und in den Schaufenstern der Kaufhäuser *El Encanto* und *El Siglo* lag aus, was in der übernächsten Saison erst Mode wurde.« Wie alle Kubaner schätzt Campoamor elegante Kleidung über alles, und er gerät noch heute ins Schwärmen, wenn von seinen Lieblingsstraßen die Rede ist.

17–18 Der wachsende Wohlstand der Habaneros spiegelte sich in den Fassaden ihrer Wohnpaläste und in ihrer Lust am kulturellen Leben. Nachdem das *Teatro Tacón* schon 1838 seine Pforten geöffnet hatte, begann in Havanna die Ära großer Operngalas und Theaterpremieren.

19–20 Ende des 19. Jahrhunderts brach unter den reichen Geschäftsleuten der Stadt ein architektonischer Wettkampf aus, dem Havanna einige seiner prächtigsten Gebäude verdankt. Die passionierten Bauherren engagierten die bekanntesten Architekten der Zeit, damit Havanna in einem Atemzug mit den elegantesten Städten weltweit genannt wird. Das *Capitolio* überragt diese alte Pracht.

21 Aus der Vogelperspektive lassen sich in der Ferne die Umrisse eines anderen, modernen Havanna erkennen.

22 Die traditionelle Umrundung der Ceiba, eines Kapokbaums, ist Sinnbild für eine Stadt, die zwischen Unvergänglichkeit und Wandel lebt. Für die treuen Pilger scheint alles Erinnerung und Bewahrung zu sein: Erinnerung an die erste Messe der Stadt, die unter einem Kapokbaum gehalten wurde, und Bewahrung dieser uralten Traditionen.

23–24 Fernando Campoamor genoss es, gemeinsam mit seiner Frau Olga stets am Puls der Zeit zu sein. Einer der Hauptschauplätze im Havanna vor der Revolution war das *Hotel Nacional*. Für die Zeitungsjournalisten bot das Luxushotel eine sprudelnde Quelle, die den Stoff für bunte und unterhaltsame Geschichten lieferte.

rin des *Alhambra*, vor ihrem Tod interviewt und ihr Leben in dem Roman *Das Lied der Rachel* verarbeitet. Sein Cousin, der Filmregisseur Enrique Pineda Barnet, machte daraus den Film *Die Schöne des Alhambra,* der – wie Pineda Barnet meint – »eine Hommage an das volkstümliche Theater ist. Der Film ist den kubanischen Schauspielern gewidmet, die in der Tradition des *Alhambra* arbeiten«.

In seinem Spielfilm werden die Stücke wieder lebendig, die das *Alhambra* täglich zeigte, bevor die altersschwache, morsche Holzbühne einkrachte und unter sich den Geist einer Epoche begrub. So versöhnen sich das Kino und das Theater am Ende doch.

Das Albisu-Theater erwartete in etwa das gleiche Schicksal wie die anderen Säle der Stadt. Zunächst wurde der Name seines katalanischen Baumeisters abgelegt. Fortan hieß es *Teatro Campoamor*, womit allerdings nicht der Journalist Fernando, sondern der spanische Lyriker Ramón geehrt wurde. Trotz der lyrischen Weihen konnte sich auch das *Campoamor* nicht gegen den Zeitgeist behaupten und überließ seine Bühne schließlich ganz dem Tonfilm.

Wie überall auf der Welt gewann das Kino in rasender Geschwindigkeit an Popularität. Wenn die Habaneros bisher ihre langen Nächte mit einem Theaterbesuch in der Nähe des Parque Central begannen, strömten sie jetzt in die Kinosäle. Selbst das altehrwürdige *Teatro Tacón* zeigte schon mal Filme von Marlene Dietrich und Marcel Carné, um die toten Sommermonate zu überbrücken.

Die Leuchtreklame am Parque Central

Die Stadt, durch die Fernando Campoamor in den Dreißigerjahren flanierte, war durchdrungen von französischem Flair, oder dem, was sie darunter verstand: höfliche Manieren, gutes Essen, schöne Kleidung. »Vor allem schöne Kleidung. Ob Arm oder Reich, man hatte das passende Kleidungsstück für jede Gelegenheit. Die Sonntagskleidung durfte an keinem anderen Tag getragen werden, und wer nur ein einziges Paar Schuhe besaß, putzte sie täglich auf Hochglanz. Im Ausland wurden wir für unsere Eitelkeit in Kleidungsfragen kritisiert. Man belächelte unser Bemühen, stets zu strahlen und zu leuchten, unsere Sorgfalt, die Umgangsformen zu wahren.

Havanna hatte die bekanntesten, größten und elegantesten Kaufhäuser ganz Lateinamerikas: *El Encanto* in der San-Rafael-Straße, in dem auch Einstein seinen Strohhut kaufte, und *El Siglo*. Sechs, sieben Etagen hohe Geschäfte, die stets das Neueste aus den europäischen Metropolen führten. In den Schaufenstern der Boutiquen lag bereits aus, was in der übernächsten Saison erst Mode werden sollte. Auf unseren Reisen – mit dem Vergleich vor Augen – fiel es Olga und mir auf, wie elegant Havanna war. San Rafael und Galiano waren die schönsten Straßen Havannas. Und am Lieblingstreffpunkt der Habaneros, dem Parque Central, erfuhr man den neuesten Tratsch in der Stadt. In den Dreißigerjahren war Havanna eine große Familie. Jeder wusste über den Anderen Bescheid. Glücklicherweise hielt dieser Zustand eine ganze Weile an. Man traf sich im Parque Central zu den Konzerten, die die Stadtkapelle unter der Leitung von Gonzalo Roig jeden Donnerstag veranstaltete.«

Fernando Campoamor vergisst, an seiner Zigarre zu ziehen. Er blickt in Gedanken versunken auf das gerahmte Foto seiner Frau, das jetzt an dem Platz steht, den bis vor kurzem die Martí-Büste einnahm. Es ist das nachkolorierte Foto einer sehr jungen Frau mit ernstem, konzentriertem Blick und einem weniger strengen, leicht lächelnden Mund. Campoamor hatte Olga Armenteros in Artemisa kennen gelernt. Sie war seine Kinderliebe vom Balkon auf der anderen Straßenseite. Sie heirateten früh und zogen gemeinsam nach Havanna, wo Olga Philosophie studierte, ihre Doktorarbeit schrieb, Mutter von zwei Söhnen wurde und mit ihrem Mann die gesellschaftlichen Verpflichtungen teilte. Campoamor verliert sich im Anblick seiner schönen Frau hinter dem verglasten Bilderrahmen, die, wie er nicht müde wird zu wiederholen, viel zu gut für ihn war. Er wurde vom Glück verwöhnt, meint er, weil er der Liebe seines Lebens auf dem Nachbarbalkon begegnete. Und da sie nun nicht mehr da ist, holt er sie sich in seinen Erinnerungen zurück. Gemeinsam mit Olga sah er, wie sich Havanna unaufhaltsam wandelte, wie die charismatische, aber etwas provinzielle Hafenstadt zu einer immer schneller pulsierenden karibischen Großstadt heranwuchs. Er konnte ihren beschleunigten Rhythmus mit seinem professionellen Spürsinn förmlich einatmen, riechen, aufsaugen. »Nach dem Zweiten Weltkrieg änderte sich das Bild von Havanna. Während des Krieges strandeten viele Europäer an den Küsten Kubas. Die Läden der lange ansässigen spanischen Händler in den Straßen San Rafael und Galiano wurden von den neuen Einwanderern übernommen und modernisiert. Egal, aus welchem Land die Europäer kamen, bei uns hießen sie ›Polen‹. Diese *polacos* brachten neue Sitten mit. Zum Beispiel Sodawasser, das Polnische Wasser – *agua polaca*.

In den Dreißigerjahren begann der chinesische Handel zu blühen. Um die Zanja-Straße entstand das chinesische Viertel, mit chinesischem Kino und Theater, mit chinesischen Zeitungen, Lebensmittelläden und Obstständen. In unserer vertraulichen Art sagten wir – so wie wir die Europäer *polacos* nannten – zu allen Chinesen *capitán*, Hauptmann. Es war wunderbar, durch das chinesische Viertel zu spazieren. Es gab einfach alles! Die Läden waren voll gestopft mit Stoffen, Fleisch und Gemüse. Ich erinnere mich, dass es auch eine chinesische Schule gab. Ihre Einweihung war das Tagesgespräch in Havanna.«

Sing Chong Wong und die chinesische Schule

Am ersten Oktober wurde Havanna um eine Bildungsstätte reicher, an diesem Tag begann der Unterricht in der chinesischen Schule in der Manrique-Straße, die zwischen den Straßen Dragones und Zanja liegt. Seit diesem Tag besuchen hundertsiebenundzwanzig Kinder eine Grundschule, in der sie in drei Sprachen unterrichtet werden: in Spanisch, Chinesisch und Englisch. Genaro Mark ist ihr Interimsdirektor, bis Sing Chong Wong, ein Absolvent der Hochschule für Lehrtätigkeit in Shanghai, aus China eintreffen wird. Die Lehrerschaft besteht aus drei chinesischen und zwei kubanischen Lehrern. Sie werden den kleinen Schülern beibringen, wie sie Kuba dienen können, ohne die Heimat ihrer Eltern zu vergessen. Wir kennen nicht die Zukunft der Jungen und Mädchen, aber wir wissen, dass sie als ehrbare kubanische Bürger und Bürgerinnen die Schule verlassen werden, weil sie sich gemeinsam mit ihren Lehrern für das feierliche Wort unseres Nationalhelden José Martí einsetzen: Erweise Ehre, ehre! (*Selecta*, 1936)

Campoamor fährt fort: »Gegen Ende der Vierzigerjahre wurden Versuche unternommen, den Rassismus am Arbeitsplatz abzuschaffen. In den eleganten Läden durfte nun auch schwarzes Personal bedienen. Welch ein Fortschritt! Die Ladeninhaber stellten bevorzugt Mulattinnen ein. In den Läden wimmelte es von wunderschönen Verkäuferinnen mit Universitätsabschluss, akademischen Titeln und literarischer Bildung; jungen, hoch qualifizierten Frauen, die es wirklich nicht nötig gehabt hätten, für hundertundfünfzig Pesos die Woche Schuhe und Miederwaren zu verkaufen. Sie riskierten den Tabubruch und spielten eine Vorreiterrolle, der ihre Altersgenossinnen folgten.

Die französische Lebensart verschwand langsam aus unserem Straßenbild, stattdessen wurde der nordamerikanische Einfluss immer stärker. Deutlich wurde dieser Wandel bei den Autos. Amerikanische Automarken verdrängten die französischen Modelle, die seit Ende des 19. Jahrhunderts in Havanna ihre Runden drehten. Doch dann kamen die Buicks, Mercurys und Cadillacs gemeinsam mit den nordamerikanischen Touristen in die Stadt. Für uns waren die Yankees zunächst unglaublich komisch, weil sie immer in Billigläden einkauften. Und wir hatten doch ein ausgeprägtes Faible für europäischen Stil und Qualität! Aber wir unterschätzten die Nordamerikaner, die sich auf Handel verstanden. In den Fünfzigerjahren begannen sie, uns mit Neuheiten zu überschütten. Und wir Kubaner griffen die Angebote begeistert auf, da uns alles gefällt, was neu ist.

Das Viertel Colón hinter dem Paseo del Prado wurde zum ›amerikanischen Dorf‹. Im Hotel *Sevilla* stiegen Amerikaner ab, im *Sloppy Joe's* tranken Amerikaner ihren Rum, und im amerikanischen Club traf man alle an, die in der Stadt Einfluss hatten. Es machten Pizzerias auf, Showbühnen und Bars, in denen leicht bekleidete Frauen arbeiteten. Die Prostitution florierte. Dann gab es diese Tanzakademien; ein verschämt-vornehmer Ausdruck, hinter dem sich Cabarets verbargen, in denen die Jungs vom Land etwas unbeholfen ihre ersten Erfahrungen mit professionellen Tänzerinnen machten, die sie im Halbdunkeln für zehn Centavos pro Tanz in die geheimnisvolle Kunst des Paso doble und Danzón einführten. Die Musiker durften keine Stücke spielen, die länger als eine Minute waren. Wollte der junge Mann weitertanzen, musste er bei seiner Tanzpartnerin erneut ein Ticket einlösen. Eine dieser Tanzakademien befand sich gleich an der Ecke der Straßen Prado und Neptuno.«

Zum Abschluss seiner Reise durch das Havanna seiner Jugend kommt Fernando Campoamor auf den Paseo del Prado zu sprechen, den er einen riesigen »Baldachin aus Bäumen« nennt. Da der Paseo del Prado zu seinen Lieblingsstraßen gehört, auf der er mehr als einmal im verlockenden Alltag den Weg nach Hause verfehlte, nützt er jede Gelegenheit, um diese Flaniermeile Havannas einem internationalen Publikum vorzustellen.

Der Prado putzt sich heraus

»Da Plakatwände und Litfaßsäulen überall die Rückkehr des lärmenden Karnevals ankündigen und die Hotelzimmer unter dem Andrang der Touristen ausgebucht sind, putzt sich der alte Paseo del Prado heraus, um von den Touristen, die sich in karnevalistischer Trance seinen Bronzelöwen nähern, frische Komplimente zu hören. Von der Neptuno-Straße bis zum Parque Central wird jeder Stein gewaschen und poliert. Hoffentlich verlieren sie dabei nicht ihre Patina! Es wäre schade um die grünlich schimmernden Kräuter, die zwischen den Bordsteinkanten wachsen, und um die kleinen, bodendeckenden Pflanzen, die übermütig über die Wurzeln der Bäume kriechen.

Die Bäume sind das einzige Charakteristikum, das dem Paseo del Prado über die Jahrhunderte hinweg erhalten geblieben ist. Mit einer Doppelreihe Bäume begann seine Geschichte denn auch um das Jahr 1772, als ihn der Marqués de la Torre feierlich auf den Namen *Alameda de extra muros* – ›Baumallee außerhalb der Stadtmauern‹ – taufte. Havanna war damals jung, eine koloniale Stadt, die ihre Keuschheit mit einem Gürtel aus Mauern vor brutalen Invasoren schützte. Aber das Leben innerhalb der Mauern nahm zu, wurde stärker als die Angst vor Invasoren, sprengte von innen her den Jungferngürtel auf und machte Havanna zur reifen Frau. Ihre Gouverneure hegten und pflegten nun den zarten Paseo wie ein Kind, dessen Name mit den Epochen wechseln sollte: Zunächst hieß er Paseo de Isabel II, dann Paseo del Conde de Casa Moré und in der Republik schließlich Paseo de Martí. Nur das Volk duzte ihn weiterhin und nennt ihn bis heute vertraulich Paseo del Prado. Und wenn ich ihn jetzt in Erwartung der Touristen so aufgedonnert herausgeputzt und renoviert sehe, muss ich an weit zurückliegende Tage denken, als der Gouverneur Juan de Texada den Ingenieur Antonelli damit beauftragte, in den Mangroven in der Höhe des heutigen Malecón eine Burg zu errichten. Sie wurde von den Engländern zerstört und später als Schutzwall, der über unsere Hafeneinfahrt wachen soll, wieder errichtet. Dort beginnt der Prado.

Wer stellt sich nicht das Havanna von gestern vor, wenn er die alten Stiche von Mialhe sieht, auf denen das Leben der alten kreolischen Bourgeoisie aus jener Zeit gegenwärtig wird, als sie ihre offene Kalesche durch das typisch kubanische *quitrín* ersetzte. Das Quitrín ist eine Pferdedroschke, ein Zweispänner mit faltbarem Windschutz und leichten großen Rädern. Der Wagenlenker saß auf einem der beiden Pferde, deren Steigbügel und Geschirr mit reichlich Silber beschlagen waren. Er trug einen Hut mit hoher Borte, ein andalusisches Jackett, an Hals und Ärmeln Wappenbänder, auffallende Stiefel, und sein Tonfall war so würdevoll wie der eines Arztes oder eines Notars, wenn er seinem Diener gerade sein Geld auszahlt.

Sobald die Sonne tiefer stand, tauchten die Quitrines auf den Straßen auf und drehten – Prado aufwärts, Prado abwärts – ihre Runden, vorbei an wasserglitzernden Brunnen und schweigsamen Statuen. Der Anblick der Quitrines rief bei den Bauern, die unter Schatten spendenden Portalen standen und unruhig dem verführerischen Defilee der schönen Kubanerinnen hinterherblickten, wollüstige Seufzer hervor. Und die Damen gingen im sicheren Schutz ihrer Quitrines so weit, ihnen aus den Augenwinkeln heraus verstohlene Blicke zuzuwerfen und kokett den obersten Knopf ihres Halskragens zu öffnen.

Was im *Noticioso* und im *Lucero,* den Blättern von einst, in ergreifender Weise über diese kleine bevölkerte Welt berichtet wurde, ist so unendlich weit von den heutigen Chroniken entfernt. Terrazzobelag und die modernen aerodynamischen Gefährte haben uns den alten Paseo del Prado genommen. Nur noch in Höhe der Wurzeln seiner urgroßväterlichen Bäume wurde die Nostalgie eines romantischen Postkarten-Havanna bewahrt. Hoffen wir, dass der Paseo del Prado, über den selbst der Wind übermütig leicht und schnell spazieren schwebt und unter wehenden Kleidern zart die Linie weiblicher Körper abzeichnet, allen Putzaktionen zum Trotz das Rückgrat der kubanischen Gemütslage bleibt.« (*El Nacional,* 1957)

Auch wenn sich der Paseo del Prado in der Zeit des Karnevals in den von Campoamor heraufbeschworenen Boulevard der Eitelkeiten verwandelte, war er in den verbleibenden Monaten des Jahres doch vor allem die lebenswichtige grüne Lunge einer Stadt, die in ihrem Zentrum kaum andere grüne Oasen aufzuweisen hatte. Vom Malecón her wehte ein leichter Wind durch die Prachtallee mit ihrer breiten, schattigen Promenade auf dem Mittelstreifen. Der Baldachin aus Bäumen lieferte genug Schutz vor der Sonne, um trotz tropischer Breitengrade die Lust auf einen Spaziergang zu wecken. Links und rechts luden die schönsten Bars der Stadt die erhitzten Spaziergänger zu eisgekühlten Getränken ein.

Der breite Boulevard blieb über lange Zeit hinweg eine grüne Avantgarde. Im Havanna *intra muros,* dem alten Stadtkern, spendeten bisher nicht die Bäume Schatten, sondern die Häuser selbst. Und am Malecón hatte die raue Meerluft bisher jeden Sieg über die zaghaften Versuche urbaner Vegetation davongetragen. Ganz Centro Habana lebte von der grünen Zone am Paseo del Prado.

»Havanna schien Bäume und Grünanlagen zu hassen«, schrieb Campoamor in einer seiner Glossen. »Zunächst stutzte man allenthalben diskret die Baumkronen, dann riss man die Stämme mit den Wurzeln aus.« In der Logik des Spekulantentums, das in Havanna mit dem Beginn der republikanischen Ära einzog, waren Grünanlagen vergeudete Flächen.

Wieder entdeckt wurde die Natur in der Stadt von den Planern. Um dem wild wuchernden Städtebau ein Ende zu setzen, gingen sie dazu über, Stadtviertel systematisch am Zeichentisch anzulegen, wo eifrig über Grünbereiche gewacht wurde. Forestiers Stadtentwurf bezog, wie vorher bereits der Stadtverschönerungsplan des kubanischen Architekten Pedro Martínez Inclán, Gärten und Parkanlagen als wesentliches

Element einer einwohnerfreundlichen Stadt mit ein. Die Architekten wurden zu Botanikern, sie streuten Samen und setzten Schößlinge. Eines ihrer Vorzeigemodelle war das Stadtviertel Vedado, in dem sich das natürliche Grün als Modefarbe behaupten konnte. An die Fassaden der neu gebauten Häuser schmiegten sich dekorative Kletterpflanzen, die zugleich die Sonnenhitze filterten. Und in den Gärten spielte man mit Farben und Formen tropischer Bäume und Sträucher: mit Königspalmen, Kapokbäumen, Guanabäumen, Pinien und den mächtigen Jagüeys mit ihren frei hängenden Luftwurzeln.

Fernando Campoamor, der aus Berufsgründen aufmerksame Spaziergänger, konnte beobachten, dass sich in der städtischen Begrünungskampagne eine Pflanze durchsetzte, die zu den schönsten Zierbäumen der Insel zählt: der Flamboyant. Ihm widmete er seine Mittwochskolumne vom 25. Mai 1955. Sie trug die Überschrift: »Sieg des Flamboyant«.

Sieg des Flamboyant

»Im Scheidungsverfahren Mensch gegen Baum, bei dem sogar die Farbe des Blattgrüns ein Grund für die Trennung zu sein schien, hat der sture Flamboyant letztlich den Sieg davongetragen. Mit der Arroganz eines Einzelgängers spottet er über das Gesetz der Feuchtigkeit sowie die Axt des menschlichen Bäumehassers und breitet seine Feuerfarbe über die ganze Weite seiner Blattkrone aus. In Garten- und Parkanlagen stechen diese in dicken Blütentrauben herabhängenden Blumen fröhlich wie der Hahnenkamm heraus und streichen einen maskulinen Hauch über die monotone Neutralität gewöhnlicher Grünpflanzen.

In der winterlichen Trockenzeit wirft er seine Blätter ab und trägt schwarze Früchte, die an Machetenhülsen erinnern. In diesen Monaten tankt er vorausschauend Kraft. Und wenn die Landschaft um ihn herum sonnenverbrannt und durstend dahinwelkt, regen sich in ihm neue Lebenssäfte.

Es gibt eine andere Sorte Flamboyant, den philippinischen, gelben

Flamboyant, der ein dickes, starkes Blatt hat, das der Winter nicht besiegen kann. Sein dichtes Laubwerk stimmt sich farblich mit den weithin sichtbaren Blüten ab, deren Duft die Bienen anzieht. Und ab und zu lässt sich auch ein blauer Flamboyant ausmachen, wie er in Brasilien beheimatet ist. Zweifellos ist er nicht mit jenem feurigen Flamboyant verwandt, der ganz Havanna entzündet, auch wenn er den Eindruck erweckt, zur Familie zu gehören.

Gesegnet sei der Eifer von Felipe Poey und Ramón de la Sagra, den Vätern der kubanischen Flora und Fauna. Sie hinterließen uns einen botanischen Katalog, den wir unverzeihlicherweise vergessen haben. Aus Trägheit oder Gewinnsucht verschworen wir uns geradezu gegen ihr Werk. Und jetzt zahlen wir den Preis dafür, dass wir zu Feinden einer Flora wurden, die uns alles zu schenken bereit war: vom Hausdach bis zur Medizin. Aber immer wenn unsere Stadt nach langen Monaten ohne Regen mit schlaffen, bräunlich vertrockneten Grünpflanzen zurückbleibt, warten wir auf die sinnlich rote Silhouette, auf das leidenschaftlich laszive Aufblühen des Flamboyant, der unsere nationale Ehre rettet.« (*Diario Nacional*, 1955)

Die Umrundung der Ceiba

Der berühmteste Baum Havannas ist allerdings kein Flamboyant, sondern eine Ceiba, ein Kapokbaum, der an der Ostseite der Plaza de Armas in Alt-Havanna steht und die Habaneros daran erinnert, woher sie kommen und wohin sie gehören. Der Stamm jenes Kapokbaums ist glatt poliert, voll gesaugt mit den Wünschen, die ihm Generationen von Kubanern zugeflüstert haben, während sie ihre Finger zärtlich über die Rinde gleiten ließen. Die Umrundung der Ceiba ist ein Moment, der den Romantikern Havannas gehört. Der intime Dialog, den sie mit dem Baum führen, findet alljährlich am 16. November statt, dem Tag des Heiligen Christophorus, des Stadtpatrons von Havanna. Dann stehen die Menschen Schlange, um den Baum zu berühren, über seinen Stamm zu streichen und ihm die Geheimnisse und Sehnsüchte anzuvertrauen, die das Jahr über die Seelen belasteten.

Unter einem Kapokbaum haben spanische Siedler die erste Messe abgehalten und eine kleine Holzkirche gebaut. Denn erst wenn eine Kirche stand, gab die spanische Krone die finanziellen Mittel zur Stadtgründung.

Wenn die Habaneros zur Ceiba pilgern, scheinen sie die Bande aufzufrischen, die ihr eigenes Leben mit dem Leben ihrer Stadt verflechten. Dann scheint etwas von der Ruhe und Gelassenheit, die der Baum ausstrahlt, auf die Menschen überzugehen, die seinen Stamm umrunden. Die Ceiba gibt Sicherheit. Solange sie da steht, fest in kubanischer Erde verwurzelt, kann kommen, was will, nichts bedroht die gewohnten inneren Sicherheiten wirklich. Aber was, wenn die Ceiba krank wird? Wenn sie plötzlich zeigt, dass auch an ihr die Jahre nagen und sie nicht gegen alle Schmerzen gefeit, sondern sterblich ist? Ende der Fünfzigerjahre veröffentlicht die heimische Presse einen seltsamen Krankenbericht:

Die Ceiba stirbt!

Man hat festgestellt, dass die Ceiba vor dem Templete schwer erkrankt ist. Publik gemacht wurde diese Nachricht vom Amt für Umweltfragen und öffentliche Grünanlagen. Wörtlich heißt es in der Mitteilung: »Die vor hunderteinunddreißig Jahren gepflanzte Ceiba erkrankte an einer Umweltvergiftung. Neben einer akuten Chlorose leidet sie an einer allgemeinen Schwächung, die langsam fortschreitet.«

Mit anderen Worten: Die Ceiba ist gar nicht so alt. Denn die ersten hundert Jahre übersteht leicht jede Ceiba. Diese hier hat das moderne Leben vergiftet. Im Jahrhundert ihrer Geburt galoppierten Quitrines durch die Straßen. Der motorisierte Verkehr der Gegenwart raubt ihr den Atem. Kohlenmonoxid zersetzt das sentimentale Aroma von damals. Durch das Blattwerk der Ceiba fegt zu viel Ruß und entblättert sie auch im Sommer winterlich.

Dieses Jahr fiel das Schutzpatronsfest für die Ceiba aus. Um den besorgten Bürgern erklären zu können, warum das Ritual nicht stattfindet, gaben die Experten ihre wissenschaftliche Erklärung bekannt. Gleichzeitig begannen sie mit einem intensiven Behandlungsplan, einer Rundum-Therapie für die Ceiba: Beschnei-

dung der toten Äste, Zuführung nahrhafter Lösungen, Anstrich mit einer Substanz, die die fortschreitende Fäulnis stoppen soll, und Ähnliches mehr.
Mit familiärer Zärtlichkeit betrachtete man diesen großmütterlichen Baum in seinen guten Tagen, und mit humanen Methoden begleitet man nun seinen Todeskampf. Noch steht die Ceiba. Von Gerüsten umgeben, mit einer Nadel im Körper, hängt sie am Tropf wie ein Mensch. Der Grund für all diese Sorgfalt liegt darin, dass die Habaneros mit einer Affenliebe an ihrem legendären Baum hängen. Die Ceiba soll eine Nachfahrin jenes Kapokbaumes sein, unter dem die erste Messe gehalten und die Stadt Havanna gegründet wurde. Für diese Version bürgen zwar weder Geschichtsdokumente noch die Historiker, aber die Legende ist so außergewöhnlich wie hartnäckig. Zitieren wir unseren großen Wissenschaftler Fernando Ortiz: »Die Ceiba ist keine historische Tatsache, auch kein religiöses Symbol. Sie ist das Wahrzeichen von Havanna. Sie ist das älteste und dauerhafteste Sinnbild für bürgerliche Freiheiten auf Kuba. Zu dieser Ceiba müsste unsere Bevölkerung immerzu und sofort pilgern, wenn ihre bürgerlichen Freiheiten zu schwinden drohen.« (*Diario Nacional,* 1959)

Nun drängen sich im Land der pathetischen Symbolik, spöttischen Doppelbödigkeiten und unterschwelligen Vieldeutigkeiten einige Fragen geradezu auf: Stirbt die Ceiba an den Umweltgiften oder am Blick in die Zukunft? Ist sie folkloristische Attraktion oder Baum gewordene Kassandra? Und sind Don Fernandos Worte, immerhin Kubas größte Autorität in Wissensfragen, gar Menetekel? Fernando Ortiz starb 1950 und konnte nicht ahnen, dass seine Interpretation der legendären Umrundung der Ceiba, die ihm zum Plädoyer für zivile Tugenden geriet, eines Tages so plastisch beklemmende und real konkrete Konturen annehmen würde. Im Rückblick stellt sein sinnbildlicher Vergleich eine Beziehung zwischen zwei Ereignissen her, die vordergründig gar nichts miteinander zu tun hatten: Er verbindet den Todeskampf der Ceiba mit dem Kampf in der Politik, aus dem gerade eben die kubanische Revolution als Siegerin hervorgegangen war. Der Zufall oder besser: die »Magie der Umstände« wollten es wohl, dass

Ortiz' sinnbildlicher Baum just in jenem Moment aus dem Leben schied, in dem Kubas bürgerliche Freiheiten von den Standards eines Einparteiensystems auf das Maß einer politischen Ideologie zurechtgestutzt wurden.

Die Ceiba starb, Havannas turbulentes Leben ging weiter. Eine Nachfolgerin ersetzte die Lücke, die der alte Baum im Stadtbild hinterlassen hatte. Und nachdem für einen kurzen Moment die vertrauten Rituale aus den Fugen geraten waren, pilgerten die Habaneros im nächsten Jahr schon wieder zur scheinbar zeit- und alterslosen Ceiba, um mit ihr den Tag des Schutzpatrons von Havanna zu feiern. Unabhängig davon, was die Historiker über seine Geschichte noch herausfinden werden: Der Baum beim Templete – einem klassizistischen Gedächtnistempel – an der Plaza de Armas ist jedenfalls Sinnbild für eine Stadt, die zwischen Unvergänglichkeit und Wandel lebt.

Campoamor deutete in seinem Artikel bereits an, dass der Baum, dessen Stamm die stabilste Säule in der »Stadt der Säulen« zu sein versprach, die Wandlungen eines Jahrhunderts zu spüren bekam, auch wenn sie sich von seinem Standort aus zunächst nicht so augenfällig zeigten. Irgendwann wurde auf der Plaza de Armas zwar das Standbild von Ferdinand III. durch ein Standbild von Carlos Manuel de Céspedes, dem kubanischen Freiheitskämpfer, ersetzt. Der vertraute Horizont, die waagerechte Linie der kolonialen Palastdächer, blieb vom Blickwinkel der Ceiba aus jedoch bestehen. Mit der Giraldilla auf ihrer rechten Seite, dem Templete im Rücken und mit sich selbst in der Mitte von alledem, schien für die Ceiba und ihre Pilger alles darauf angelegt worden zu sein, zu dauern, zu erinnern, für die Erinnerung und Bewahrung zu leben, Relikt zu sein, Museum, ewige Nostalgie. Nur von der obersten Spitze ihrer Baumkrone ließ sich, wenn der Wind die Sicht durch das Blattwerk freigab, der Blick auf ein Havanna erhaschen, dessen Silhouette wahrlich nicht mehr an die Zeit der Quitrines und der Donnerstagskonzerte im Parque Central erinnerte. Die Grenze zwischen Himmel und Erde hatte sich zumindest in diesem Teil Havannas verschoben.

Die Skyline von Havanna

»Weil wir heute in Daumenbreiten berechnen, was wir früher großzügig in Metern gemessen haben, wächst die Stadt nun in die Höhe, um sich vom vielfach überteuerten Preis auf dem Boden zu lösen.« Fernando Campoamor, der Allroundman der kubanischen Berichterstattung, registrierte in seinen Tageschroniken natürlich auch diesen neuesten Wandel der Stadt mitsamt seinen Ursachen und kleidete ihn in eine poetische Sprache, die selbst aus der nüchternen funktionalen Architektur eines Le Corbusier metaphorische Lyrik machte. Aus Hochhäusern und Wolkenkratzern werden »Betonstalagmiten«, die Skyline ist die moderne Linie der Millionenstädte, die die Romantiker von Alt-Havanna daran erinnert, dass die »Wachablösung einer neuen Generation« stattgefunden hat: »Der Malecón der großelterlichen Generation endet spätestens hinter dem Café *Vista Alegre*, wo die altmodischen, in Schale geworfenen Habaneros mit ihren Strohhüten und der Musik von Sindo Garay den Anbruch eines neuen Tages erwarteten.«

Nie rückte Nordamerika näher als in der Ära von Fulgencio Batista, des letzten Machthabers vor Castro. Am offensichtlichsten war der Einfluss in der Architektur. Hotelbauten begannen sich an amerikanischen Vorbildern zu orientieren. Als moderne Bettenburgen wurden das *Capri*, das *Riviera* und das *Havana Hilton* errichtet. Die Einweihung des *Hilton* war Gesellschaftsereignis. Fünf Tage dauerte das Spektakel, bei dem die erste Riege kubanischer Politiker und Industrieller anwesend war und Künstler des internationalen Showbusiness eingeflogen wurden. Zu Klängen des Philharmonischen Orchesters und der Stimme der bekannten kubanischen Sopranistin Iris Burguet wurde das größte Hotel Kubas eröffnet, dessen Silhouette bis heute die Skyline Havannas dominiert; überragt nur noch von einer anderen Wand aus Beton und Glas: dem FOCSA-Hochhaus mit seinen zweiunddreißig Stockwerken, Swimmingpools, Schulen, Restaurants und einer Fläche für vierhundert Wohnungen. Wie ein gigantisches, aufgeklapptes Buch steht das *Edificio* FOCSA im Stadtteil Vedado. In den Fünfzigerjahren wurde es als höchstes Gebäude Lateinamerikas gefeiert, als architektonische Avantgarde. Es setzte neue Maßstäbe bei der

Verwendung von Materialien und in der Geschwindigkeit, in der das Gebäude hochgezogen wurde. Zehn Stockwerke in vier Wochen. In den Monaten nach seiner Fertigstellung verwandelte es sich im Rahmen einer Anti-Tuberkulose-Kampagne in eine riesige Werbetafel. Das Licht aus hunderten von Fenstern formte über dem nächtlichen Havanna ein Kreuz und symbolisierte damit selbstbewusst den optimistischen Glauben an die Technik, den Fortschritt und natürlich die Großstadt.

Havanna wurde zweigeteilt: in das alte und das moderne Havanna. Sogar die Bewohner der Stadt registrierten mit Schwindelgefühl, wie atemberaubend schnell sich das Stadtbild änderte. Wo gestern noch ein Haus aus dem vergangenen Jahrhundert stand, gähnte heute eine Baulücke, und am nächsten Tag sollte sie eines der vielen neuen Bürogebäude überraschen. Auch der historische Kern blieb nicht von den futuristischen Plänen der Stadtplaner verschont. Als ein altes, baufälliges Mietshaus aus kolonialen Tagen – an der Ecke der Straßen Obispo und Mercaderes – in sich zusammenfiel, wurde am frei gewordenen Platz sofort mit dem Bau eines funktionalen Neubaus begonnen, der die modernen Bedürfnisse der Millionenmetropole befriedigen sollte. Und was darunter zu verstehen war, verriet das Konzept. Es umfasste ein modernes Self-Service-Lokal und diverse Luxusrestaurants, Parkgeschosse mit Stellplätzen für dreihundert Autos, Büroflächen für Öl-, Minen- und Zuckerfirmen, für Banken, Versicherungs-, Telefon-, und Fluggesellschaften sowie – das Glanzstück! – einen Hubschrauberlandeplatz auf dem Dach des fünfgeschossigen Komplexes. Mehrmals täglich sollte die Landepiste im Herzen der Altstadt von zwei Vororten aus angeflogen werden. Man wollte den Flugverkehr planmäßig Ende November 1958 aufnehmen. Doch dazu sollte es nicht mehr kommen. Der Bau des acht Millionen Dollar teuren Projekts im Stil nordamerikanischer Down-Town-Architektur war eine jener wenigen Bausünden in der Altstadt, für die vor der Revolution noch Zeit blieb. Heute ist im Gebäude das Erziehungsministerium untergebracht.

Urbane Utopisten schwärmten von einem Groß-Havanna, in dessen Schmelztiegel sich Altstadt, moderne Neustadt, Vororte und Randbezirke vereinigten. Jenes *Gran Habana*, das die Moderne ankündigte, die in den Fünfzigerjahren schließlich Wirklichkeit wurde. Die Vorstadt Marianao, wo sich mit dem *Tropicana* und dem *Sans Souci* die beliebtesten Cabarets befanden, wurde eingemeindet, neue Club- und Freizeitanlagen in den weitläufigen Vierteln Country Club und Biltmore eröffnet.

Die Stadt bewegte sich gen Westen. Und mit der Stadt verlagerte sich auch ihr Zentrum. In Cabrera Infantes Roman *Drei traurige Tiger,* der im Havanna vor der Revolution spielt, stellen zwei seiner herumstreifenden, nachtschwärmenden Helden lakonisch fest, wie sich die Achse ihrer Stadt verschiebt:

»Vor langer Zeit war das hier bei Tag und Nacht das Zentrum von Havanna. Das Amphitheater, dieser Teil des Malecón, die Parks von La Fuerza bis Prado, die Avenida de las Misiones.«

»Als wollte Havanna wieder in die Zeiten von Cecilia Valdés zurück.«

»Nein, das ist es nicht. Das war eben das Zentrum, einfach so. Danach wurde es der Prado, so wie es früher wohl die Plaza de la Catedral oder die Plaza Vieja oder das Ayuntamiento gewesen ist. Im Lauf der Jahre hat es sich dann nach Galiano und San Rafael und Neptuno verlagert, und jetzt ist es schon an der Rampa. Ich frage mich, wo dieses ambulante Zentrum noch landen wird; komischerweise wandert es wie die Stadt und die Sonne von Ost nach West.«

»Batista hätte ja gern, dass es die Bucht überquert.«

»Das hat keine Zukunft. Du wirst schon sehen.«

Ein Habana del Este war für einen echten Habanero der Fünfzigerjahre einfach nicht vorstellbar. Die Richtung der Stadtentwicklung zu verkehren hieße, gegen die Gesetzmäßigkeiten der Natur zu verstoßen; hieße zu behaupten, dass die Sonne morgen im Westen aufgehen wird. 1954 schrieb Campoamor: »Wenn wir nicht die Bucht zerstören wollen, nur um neue Zonen hinter der Morro-Festung in Richtung der Oststrände zu erschließen, werden wir weitermachen, wie wir vor Jahrhunderten begonnen haben: Wir werden weiter dem Gesetz des Wasserlaufs folgen, das sich den Weg des geringsten Widerstands sucht. Wir werden weiter in Richtung Westen wachsen, mit einem melancholischen Gefühl im Herzen, weil uns dieses Gran Habana allmählich von unserer alten Nähe zum Meer wegführt, von wo aus wir mit unseren Taschentüchern beinahe die Mastspitzen der Schiffe berühren konnten, die in den Hafen ein- und ausliefen.« (*El Mundo,* 1954)

In den Fünfzigerjahren ist die geografische und spirituelle Stadtmitte die Rampa, der Abschnitt auf der 23. Straße zwischen Malecón und der Avenida de los Presidentes. Wenige hundert Meter sind der Nabel der Welt. Hotels, Nachtclubs, Kinos, Bars und Restaurants reihen sich aneinander. Die Rampa ist ein Lichtermeer, Treffpunkt der Liebespärchen und Nachtschwärmer, Beginn und Endstation der Nächte von Havanna.

Allen Widerständen zum Trotz ist die Vision der Stadterweiterung in Richtung Osten mittlerweile Realität geworden. Aber hat sich Cabrera Infantes trauriger Tiger nicht doch als guter Prophet erwiesen, als er der Stadt im Osten keine Zukunft voraussagte? Denn zum ersten Mal in der Geschichte Havannas, in der sich die Stadtgrenzen immer und ununterbrochen erweitert und verschoben haben, ist das Zentrum nicht mitgewandert. Als ob die Jahrzehnte zwischen den Fünfzigerjahren und der Gegenwart angehalten worden wären, spielt sich Havannas Nachtleben immer noch auf der Rampa ab. Und es hat nicht den Anschein, als würde sich daran in nächster Zeit etwas ändern.

Geliebtes Vedado

Als der Stadtteil Vedado in den Fünfzigerjahren ganz oben in der Beliebtheitsskala der Habaneros stand, war das Flair des alten, in der ersten republikanischen Euphorie geborenen Viertels bereits dem neuen Zeitgeist gewichen. Campoamor kommentiert die Logik, der die Evolution seiner Stadt folgt, mit einer melancholisch-philosophischen Randbemerkung: »Jeden Schritt nach vorne muss der Mensch teuer bezahlen. Denn um etwas Neues aufzubauen, zerstört er, was er vorher errichtet hat. Er zerstört wieder, was er gerade überwunden hat. Auch wenn ihm die Verwirklichung des Errichteten, solange es noch im Entstehen begriffen war, wie ein Traum erschien.«

Mit der Welt der exzessiven, lärmenden und turbulenten Rampa und der geschäftigen, luxuriösen Wolkenkratzer der Fünfzigerjahre hat das alte Vedado aus den Tagen, in denen noch San Rafael und Galiano das Zentrum von Havanna waren, nichts mehr gemein. Damals war Vedado der ferne Horizont Havannas, an dem sich das zukünftige Gran Habana verschwommen mehr erahnen als wirklich erkennen ließ. Vedado war *el aire libre de la Cuba libre* – es brachte frische Luft ins junge republikanische Kuba. Seine schattigen Straßen und grünen Parks, seine Villen und Gärten, seine eleganten Salons und Pianos, auf denen die Stücke der Epoche gespielt wurden, waren der diskrete Rückzugsbereich der kreolischen Bourgeoisie.

Campoamor porträtierte in seinen Artikeln ein Vedado, das aus bekannten Patrizierfamilien bestand, deren Namen dem Viertel über Jahrzehnte seine Substanz verliehen: »Dieses Vedado wurde in dem Moment Vergangenheit, als man jenseits des Almendares die neuen Viertel Miramar und Biltmore erschloss. Da wich das familiäre Vedado dem Druck der modernen Gesellschaft. Die alten Namen flüchteten vor dem Andrang der Massen auf die andere Seite des Flusses. Aufgrund der Nachfrage verhundertfachte sich im Vedado der Bodenpreis. Auf einem Quadratmeter Boden musste man nun das Wunder mit den Fischen und dem Brot vollbringen, um so den Wohnraum zu vermehren. Auf diese Weise entstanden die Wolkenkratzer, die Appartementhäuser und die Schnellstraßen. Sie sollten die neuen Viertel jenseits des Almendares mit dem Stadtkern verbinden. Tunnel und Brücken wurden gebaut, damit die Bewohner von Miramar und Biltmore weiterhin ungestört und bequem auf den Hauptverkehrsadern nach Alt-Havanna einströmen können.

Vedado wanderte auf die andere Seite des Almendares ab. Aber vielleicht löste es sich auch in der Skyline Havannas auf, in jenem geografischen und kommerziellen Zentrum Groß-Havannas, das in der Höhe des Betonsterns, der zu Ehren Martís errichteten Plaza de la República, beginnt.« (*El Mundo,* 1954)

Wie die Quitrines ein Jahrhundert zuvor auf dem Prado drängten sich nun die amerikanischen Straßenkreuzer auf der wenige hundert Meter langen Rampa. Sehen und gesehen werden – so lautete das Motto. Dass dabei die Fußgänger oft schneller vorwärts kamen als die mit

Sonnenbrille und Gel gestylten Fahrer, die von ihrem Platz hinter dem Lenkrad des offenen Cabriolets – sozusagen aus erster Reihe – den weichen, wiegenden Gang und ausladenden Hüftschwung der nächtlichen Schönheiten Havannas verfolgen konnten, gehörte zum Ritual, genauso wie das Konzert aus anerkennenden Pfiffen, Hupen, eindeutigen Komplimenten und Pérez Prados *Mambo N°8*. Wie früher die Fantasie der Bauern auf dem Prado angeregt wurde, wenn der Wind die Kurven der Frauen unter ihren langen Kleidern abzeichnete, so elektrisierte ein Jahrhundert später die erotische Ausstrahlung der Habaneras in ihren hautengen, figurbetonten Kleidern die Atmosphäre auf der Rampa. Wen störte es da, in einer Autokarawane festzustecken! Niemand wollte sich die Sehenswürdigkeiten der Hauptstadt entgehen lassen.

An diese Art von Verkehrstumult, den die wie eine Samtkatze vorwärts gleitende, langbeinige, schmalgliedrige, aus dem Geschlecht der Cecilia Valdés stammende Habanera auslöste, hatte Campoamor wohl weniger gedacht, als er seiner Verzweiflung über das tägliche Chaos auf den Straßen im *Diario Nacional* Ausdruck verlieh: »Verkehr ist für uns Habaneros ein völlig belangloses – da unwirksames Wort. Die Installation der ersten Ampeln in der Stadt haben wir noch mit Begeisterung aufgenommen, weil wir in den Neonfarbspielen vor allem eine weitere großstädtische Errungenschaft sahen. Aber als System, das durch optische Signale den Verkehr auf den Straßen regeln soll, versagten die Ampeln wie jedes andere System, das bisher versucht hat, Ordnung in den anarchistischen Verkehr von Havanna zu bringen. Die rot-gelb-grün blinkenden Lichter sind nicht viel mehr als ein luxuriöser, elektrischer Zeitvertreib. Wir schwimmen mit Vorliebe gegen den Strom und gehen grundsätzlich bei Rot über die Straße. Doch dieser Sport fordert einen hohen Tribut. Wir leben gefährlich.«

Auch der rasende Reporter war nicht immun gegen die Schwäche seiner Landsleute für die aerodynamische Ästhetik amerikanischer Luxuslimousinen. Mit Begeisterung ließ er sich von ihr anstecken. Campoamor – stolzer Besitzer eines chromblitzenden Cadillacs – fuhr, wenn er auf der Suche nach einem Thema für seine Kolumne war, in seinem Straßenschlitten kreuz und quer durch die Straßen Havannas. Dabei legte er – ganz Habanero – besonderen Wert darauf, nicht den

Eindruck zu erwecken, als ob er arbeiten würde. Unvermeidlich zog es ihn auf den Malecón, wo aus Autofahren Trance wurde, weil sich im warmen Fahrtwind jedes Gefühl für Geschwindigkeit auflöste. Und wenn ihn der Anblick der vertikalen Skyline Havannas bei seinen Träumereien irritierte, brauchte er nur den Blick auf die andere Straßenseite zu wenden, wo über der Mauer der Uferpromenade das Meer zu sehen war, dessen gleich bleibend horizontale Linie die Fahrt im offenen Cabriolet mit beruhigender Monotonie begleitete. Der Blick über die Mauern des Malecón brachte das Nervensystem wieder ins Gleichgewicht, wenn es von der Exaltiertheit Havannas erschöpft war. Und mit einem sehnsüchtigen Blick aufs Meer beginnt Campoamor folglich auch sein journalistisches Medley durch das nächtliche Havanna der Fünfzigerjahre.

HAVANNA
Feelings
Lichter im Halbschatten

Sündhaft magische Nächte

»Als der Fotograf auf den Auslöser drückt, hat sich die Sonne noch nicht ganz verabschiedet. Noch zeichnen sich die Umrisse der Häuserlinie am Malecón klar vor dem Hintergrund des abendlichen Himmels ab. Doch wenige Minuten nach der ersten Momentaufnahme färbt sich die Sonne blutrot über dem Meer, dem letzten Horizont aller kubanischen Landschaften. Kobalt – Aluminium – Zinn – Quecksilber: eine Welt voller metallischer Grautöne ist die Vorstufe zur nächtlichen Schattenwelt. Die Stadt verschmilzt zu einer einzigen Masse. Dann gehen die ersten Lichter an, und es wird Nacht in Havanna. Eine dieser prächtigen, ungezwungenen Nächte, angefüllt mit Vergnügungen wie den Besuchen in Cabarets und Casinos, wo sich frivole und laute Fröhlichkeit verheißungsvoll mit knallenden Champagnerkorken und dem klackenden Geräusch der Roulettekugeln mischt. Die Nacht in Havanna weckt Erwartungen, die sie einlösen kann. Denn sie umgibt den Schleier, den sie über der Stadt ausbreitet, mit einer magischen Aureole, die die Kraft besitzt, die flüchtigen, vergänglichen Wünsche der Nachtschwärmer wahr werden zu lassen. Wenn sich die Nacht über die Stadt gelegt hat, untermalt sie diese leichtfertig lasziven Wünsche mit einer vibrierenden Musik, die nichts anderes als der Herzschlag unserer lebendigen und jugendlichen Stadt ist. La Habana – schon ihr Name bedeutet Rhythmus, Poesie. Er klingt nach Zauber, nach einer Magie, die nicht umschrieben werden kann, nur erlebt. Klar und transparent bei Tag, wird Havanna verheißungsvoll pochend bei Nacht.

Die Türen der Cabarets öffnen sich, um das Publikum in ungeahnte Geheimnisse einzuweihen. In den Casinos versammeln sich die Heiden um das verführerische Glücksrad, in dem die menschliche Leidenschaft ihren konkreten Ausdruck gefunden hat. Im Glücksspiel ficht der Mensch seinen Kampf mit dem Schicksal aus: Entweder es bringt ihm Glück – oder es stößt ihn zurück. Und alle, egal ob an den Spieltischen oder in den erleuchteten Sälen der Cabarets und Tanzpaläste, fühlen sich von der gleichen großen und einzigen wirklichen Leidenschaft mitgerissen, nämlich der zu leben.« (*O Cruzeiro,* 1958)

Campoamor zeichnet ein Bild von Havanna, das, wenngleich von ihm eleganter skizziert, letztlich den Klischees entspricht, die von der Stadt aus jenen Tagen bis heute erhalten geblieben sind: Havanna als laszive Vergnügungsmetropole, als Boulevard der Halbwelt und der Highsociety. Havanna – Tummelplatz der Glücksspieler und der Mafia-Bosse. Glimmer und Glamour, viel echter und noch mehr falscher Glanz. Revuegirls, Cabarets, Spielcasinos und ansonsten nur Musik, Musik, Musik. Havanna als riesige Kürbisrassel, deren mitreißende Rumbarhythmen in allen Windrichtungen zu hören waren. Rumba, Mambo, Cha-Cha-Cha, gesungen von Miguelito Valdez, dem *Señor Babalú*. Eine Stadt, bis zum Rand gefüllt mit Unterhaltungsorchestern, Sängerinnen und den schönen Tänzerinnen aus dem *Montmartre* und dem *Sans Souci*, die nach der letzten Show zum Markt fuhren, um dort um vier Uhr morgens chinesische Suppe zu essen; zwischen Fisch- und Gemüseständen in großer Garderobe mit viel Make-up, Schmuck und Federboas. Ein filmreifes Defilee, begleitet von der musikalischen Einlage der Fischer, die anerkennend mit den Löffeln auf die Suppenteller trommelten, während die schönen Modelle an ihnen vorbeirauschten und eine aufreizende Duftwolke ihrer sündhaft teuren Parfüms hinterließen, das auch die hartnäckigsten Fischschwaden überdeckte.

Im Bild Havannas aus den Fünfzigerjahren ist die Nacht der eigentliche Tag. Die sündige Nacht. Das Rotlichtmilieu nahm vom gesamten Innenstadtbereich Besitz. Während einst zwei oder drei Straßenzüge im Stadtbezirk Colón dessen berüchtigten Ruf begründeten, drang die Prostitution Mitte der Fünfzigerjahre bis zur Galiano-Straße, dem Prado und sogar bis zu der eleganten Einkaufszone in der San Rafael vor. Dort, in der Höhe der Bar *Ten Pens,* wurden Zimmer an allein stehende Frauen vermietet, deren zweifelhafter Ruf die pubertierenden Jungs aus gutem Haus anzog wie das Licht die Motten. Wer Glück hatte, wurde vom älteren Bruder oder Vetter zu einer jener anrüchigen Freundinnen mitgenommen und ihr mit den Worten vorgestellt: »Behandle ihn gut«, was so viel heißen sollte wie: »Mach ihn zum Mann.«

In den Stellenanzeigen der Zeitungen suchten immer mehr zwielichtige Bars und Cabarets wie der *Happy Land Club*, die *Lorenzo Bar* oder die *Centro Bar* gut aussehende junge Mädchen, die für neunzig Pesos monatlich zuzüglich Trinkgeld, Kost und Logis ihre Dienste zur Verfügung stellten. Und es entstand die Bordellkette *Casas de Marina*, ein Dienstleistungsunternehmen, das vornehmlich die betuchten Gäste der Luxushotels bediente.

Havana by night dauerte bis zum Morgengrauen. Nonstop vierundzwanzig Stunden täglich bot Havanna sein exaltiertes Spektakel im letzten Jahrzehnt vor der Revolution. An das Ende dieser längsten Party aller Zeiten, bei der frenetisch Musik gemacht und in Hinterzimmern Drogen konsumiert sowie Geschäfte geschmiert wurden, dachte niemand in dem Land, dem Campoamor den Beinamen »Land des schnellen Vergessens« gegeben hatte. Wo der Gedanke an die Zukunft auf ein lässiges »Bis gleich!« zusammenschrumpft, zählt vor allem die Gegenwart. In Havanna bestand sie aus tausend Wirklichkeiten, die gleichzeitig abliefen, teils einander überlappend, teils einander missachtend. Hier war nicht der gemäßigte Umgang mit der Zeit gefragt, sondern die große Geste, der lässige Effekt, der Gauklertrick, mit dem man sich zum Herrn über das Reich der unbezähmbaren Realitäten aufschwang. Und sei es nur für einen flüchtigen Augenblick! Ein genialer Einfall ersetzte die Auseinandersetzung. Mit einem Fingerschnippen schlug man der Zeit Kapriolen – bei endlosen Autorunden auf dem Malecón, wo sich Cabrera Infantes literarische Figuren die Zeit vertreiben –, durch das unermüdliche Abspielen des immer gleichen Bolero in einer der offenen Hafenkneipen – oder in den langen Nächten Havannas, die man im Delirium tremens unter der betäubenden Wirkung der Bigband-Orchester hinter sich brachte.

Das Bild, das vom Havanna der Fünfzigerjahre geblieben ist, besteht aus Fragmenten, die im Laufe der Zeit Klischees wurden. Der Nachhall aus der Vergangenheit wird als Abklatsch konserviert. Die Fotos und die Silhouetten der Mafia-Bosse schmücken dekorativ die Wände der teuersten Hotels der Stadt, Joseíto Fernández' *Guantanamera* ertönt wie auf Knopfdruck halbstündlich in den Touristencafés, und die Cabarets ahmen immer noch die Shows nach, die der Choreograf Rodney vor Jahrzehnten berühmt machte. Havanna, die ewige Diva, spielt mit ihren eigenen Klischees – professionell und routiniert.

Wenn ihre Vorstellung dem Publikum gefällt, dann wird sie mehrmals täglich wiederholt wie einstmals das Programm im *Alhambra*.

Aber könnte sich die Erinnerung an eine Stadt über ein halbes Jahrhundert lang so hartnäckig halten, wenn die Vergangenheit tatsächlich nur aus stereotypen Bildern bestanden hätte? Nicht, dass Havanna in Wirklichkeit ganz anders gewesen wäre, aber mit Sicherheit war die Stadt komplizierter und widersprüchlicher, als es die geglätteten Tableaus der Vergangenheit vermitteln können.

Das, was als das Jahrzehnt vor der Revolution bezeichnet wird, war das kürzeste in der kubanischen Geschichte. Im Grunde begann es erst im Jahr 1952 mit dem Staatsstreich von Fulgencio Batista und endete schon am 1. Januar 1959, als er um zwei Uhr morgens mit dem Flugzeug aus dem Land flüchtete.

In diesem Zeitraum war Kuba durch härteste Kontraste gezeichnet. Gewalt und Vergnügen – beides existierte am gleichen Ort, zur selben Zeit. Während die Kubaner mit dem Tod von Eduardo Chibás ihren politischen Hoffnungsträger im Kampf gegen das korrupte System verloren und der ehemalige Sergeant Fulgencio Batista mit seinem Staatsstreich Wahlen verhinderte; während Fidel Castro seinen bewaffneten Kampf begann und gleichzeitig tausende Kubaner das Land in Richtung Nordamerika verließen, weil sie Batistas Terrorregime und die wirtschaftliche Misere fürchteten; während sich also die politischen Ereignisse überstürzten und dramatisch zuspitzten, wurde in Havanna eine unglaubliche Leichtigkeit des Daseins kultiviert und zur Grundstimmung stilisiert, zum *feeling*, bei dem man unbekümmert den alten kulturgeschichtlichen Bestand einsetzte. Zwar näherte sich Kultur zunehmend dem Entertainment an und fand, von großen Wirtschaftskonzernen gesponsert, in Form trivialer Unterhaltungskultur ihren Weg ins Fernsehen. Aber was anderswo vielleicht in pure Banalität abgeglitten wäre, behielt in Havanna etwas von seinem alten Charme. So trat die beliebte kubanische Schauspielerin Rosita Fornés in einer von der Standard Oil Company gesponserten Fernsehrevue auf, die unter dem Namen *Das große Schauspielhaus von Esso* lief, und sang darin die Rolle der keuschen Susanne.

Havanna schaffte die Gratwanderung zwischen Kitsch und Qualität. Irgendjemand sagte einmal: »Aus Stöckelschuhen machen wir hier Sandalen.« Jede Art von Neuheit wird begeistert aufgenommen und sofort umgewandelt. Die kubanische Kultur zeigt dabei eine selbstsichere Handhabe bei der Beimengung eigener kultureller Zutaten. Havanna wandelte sich mit untrüglichem Gespür für die verrücktesten Stilmischungen. Immer stärker vom internationalen Zeitgeist beeinflusst, verlor die Stadt dennoch in keinem Moment das Bewusstsein für eigene Traditionen.

Starkult kubanisch

In großen Lettern verdrängten internationale Leinwandstars die alten Namen der kubanischen Volksbühnen. Havanna wurde von Hollywood erobert. Die Schauspieler pilgerten in die karibische Metropole, die eine filmreife Kulisse für publikumswirksame Szenen bot. Aus einer flüchtigen Begegnung wurde in Havanna schon damals mithilfe der Medien ein großes Ereignis, und selbst ein kurzer Zwischenstopp konnte eine Titelstory mit Legendenwert liefern. Zum Beispiel diese:

Marlon Brando in Havanna

»Ich war aus beruflichen Gründen in Miami und bekam plötzlich Lust auf eine neue Trommel.« Deshalb setzte sich der zweiunddreißigjährige amerikanische Oscar-Preisträger Anfang '56 in den Flieger, um sich die *tumbadora* dort zu kaufen, wo die Seele der Batá schlägt – in Havanna. Unter dem Pseudonym Mr. Barker stieg er im bescheidenen *Packard*, am Ende des Paseo, ab. Doch die Spürhunde der kubanischen Yellow Press stöberten ihn auch in diesem einfachen Hotel am Malecón auf. Marlon Brando in Havanna – das schlug in der kubanischen Presse wie eine Bombe ein: »Werden die Fotos in einer kubanischen oder einer amerikanischen Zeitschrift erscheinen?«, erkundigte sich der Schauspieler. »Falls die Aufnahmen für eine amerikanische Zeitschrift gemacht werden, möchte ich nicht mit Trommel fotografiert werden. In Amerika würde eine solche Aufnahme von mir missverstanden werden. Hier ist eine Trommel etwas Alltägliches. In Amerika nicht. Dort würde man ein solches Foto als weiteres Anzeichen meiner exhibitionistischen Exzentrizität werten.« (*Cuarteles*, 1956).

Ein launischer Weltstar ganz brav und zahm. Natürlich wurde jeder Schritt von ihm in Wort und Bild festgehalten, und natürlich endete sein geheimer Kurztrip ganz öffentlich und stilecht mit einer langen Tour durch die Cabarets von Havanna. Die magischen Nächte Havannas ersetzten jeden PR-Strategen. Jetzt musste nur noch auf den Auslöser gedrückt werden, und schon füllten die Bilder eines Einkaufstrips die Seiten der internationalen Boulevardblätter. Selbst in den Klatschspalten von *Paris Match* und *Life* tauchte täglich der neueste Tratsch aus der kubanischen Hauptstadt auf. Wer nicht in Havanna gesichtet wurde, war out. Die Schönen und Berühmten reichten sich die Hand beim Fotoshooting in Havanna. Tom Mix, der erste Cowboy der Filmgeschichte, Mary Pickford, der Star der Stummfilmzeit, und ihr Mann Douglas Fairbanks Senior, der mit ihr, Charlie Chaplin und David Wark Griffith die United Artists Corporation gründete und als erster großer Abenteurer auf den Kinoleinwänden agierte, sie alle waren in den Dreißigerjahren Stammgäste in der Bar *Bacardí*. Douglas Fairbanks junior, der als *Sindbad, der Seefahrer* die Abenteurerrollen des Vaters auf der Leinwand übernahm, folgte ihm auch in seine Stammkneipe nach Havanna, wo er in den Vierzigerjahren auf Marlene Dietrich und Dick Powell traf. Das Who's who der Filmwelt sorgte für eine Show, bei der sich wie sonst nirgendwo auf der Welt das Angenehme mit den Pflichten verbinden ließ:

»Johnny Weissmuller, der bekannteste aller Tarzan-Darsteller, kam gestern in Havanna an. Er wird am internationalen Amateur-Golfturnier teilnehmen. Und wie alle Touristen, die derzeit in Havanna landen, erhielt er bei der Ankunft den Teilnahmeschein zu einem Gewinnspiel. Und tatsächlich war er der Glückspilz, der die Glücksnummer mit dem Hauptgewinn zog: eine Reise nach Varadero. Vor Euphorie und Überraschung stieß er seinen berühmten Tarzanschrei aus: ›Tamangani!‹«

In Havanna betrieb man den Starkult mit Begeisterung und versah ihn wie alles, was von außen kam, mit einer eigenen Note. Die besondere Eigenart der Habaneros, mit jedem Fremden auf der Straße ein vertrauliches Gespräch anzufangen, als ob er seit Jahren der beste Freund wäre, wirkte sich auch auf den Umgang mit den internationalen Künstlern aus. In der kubanischen Hafenmetropole war man durch eine fünfhundert Jahre alte Einwanderungsgeschichte, die bis nach dem Zweiten Weltkrieg nicht abriss, den Kontakt mit Fremden gewöhnt. Begrüßungen und Abschiede waren in der Inselmetropole nichts Ungewöhnliches, aber immer ein Ereignis. Wenn ein Passagierschiff im Hafen anlegte, war auch ein Pressefotograf zur Stelle. Aufnahmen von Mitgliedern der Highsociety, die winkend mit einem Blumenstrauß im Arm über den Landesteg spazierten, verkauften sich immer gut. Seitenlang füllten sie den Gesellschaftsteil der regionalen Blätter. Als die Linienflugzeuge im Transatlantikverkehr die Passagierschiffe ablösten, blieb die Tradition des aufwändigen Empfangs erhalten. Die Ankunft internationaler Stars am Flughafen von Havanna war den Zeitungen und Fernsehnachrichten stets einen ausführlichen Bericht wert. Josephine Baker, Clark Gable, Edith Piaf, Maurice Chevalier, sie alle wurden im Moment ihrer Ankunft gefilmt, fotografiert und interviewt, wenn sie – meist noch in Winterkleidung – gerade die Maschine verließen, oben auf der Bordtreppe standen und den wartenden Journalisten und Verehrern zuwinkten, mit einem Strauß Mariposas, den weißen kubanischen Nationalblumen, im Arm.

Der herzliche Empfang, den die kubanische Hauptstadt den Bühnen- und Filmgrößen bereitete, entwaffnete selbst die ansonsten unnahbaren Leinwandstars. Denn die Habaneros behandelten sie *con mucha confianza*, sehr familiär. Nur zu einer der Leinwandgöttinnen blieb eine unüberbrückbare Distanz bestehen. Der Respekt vor ihrer Schönheit war einfach zu groß. Es ist nicht von einer Nordamerikanerin die Rede, sondern von einer Mexikanerin – María Félix.

»Als sie um neun Uhr abends in ihrem neuen Kleid in der Lobby des Hotel *Nacional* auftauchte, waren wir Jungs von ihrer Schönheit völlig geblendet. Sie sah einfach umwerfend aus, mit der Ausstrahlung einer Leinwandgöttin.

María Félix war erst vor wenigen Stunden im Hotel abgestiegen und verließ es gleich wieder, um – wir Liftboys waren über alles informiert – im *El Encanto* ein Abendkleid für den Empfang zu kaufen, der ihr zu Ehren am Abend arrangiert wurde.

Mit diesem Kleid auf ihrem makellosen Körper sahen wir sie in der Lobby. Ich erinnere mich, dass sie nicht häufig lächelte, aber ihr Gesicht war perfekt. Es war das Gesicht, das uns auf der Kinoleinwand durch seine Unnahbarkeit im Bann hielt. María Félix war schlank und hatte diesen kühl distanzierten Blick. Sie war ernst, immer elegant gekleidet. Aber in dieser Nacht, in der sie in ihrem neuen weißen Kleid durch die Lobby ging, erschien sie uns wie von einem anderen Stern.« (*Granma,* 1988)

Havanna wusste auch seine einheimischen Stars zu feiern. Olga Navarro zählte zu den schönsten Frauen Kubas und gehörte zu dem Dutzend Modellen, die unter hunderten von Kubanerinnen ausgewählt wurden, um in der Galashow des Cabaret *Montmartre* die Freitreppe hinabzuschreiten. Kein Mensch durfte damals wissen, dass diese Göttin, die von ihren Tänzern auf Händen getragen wurde, im echten Leben Mutter von drei Kindern war. Eine kurvenreiche Diva, die Sex-Appeal und die flüchtige Illusion der ewigen Schönheit verkaufte, vertrug sich einfach nicht mit dem Bild einer allein erziehenden Mutter. Also schwieg Olga Navarro, solange sie als *Olga monumental* auf der Bühne des *Montmartre* zu sehen war. Jugend vergeht. Weitaus langlebiger war deshalb ihre andere Rolle, durch die sie ihren Landsleuten ein Begriff geworden ist. Sie schrieb Texte, die von der Liebe und dem Verlassenwerden handeln und von den bekanntesten Interpreten des kubanischen Bolero gesungen wurden, Frank Domínguez, Elena Burke und Omara Portuondo. Auch Rosita Fornés, die sich bereits auf dem Höhepunkt ihrer Film- und Fernsehkarriere befand, sang die Texte von Olga Navarro. Rosita Fornés war der strahlende Mittelpunkt des kubanischen Varietés – ein Multitalent. Sie konnte singen, tanzen, schauspielern und sah dabei auch noch umwerfend gut aus. Ihre Karriere begann in Mexiko. Mexikaner und Kubaner waren sich in ihren musikalischen Vorlieben immer sehr ähnlich. Für viele kubanische Künstler boten die mexikanischen Bühnen eine Alternative zur Konkurrenz im eigenen Land.

Rosita Fornés lebte und arbeitete acht Jahre lang im Land der Maya und kehrte erst 1952 nach Havanna zurück. Als keusche Susanne war sie zum ersten Mal im kubanischen Fernsehen zu sehen; eine Rolle, die sie so populär machte, dass sie bereits im folgenden Jahr zur Miss Television gewählt wurde. Von da an trat sie gemeinsam mit dem Mister Television des gleichen Jahres in der Fernsehserie *Mein Lieblingsgatte* auf. Auch Rosita Fornés kann ihre kleine Geschichte zum Anekdotenschatz der Stadt beisteuern. In der Zeit, als das kubanische Fernsehen noch jung und die Unterhaltungsindustrie voller Einfälle war, trat sie in einem Werbegag auf, der einen Augenblick lang ganz Kuba verwirrte. In der Nacht zum 28. Dezember 1954, dem Tag der *Santos Inocentes*, der mit unserem ersten April vergleichbar ist, landete ein unbekanntes Flugobjekt vor dem Sportstadion. Die Nachricht breitete sich in Windeseile aus und zog tausende Schaulustiger an, bevor die wahre Identität des Ufos gelüftet wurde und sich die Schauspieler der beliebten Fernsehserie in den Öffnungsluken zeigten. So schnell sich die Nachricht von der Ankunft der Außerirdischen im ganzen Land verbreitete, so hartnäckig hielt sich das Gerücht. Bis in den letzten Landeswinkel vorgedrungen war, dass die vermeintliche Ufo-Landung nur ein Scherz zum Tag der unschuldigen Heiligen war, war das wöchentliche Programm *Mein Lieblingsgatte* ein Straßenfeger geworden. Angesichts der politischen Katastrophennachrichten und der Korruptionsskandale überirdischen Ausmaßes konnte die Bruchlandung eines Flugobjekts aus dem All den Humor der Habaneros nun wirklich nicht erschüttern. Wenigstens tauchten die Hundertschaften Polizisten diesmal nicht mit Wasserschläuchen in den Händen auf, um protestierende Studenten vor der Universität von Havanna zu vertreiben, sondern mit langen Seilen, um den Zugang zu dem Ufo zum Schutz der Einheimischen und der Außerirdischen abzusperren. Das war Situationskomik ganz nach dem Geschmack einer Stadt, in der die Szenen aus dem realen Leben die Vorlagen für die Satire auf der Bühne lieferten.

Auch im Havanna der Fünfzigerjahre gab es eine Künstlerin, die die Tradition des *Alhambra* fortsetzte: Rita Montaner. Die wohl beliebteste Schauspielerin Kubas präsentierte eine Form des volkstümlichen Genretheaters im Radio, das dem politischen Kabarett sehr nahe kam.

In der Regierungszeit von Ramón Grau San Martín lief eine tägliche Radiosendung mit dem vielsagenden Titel *Mejor que me calle* – Besser ich sage nichts dazu, besser schweige ich. Rita Montaner war die Frau aus dem Volk, die *lengualisa*, die so spricht, wie ihr der Schnabel gewachsen ist, und die sich von nichts und niemand den Mund verbieten lässt. In breitestem Kubanisch spielte sie spöttisch auf die aktuellen Skandale allseits bekannter Politiker an und schimpfte auf das Politgangstertum. Rita Montaner war aus echtem kubanischem Holz geschnitzt. Diese Mutter Courage, die sie auf der Bühne spielte, war sie auch im richtigen Leben. Anonyme Drohungen, die ihr nach der Sendung zugeschickt wurden, stachelten sie an. Politiker, die sie zu bestechen versuchten, nannte sie in ihrer nächsten Sendung beim Namen. Hier war ihre Stärke ausgerechnet das, was im Umgang mit Kollegen als ihre Schwäche bezeichnet wurde: ihr unmögliches Benehmen, das keine Konventionen achtete, ihre Wutausbrüche, sobald sie sich in ihrer künstlerischen Autorität hintergangen fühlte, und ihre Starallüren, die sie einsetzte, um Konkurrenten wegzubeißen. Der Choreograf Ramiro Guerra erinnert sich an eine Szene mit Rita Montaner, bei der er sie von ihrer unangenehmsten Seite erlebte. Bei einer Veranstaltung zum »Tag des kubanischen Liedes« im Auditorium-Theater sollten er und sein Ensemble ihren Auftritt auf der Bühne umrahmen. Rita Montaner sang *Mamá Inés*. Ramiro Guerra machte zwei Fehler, die Rita Montaner in ihrer Rolle als Diva nicht stillschweigend hinnehmen konnte. Er drapierte die Tänzer nicht um Rita, sondern machte den Part der Sängerin zum Bestandteil der Choreografie. Außerdem ließ er den Einsatz der Instrumente – der Bewegung auf der Bühne entsprechend – verstärken. Im Mittelpunkt stand *Mamá Inés* – nicht Rita Montaner.

»Bei den Proben teilte sie mir sehr höflich mit, dass sie mich später zu sprechen wünschte. Sie wartete vor dem Bühneneingang auf mich und ließ, ohne weitere Erklärungen abzugeben, eine Schimpftirade auf mich los, die in den schlimmsten Beleidigungen endete. Ihr Mann trat dazwischen und versuchte sie zu beruhigen. Als ihm das nicht gelang, schob er sie, um dem Skandal ein Ende zu setzen, fast mit Gewalt in den Wagen. Dieser Wutausbruch kam völlig unerwartet, da ich bisher nur die höfliche und bedächtige Seite von Rita kennen gelernt hatte. Natürlich strich ich sofort die Passagen in der Choreografie, die ich dem Redeschwall als Ursache für ihre Überreaktion ausmachen konnte. Ich verringerte wieder den Instrumentenanteil und gab den Tänzern Anweisungen, sich auf der Bühne immer hinter der Montaner zu bewegen.

Ihr Auftritt war wie immer professionell und die Vorstellung damit ein Erfolg. Aber warum konnte sie ihre Einwände nicht in einem Ton anbringen, der uns diese unangenehme Szene erspart hätte?«

Am Abend der Vorstellung lieferte Rita Montaner noch eine kleine Spezialeinlage. Als sie *El Manisero* sang, warf sie Erdnusstütchen zur Loge des Kardinals von Havanna hoch und befreite den soignierten Kirchenmann von seinem sakralen Ernst, der ihrer Meinung nach nicht an diesen Ort passte.

Rita Montaner war Vollblutkünstlerin. Sie brillierte, weil sie Bühnenpräsenz, Charisma und Erfahrung besaß und wie keine andere Künstlerin die volkstümliche, typisch kubanische Seite der Unterhaltung verkörperte. Sie triumphierte in New York, wo sie gemeinsam mit Al Jonson auftrat, der bereits in *Jazzsingers* von Alan Crosland bei der Geburt des Tonkinos mit dabei war. In der Revue *The Wonder Bar* präsentierte Rita Montaner dem New Yorker Publikum die Lieder ihrer Heimat und machte einige von ihnen international bekannt. Mit Sindo Garay trat sie in Paris auf, in Buenos Aires sang sie mit dem Pianisten Ignacio Villa, dem sie den Spitznamen *Bola de Nieve* – Schneeball – verpasste. Sie selbst war für ihre Landsleute *Rita la Unica, Rita de Cuba, Rita del Mundo.* Die künstlerische Botschafterin repräsentierte ihr Land bei weitem würdevoller, als es die Kubaner von ihren korrupten Politikern gewohnt waren. Rita war unverwüstlich. In der Blütezeit der Zarzuelas war sie der Star des Martí-Theaters. Später begleitete sie den Siegeszug der elektronischen Unterhaltungsmedien. 1922 weihte ihre Stimme das kubanische Radio ein, und 1950 war sie bei der Premiere des Fernsehens dabei.

Mit *Rita de Cuba* wurde etwas vom Geist des kubanischen Volkstheaters ins Zeitalter der elektronischen Medien hinübergerettet. Auch während sie mit *Mejor que me calle* Triumphe feierte und die kubanische

Musik im Fernsehen popularisierte, blieb sie den Theaterbühnen, die in den Zwanzigerjahren ihren Ruhm begründeten, bis ans Ende ihres Lebens treu. Sie riss das Martí-Theater aus seiner jahrelangen Trägheit, als sie Anfang der Fünfzigerjahre in dem Varietéstück *Salomes Sünden* Josephine Baker parodierte. Der Star der *Folies Bergères* war kurz davor durch die Theater der kubanischen Metropole getourt. Mehr noch als über ihre darstellerische Leistung berichtete die Presse über die astronomisch hohe Gage, die Josephine Baker für ihr Gastspiel in Havanna erhalten haben soll. Vielleicht tat sich Rita Montaner schwer, diese bittere Pille, die ihr die ungleichen Maßstäbe bei der Bezahlung einheimischer und internationaler Künstler vor Augen führte, ohne weiteres zu schlucken. Wenn es so war, dann hatte sie zumindest einen Weg gefunden, ihren Ärger zu kompensieren: Sie persiflierte die bestbezahlte Künstlerin der Welt und spaltete die Nation in zwei Lager. Die Anhänger der Baker protestierten. Als billigen Klamauk bezeichneten sie Ritas Auftritt. Sie warfen ihr Neid und schlechten Geschmack vor. Doch die Mehrheit der Kubaner schätzte Ritas Parodie, für die sie Mimik und Gestik, Moderation und Bühnenpräsenz ihres Vorbilds genau einstudiert hatte. Die Zuschauer amüsierten sich, nicht, weil Josephine Baker lächerlich gemacht wurde, sondern weil ihre launenhafte Rita Mut zur Selbstironie bewies. Sie parodierte nicht die Bananenrock-und-Perlenketten-Josephine, sondern den extravaganten Star der französischen *music-halles*, der den Wechsel ihrer Garderobe auf der Bühne zum Showelement ausbaute. »Soll ich mich umziehen?«, fragte eine clownesk gekleidete Montaner ihr Publikum und trug statt des teuren Federhütchens à la Baker Hühnerfedern im Haar. Am Ende ihrer Nummer trat sie im Stil der lasziven Josephine ab, die dabei immer ihr Nerzcape nachlässig über den Bühnenboden streifen ließ. Rita Montaner schleifte statt des teuren Pelzes einen Juteumhang hinter sich her.

Die Presse applaudierte: »Diejenigen, die befürchteten, dass Rita Montaner mit dieser Karikatur die weltberühmte Josephine Baker lächerlich machen wollte, können beruhigt aufatmen. Im Gegenteil – nur wer wirklich gut ist, hat es auch verdient, karikiert oder imitiert zu werden. Von schlechten Künstlern oder mittelmäßigen Politikern gibt es keine gelungenen Karikaturen. Und deshalb hat unsere Rita mit ihrer

Josephine Baker jede Nacht einen solchen Erfolg. Das Publikum applaudiert ihr ebenso stark wie dem Original.« (*Alerta*, 1951)

In ihrer nächsten Revue gab Rita Montaner jedem, der es wissen wollte, die Antwort auf die Frage, wieso sie so viel Genuss an so wenig damenhaften Streichen hatte: »*Cuba es así*«, antwortete sie – und ihre Antwort war zugleich der Titel ihres Programms. So ist Kuba nun mal!

Der Kavalier aus Paris

Auf die komische Nachahmung der Baker folgte eine Huldigung an die exzentrischen Figuren, die Havannas Panoptikum bevölkerten. Rita Montaner spielte die *Marquesa*, ihr Bühnenpartner den *Caballero de París*, beides allseits bekannte Typen, die zum festen Inventar der Altstadt gehörten und sie um einen Hauch Poesie bereicherten.

Die Marquesa war eine Bettlerin, die auf den Straßen zwischen der Kathedrale und dem Parque Central lebte. Sie trug ständig neue Kleider, Schuhe und Hüte, die sie von den reichen Damen Miramars geschenkt bekam, für die sie so etwas wie ein Maskottchen war. Sie schminkte sich stark und nahm die Centavos mit einer Würde entgegen, die ihr den adligen Titel der Marquise einbrachte. Außerdem war sie für ihre Scharfzüngigkeit bekannt. Wer wissen wollte, was in der Stadt los war, musste sich nur einige Minuten mit der Marquesa unterhalten.

In den Anekdotenschatz Havannas ist auch ein Spanier eingegangen, den alle *Bigote de gato* – Katzenschnurrbart – nannten. Sein Schnurrbart reichte fast bis zum Boden, und sein Name wurde in populären Liedern, den Guarachas, verewigt. In einem hieß es: Bigote de gato ist eine große Persönlichkeit, die dort drüben im Viertel Luyanó lebt.

Eine andere exzentrische Figur Havannas war *Carvajal*, der die Tage damit verbrachte, Havannas Straßen im Eilschritt zu durchqueren. Niemand hielt ihn auf, niemand sprach ihn an. Ein Einzelgänger, der jeden Tag in seiner schnellen Gangart gewaltige Entfernungen zurücklegte. Es gab Gerüchte, dass er Kuba bei Olympischen Spielen einst als Langstreckenläufer vertreten habe. Doch der Altstadt ist er einfach nur als *Carvajal*, der Schnellgeher, in Erinnerung geblieben.

Wenn in den Straßen Angeles und Monte eine Klarinettenmelodie zu hören war, dann drehte *Cándido* seine Runden. Im richtigen Leben hieß er Ernesto Calderín Vázquez. Er verkaufte Lotteriescheine, das allein hätte im Zentrum des Glücksspiels vermutlich nicht ausgereicht, um in den Kreis der stadtbekannten Originale aufgenommen zu werden. Doch Cándido, der »Lotterieverkäufer der Nummer 33«, verkaufte nur Scheine, deren Nummern auf die Zahl 33 endeten. Seine Kundschaft war ihm treu. Ihr verkaufte Cándido nicht nur seine 33er-Zahlen, sondern lieferte auf Wunsch auch gleich den persönlichen Tipp der Woche mit.

Der Star unter den volkstümlichen Figuren war jedoch der Caballero de París. Er war die kubanische Ausgabe von Don Quijote, verteilte Blumen an die Damen und sprach ein antiquiertes, vornehmes Spanisch. Er war kein Bettler wie die Marquesa. Aber er teilte das vornehme Gehabe mit ihr. Sie waren kein Paar, jeder lebte in seinem eigenen kleinen Kosmos, aber zusammen lieferten die beiden stadtbekannten Figuren die Vorlage für die Revue *Así es Cuba*.

Havanna schenkte seinen Originalen Theaterstücke, Novellen und Lieder. Und Campoamor widmete dem Kavalier von Paris eine Reportage im *O Cruzeiro*, die mit dazu beitrug, dass er über die Grenzen Kubas hinaus bekannt wurde. Der Journalist wollte der Welt dieses Unikum aus Havanna nicht vorenthalten: »In Havanna streiten wir uns leidenschaftlich und geräuschvoll über Gott und die Welt. Nur in einem Punkt sind wir uns einig: Der Kavalier von Paris erhält von uns allen den Titel des beliebtesten Stadtbewohners zugesprochen. Er ist eine typische Figur jener Seifenoper, in der Havannas Alltag erscheint, und er ist zugleich Protagonist einer Seifenoper ganz besonderer Art, die um sein eigenes Wanderleben kreist. Er ist der Herr mit dem Umhang – ein eigenbrötlerischer, ruhelos umherziehender Kavalier, der Tag und Nacht durch Havanna spaziert. Ohne Eile oder Hast, aber auch ohne Pause. Er ist ein alter Vagabund, den wir alle gerne grüßen, weil es uns gefällt, wie er diesen Gruß mit noblen Gesten – wie ein Ritter in einem imaginären Reich – entgegennimmt. Er vollbringt kleine menschliche Heldentaten und hinterlässt seine Fußspuren im Havanna der engen Gassen, wo er im Laufe der Zeit zum Symbol für den umherschweifenden Geist und die unbesiegbare Bohème geworden ist. Unter freiem Himmel durchzieht er ruhig und gleichmütig Viertel für Viertel, schwer beladen mit Blättern, Zeitungen, Zeitschriften und Broschüren. Er ist als Leser unersättlich, und eine Unterhaltung mit ihm enttarnt ihn als gebildeten Menschen, wenngleich seine Gespräche oft in fantastische Gebilde vordringen, in die ihm keiner mehr zu folgen fähig ist.

Seinen richtigen Namen kennen übrigens nur ganz wenige. Er heißt José López Llidini und ist unter diesem Namen in der Meldebehörde seiner galizischen Geburtsstadt Fonsagrada, in der Provinz Lugo, eingetragen. Er wurde 1900 geboren und wanderte mit zwanzig Jahren nach Kuba aus. Im Gepäck führte er einzig die Adresse eines Onkels mit sich, in dessen Laden er als Aushilfe zu arbeiten begann. Bis zu diesem Moment hatte er einen Lebenslauf, wie er für einen *Gallego* nicht typischer sein kann.

Er arbeitete dann als Kellner in verschiedenen Restaurants, eine Tätigkeit, bei der ihm seine guten Manieren halfen. Als Musikliebhaber war er häufig Besucher der Konzerte, die in den Theatersälen unserer Stadt geboten wurden. Früher schrieb er Gedichte und litt an einer unerwiderten Liebe zur Tochter eines Arztes in der Nachbarschaft. Aber bald schon sollte ihm das Schicksal in einer seiner unabsehbaren Launen einen anderen Weg weisen und ihn neu auf den Namen ›Der Kavalier von Paris‹ taufen. Ein Mann, der unter freiem Himmel lebt und etwas vernachlässigt die Welt auf seinen Schultern trägt – wie seinen Umhang, den er mit weltentrücktem, nachdenklichem Blick durch die Straßen Havannas schleppt.« (*O Cruzeiro*, 1958)

Der Kavalier von Paris ist der arme Poet, der die Wirklichkeit aufgegeben und sich im anderen Extrem der surrealistischen Welt Havannas eingerichtet hat. Jenseits der schriftlich fixierten Beweise über seine Geburt und Herkunft gibt es Legenden und Geschichten, die entstanden, um die Zäsur in seinem Leben zu ergründen – die Frage, warum aus José López, gebürtiger Galizier, der Kavalier von Paris geworden ist.

Aus den Rätseln, die sein Schicksal aufwirft, hat sich die folgende

Vermutung bis heute gehalten: Die Angehörigen von José López sind bei einem Schiffsunglück ums Leben gekommen. Da er das familiäre Drama nicht verkraften konnte, legte er seine alte Identität ab und schlüpfte in die Figur des Vagabunden.

Der Kavalier aus Paris alterte unter freiem Himmel, seine Kleidung wurde schmutziger, Bart und Haare wuchsen, bis sie fast den Boden streiften. Die letzten Jahre seines Lebens verbrachte der Nomade, der die meiste Zeit seines Lebens im Freien gelebt hatte, in den geschlossenen Räumen der Psychiatrie. Aber bis zum letzten Tag war er von seinem Hofstaat umgeben. Die Schwestern und Ärzte pflegten ihn so, als wäre er noch immer der Herrscher über sein imaginäres Reich zwischen Malecón und dem Platz der Kathedrale. Er regierte auf seinem Thron, lebte weiterhin mit der täglichen Lektüre und den Blumen, die er Krankenschwestern und Mitpatientinnen schenkte. Er lebte in der Illusion, der letzte Ritter auf Erden zu sein.

Der Letzte seiner Zunft

Im Foyer des Hotel *Sevilla* hängt ein Foto des Caballero de París, als er noch José López Llidini war. Daneben der Hinweis, dass er in seinem früheren Leben in diesem Traditionshotel gearbeitet hat.

Havanna zehrt vom Flair seiner Vergangenheit. Auch damals erhöhten Originale wie die Marquesa und der Caballero die touristische Attraktivität ihrer Stadt. Aber sie wurden nicht künstlich in Szene gesetzt. Die schrullig verschrobenen Typen waren einfach da – ob mit oder ohne Touristen. Das machte Havanna charmant, versprach Ursprünglichkeit und Authentizität und zog die Besucher in den Bann der Stadt. Wenn ihr Alltag – wie es Campoamor formuliert hat – eine Seifenoper war, dann steuerten die Marktschreier, die ebenfalls zur Spezies der volkstümlichen Originale gehörten, die dramatische Musik bei. Sie waren Artisten, die lange an Rhythmus und Wortwahl ihrer Verkaufsschlager feilten, bevor sie auf die Straße gingen und sich der Jury der Passanten stellten. Und selbst wenn die Käufer ausblieben, ließen sie sich als wahre Könner nicht beirren. Nicolás Guillén beschreibt, wie diese Künstler des Geschäftemachens unter sich die Rollen des Käufers und des Verkäufers aufteilten. Lauthals rufend schoben sie ihre Karren vor sich her. Während die einen riefen: »Wie viel kostet das Pfund Jamswurzel?«, kam von der gegenüberliegenden Seite die Antwort: »Zum Preis des Kilos!« – »Dann geben Sie mir ein halbes Pfund!« In diesem Wechselgesang von Straßenseite zu Straßenseite zogen sie mit ihren Wagen durch Havanna.

Die Marktrufer waren ein weiterer Eckpfeiler der subtilen Ironie Havannas in politisch und wirtschaftlich schwierigen Zeiten. Im Repertoire des *Alhambra* fehlten nie die Besen- und Bananenverkäufer, die Süßwaren-, Fisch- und Zeitungsverkäufer. In ihren Marktrufen priesen sie theatralisch ihre Waren an und glitten dann in den Tonfall der Lengualisa und des Bobo über, die scheinbar Nebensächliches und Alltägliches mit politischem Hintersinn verbanden. Aus dem Marktgeschrei der Fleischverkäufer, die das Pfund Fleisch zu einem Centavo ausriefen, wurde ein Abgesang auf die miserable ökonomische Situation im Land.

Die *pregones*, wie die Marktrufe heißen, sind heute, wenn schon nicht mehr auf den Straßen, so doch in den Liedern kubanischer Komponisten noch zu hören. Der Ruf des *manisero*, des Erdnussverkäufers, ertönt noch immer im gleichnamigen Lied von Moisés Simón. Mit ihm haben Rita Montaner und Bola de Nieve den Wechselgesang der *pregoneros* – der Marktrufer – auf den Bühnen der Stadt fortgesetzt.

In Havannas Altstadt sind die Rufe der Erdnussverkäufer leise geworden, fast unhörbar. Mit einem eintönigen »*¡Maní, Maní!*« halten die Maniseros den Käufern die kleinen weißen Papiertütchen zu zehn Centavos entgegen. Nur eine einzige Stimme hat sich aus den von Alejo Carpentier beschriebenen »Traditionen fernsten Ursprungs« erhalten. Kräftig, laut und eindringlich durchschneidet sie die Obispo-Straße und kündigt den bekanntesten Erdnussverkäufer der Altstadt an: »*¡Oye! ¡Mira! ¡Tostadito y calientito el maaaani!* – Du, hör mal! Hier gibt's Nüsse! Ganz warme und geröstete Nüüüüüüsse!« Hinter dem *Señor Oyemira* verbirgt sich der alte Angelino. Er ist der Einzige, der noch die Tugenden der alten Marktschreier besitzt und die Erdnüsse mit passendem Refrain verkauft. Verschiedenste Sprüche hat er ausprobiert, bis ihn sein Enkelsohn auf die richtige Komposition gebracht hat, die seinem Verkaufsschlager die nötige Würze – den *sabor* – verschaffte. Wenn er die Leute auf der Straße mit seinem musikalischen *»¡oooye! ¡miiiiira!«* – dem Ausruf, der auch bei seinem Enkel Wirkung zeigte – darauf aufmerksam macht, dass es an der Zeit ist, ein paar geröstete Erdnüsse zu essen, kann er sicher sein – sein *barrilito* wird sich leeren. Im Unterschied zu seinen Kollegen zieht er immer noch mit dem traditionellen kleinen Blecheimer durch die Altstadt, in dem die gerösteten Erdnüsse warm bleiben, weil sich am Boden eine kleine Ausbuchtung mit einem Fach für etwas glühende Kohle befindet. Señor Oyemira hat feste Arbeitszeiten. »Die beste Tageszeit, Erdnüsse zu verkaufen, ist zwischen drei und fünf Uhr nachmittags.« Und pünktlich um drei Uhr verlässt Angelino sein Hinterhofzimmer in der Amargura-Straße im weißen T-Shirt und mit ein paar Spritzern Eau de Toilette auf Haaren und Bart. Er biegt in die Oficios-Straße ein, dreht an der Plaza de Armas seine Runde, geht über den Platz der Kathedrale durch die San Ignacio zur Obispo – der wichtigsten Straße in seinem Revier – und kehrt in der Höhe des *Floridita* über die Oreilly wieder um.

Spät und aus der Not heraus hat Angelino seine Passion entdeckt. Die Rente, die umgerechnet fünf Dollar im Monat beträgt, reicht nicht zum Leben. Deshalb ließ sich der verantwortungsvolle Familienvater die Sache mit den Erdnüssen einfallen, die ihm mittlerweile so viel Spaß macht, dass er beschlossen hat, mit seinem Blechgefäß seine Runden zu drehen, solange es die Gesundheit zulässt.

Doch die Altstadt wird vielleicht schon bald auf die kräftige, ungebrochene Stimme, die das stadtbekannte *oyemira* ausruft, verzichten müssen. Das Haus, in dem sich Angelino mit Frau, Sohn und Enkelkind im Hinterhof ein Zimmer teilt, ist einsturzgefährdet und soll restauriert werden. Die Fassade wird bereits von riesigen Stützbalken gehalten, und die Räumung des Hauses ist nur noch eine Frage der Zeit. Auf die Wohngemeinschaft der Amargura 65 warten in Habana del Este neue Wohnungen, fünfzehn Kilometer von der Altstadt entfernt. Angelino, das Altstadtgewächs, schreckt der Gedanke nicht, auf die alten Tage noch einmal umgetopft zu werden. Solange ihn seine Füße tragen können, betont er, wird er sich ins Camello setzen und sich mit seinen Erdnüssen auf den Weg in die Altstadt machen. Er darf seine Stammkunden nicht warten lassen, denen sein *»oye-mira-tostadito-y-calientito-el-maaani«* die Zeit für den Imbiss ankündigt.

Was sagte Campoamor? – »Havanna gehört nicht zu den Städten, die schweigen, die wenig oder gar nichts zu sagen haben. Havanna hat immer etwas zu sagen.«

Marktrufe, Kirchenglocken, Musikboxen, Autohupen – vielleicht hatte Havanna manchmal zu viel zu sagen. Hier herrschte Tag und Nacht eine sonore Unordnung, die bereits vor über hundert Jahren nicht jeder Reisende ertragen konnte. Im 19. Jahrhundert notierte der italienische Schriftsteller Antonio Gallenga als Berichterstatter der *Times* über diese Stadt, die von ihren eigenen Stimmen und Geräuschen so restlos fasziniert gewesen sein muss, dass selbst die Priester ohne ersichtlichen Grund ständig die Kirchenglocken zum Läuten brachten – »nur aus der barbarischen Überzeugung heraus, dass dort, wo die treuen Katholiken bereits erwacht sind, auch die Ketzer nicht schlafen dürften. Wenn man diesem Siegesläuten den ohrenbetäubenden Straßenlärm hinzufügt, den alle möglichen Karren, Pferdebahnen und Pferdebusse verursachen; die Geräuschkulisse, die den Billardsalons und Cafés entströmt, all das Stimmenbabel und Gitarrengezupfe, die Kanonenschüsse auf dem Wachschiff am Morgengrauen – wer kann von einem Menschen, dessen gute Laune schwindet, weil er durch diese Geräuschkulisse ständig aus dem Schlaf gerissen wird, erwarten, dass er verkünden wird, wie gut ihm Havanna gefällt?«

Für einige ist Havannas ewige Inszenierung Grund zur Flucht, für andere der Anlass zum Kommen. Je mehr bei ihrem Schauspiel zusehen, desto animierter fühlt sich die Stadt, die Inszenierung auf die Spitze zu treiben. Und die Besucher bleiben nicht aus.

Señor Turista

In Havanna hielten sich immer Gäste aus aller Welt auf: Prinzen, Thronfolger, Schriftsteller, Forscher, Politiker und Abenteurer. Auf dem Weg von Europa in die Neue Welt legten die Schiffe im Hafen der kubanischen Metropole an, und die Passagiere nutzten den Aufenthalt zur Stadtbesichtigung. In Havanna gab es Touristen, Jahrzehnte bevor sich das Reisen zum Gesellschaftsphänomen entwickelte. Und als es populär wurde, war die Stadt bereit, den Ansturm der Reisenden zu empfangen. In den Hotels am Paseo del Prado, dem *Inglaterra*, *Prado* und *Sevilla*, mussten die illustren Besucher auch in den Tropen nicht auf gewohnten europäischen Komfort verzichten. In der Regierungszeit von Gerardo Machado begann man, die Nähe des nordamerikanischen Festlands in touristischer Hinsicht neu zu entdecken. Amerikanische Architekten entwarfen das Hotel *Nacional*, die Eröffnungsfeier betreute amerikanisches Personal aus dem *Waldorf Astoria* in New York, die Leitung wurde amerikanischen Geschäftsführern übergeben.

Unter Fulgencio Batista wurde mit den Hotels *Vedado, St. John's, Deauville, Riviera, Capri* und dem *Havana Hilton* der Grundstein für »Little Miami« gelegt. An einen »viereckigen Toilettenbeutel mit einem blauen Stück Seife daneben« muss Cabrera Infante beim Anblick des Hotels *Riviera* denken, an eine »Service-Station, die eine Lichtoase in der schwarzen Wüste des nächtlichen Malecón ist«.

Die in den Fünfzigerjahren errichteten Bettenhochburgen weisen keinerlei Anklänge an die Vergangenheit mehr auf. Als Zeichen des Fortschritts und der Modernität sind sie rein funktionalen Kriterien unterworfen: Erhöhung der Bettenkapazität zum Wohle der Nation. Der Tourismus wird neben dem Zuckerexport als zweite, wesentlich stabilere Devisenquelle entdeckt. Selbst Campoamor schwärmt vom Arbeitssystem in den Vereinigten Staaten, das zweiundvierzig Millionen Angestellten jedes Jahr einen bezahlten Urlaub zwischen fünfzehn und dreißig Tagen beschert:

»Letztes Jahr hat der Tourismus made in USA sämtliche Rekorde gebrochen. Es kamen 349 155 Urlauber – sechzig Prozent davon Männer –, die mehr als achtundfünfzig Millionen Dollar im Land ließen. Viele Touristen entdecken Havanna auf eigene Faust. Es ist jedoch zu bezweifeln, dass sie nach ihrem Kurzaufenthalt neue Erkenntnisse über Land und Leute gewonnen haben werden. Wenn sie einige Erinnerungsfotos in den Gärten des Kapitols knipsen, sich auf dem Platz der

Kathedrale einen Bambushut flechten lassen und sich im allseits bekannten *Sloppy Joe's* einige Daiquiris zu Gemüte führen, dann hat ihnen Havanna zumindest einige angenehme Augenblicke geschenkt.

Nicht alle Besucher haben den gleichen Geschmack und bringen das gleiche Maß an Sensibilität mit. Ich bin mir aber sicher, dass diejenigen, die sich wirklich für die fremde Kultur interessieren, in der Mehrheit sind.« (*O Cruzeiro,* 1958)

Das Las Vegas der Karibik

Campoamor – der Vermittler zwischen den Welten. In den Reportagen für die Zeitschrift *O Cruzeiro* tat er alles, um das Image seines Landes zu verbessern. Mit keinem Wort erwähnte er den Prostitutionstourismus, die Verquickung zwischen Hotelindustrie und Mafia, ein Grund dafür, warum vor allem Männer die Traumstadt Havanna als Urlaubsziel wählten. Wenn er für internationale Zeitungen schrieb, verstand er sich als Botschafter seines Landes. Mit einem Augenzwinkern weist er auf die Annehmlichkeiten Havannas hin, schwärmt von Bars und Cabarets.

Der Bonvivant und Rumgenießer hat nichts gegen die schönen Seiten des Lebens. Der gesellige und großzügige Journalist verkörpert doch selbst die kreolische Mentalität, in der sich Lebenslust bestens mit kulturellem Einfallsreichtum verträgt. Die Liste der Nachtlokale und Cabarets, die er den Besuchern von Havanna empfahl, ist folglich lang:

»Seit vielen Jahren wetteifern drei Cabarets darum, die beste Show zu zeigen. Als Schiedsrichter dienen die Namen von Berühmtheiten, die sich in der Stadt aufhalten und ihre Vorstellungen besuchten. Das Cabaret, das die längere VIP-Gästeliste vorweisen kann, steigt zur Nummer eins in der Stadt auf. Die Klassiker unter den Cabarets sind seit langem: das *Montmartre*, das *Sans Souci* und das *Tropicana*. Sie präsentieren ihre Shows das ganze Jahr hindurch. Mittlerweile drängen andere Namen nach, deren Choreografien nicht minder gelungen und geschmackvoll sind. Doch das *Tropicana* bleibt unbestritten das beste und schönste Cabaret – auch im internationalen Vergleich. Inmitten eines botanischen Gartens liegt sein Restaurant für tausendzweihundert Personen. Es ist im Stil eines Amphitheaters um die offene Bühne angelegt, auf der pro Abend zwei Shows gezeigt werden. Vier Orchester spielen. Dutzende Beleuchter regeln das Lichterspiel, tausend Glühbirnen und Projektoren tauchen die Freilichtbühne des *Tropicana* in ein Meer von Farben. Die schönsten Frauen treten aus den Blattkronen tropischer Bäume hervor und schreiten wie in einem Traum Freitreppen und Laufstege hinab. Dem genialen Rodney haben wir die einfallsreichsten Choreografien zu verdanken. Egal, ob der Star des Abends Carmen Miranda heißt oder Nat King Cole, Xavier Cugat oder Josephine Baker. Rodney scheut keine Mühen, wenn es darum geht, die besten Entertainer zu verpflichten. Martín Fox, der Besitzer des *Tropicana*, konnte es sich leisten, ein Verkaufsangebot von zehn Millionen Dollar auszuschlagen.« (*O Cruzeiro,* 1958)

Die wunderbare Tropicana-Story. Paradies der Rumba und des Bingo. Show- und Operettenbühne, Zirkusmanege und *Havana on Ice.* Edelrestaurant und Spielcasino. Die Karriere des Nachtclubs begann in der Silvesternacht des Jahres 1939. Damals wurde er in Marianao, weitab vom brodelnden Stadtzentrum, in einem weitläufigen botanischen Garten eröffnet. Das *Tropicana* war damals noch ein rustikales Restaurant mit Cabaret-Programm sowie ein paar Spieltischen. Als Martín Fox die Leitung übernahm, begann die Legendenbildung. Der Geschäftsmann aus der Provinz vergrößerte und modernisierte das *Tropicana.* Er engagierte den Architekten Max Borges junior, und der baute ihm das raffinierteste und avantgardistischste Gebäude der Stadt. Das renovierte *Tropicana* gab den Blick auf ein Paradies »unter den Sternen« frei. Denn Max Borges hatte sich beim Neubau vom tropischen Ambiente inspirieren lassen und die offene Architektur beibehalten. Bei den Vorstellungen entstand dadurch der Eindruck, dass sich die Artisten inmitten eines tropischen Dickichts bewegten. Die Tänzerinnen und Tänzer tauchten, wie es Campoamor ausdrückte, zwischen Palmkronen auf. Bei schlechtem Wetter wurde die Show in den Kristallbogensaal verlegt. Max Borges schuf den Raum durch die Konstruktion fünf breiter Deckengewölbe aus dünnen Betonschalen, die bis zum Boden reichen und von gebogenen Glasflächen durchbrochen werden. Die Fenster geben den Blick auf den alten botanischen Garten frei, der das *Tropicana* wie ein Pflanzenmantel umhüllt. Der junge Architekt schuf eine transparente Muschel, an die sich die eleganten, schlanken Königspalmen schmiegen. Seine avantgardistische Konstruktion sollte er später beim Bau des *Club náutico* in Miramar wiederholen.

Martín Fox engagierte nicht nur einen ambitionierten Architekten, er zeigte auch das richtige Gespür bei der Wahl des neuen Choreografen. Im *Tropicana* dirigierte ein Mann die Show, der neue Maßstäbe im kubanischen Cabaret setzen sollte: Roderico Neyra, besser bekannt unter seinem Künstlernamen Rodney. Er umhüllte die karibischen Shows mit Glitzer, Glamour, Fantasie und viel kubanischer Musik. Ob sie *Copacabana* oder *China Town* hießen, *Lieder zum Küssen, Tropicana Souvenir* oder *Göttinnen aus Fleisch* – in ihrer Grundvariante waren Rodneys Shows immer dasselbe: farbenschillernde kubanische Tanz- und Gesangsrevuen, mit exotisch schönen Tänzerinnen in fantasievollen, glitzernden Kostümen, die auf der Bühne für einen Bilderrausch sorgten.

Das *Tropicana* wurde in den Fünfzigerjahren zum Inbegriff von Havanna, und der Name Rodney, der heute in roter Leuchtschrift über dem Eingang des Cafés prangt, war identisch mit dem *Tropicana*. Bis heute wird der berühmte Choreograf als Gott im Show-Pantheon verehrt. Der Drehbuchautor Enrique Núñez Rodríguez, der mit ihm im *Tropicana* zusammen arbeitete, erinnert sich allerdings an einen eher menschlichen Rodney, dessen choreografische Anweisungen immer äußerst plastisch, derb und direkt ausfielen: »Beweg dein Becken stärker. Stell dir vor, du würdest es tun!«, wies er in harschem Ton seine Tänzerinnen an, die er, wenn es der Show diente, auch in einem Lift über die Bühne schweben ließ.

Als Enrique Rodríguez das erste Mal für Rodney eine Show schrieb, wurde er vom Meister höchstpersönlich zum Direktorium begleitet, um sich das Honorar abzuholen. Auf dem Weg zum Chef fragte ihn Rodney, wie viel er verlange. »Fünfhundert Pesos«, sagte der Drehbuchautor. »Als wir im Büro des Prokuristen standen«, erzählt Rodríguez, »wandte sich dieser an Rodney und fragte ihn, wie viel ich bekäme. Rodney antwortete, ohne mit der Wimper zu zucken: ›Fünftausend Dollar.‹ Arturo, der Prokurist, füllte den Scheck aus. Wieder draußen, versuchte ich Rodney aufgeregt zu erklären, dass ein Irrtum vorläge. Nie hatte ich von fünftausend Dollar gesprochen, sondern nur von fünfhundert Pesos. Rodney unterbrach mich mürrisch: ›Derjenige, der sich irrt, bist du. Wenn du deine Arbeit so billig verkaufst, werden sie denken, dass ich für meine zu viel verlange. Nimm jetzt endlich das Geld und sei still.« Rodríguez grinst: »In dem euphorischen Zustand, in dem ich mich befand, beschloss ich, die fünfhundert Pesos von meinem Gesamthonorar abzuziehen und sie auf der Spielbank einzusetzen. Ich wollte meine Einkünfte nochmals verdoppeln. Ich setzte die Spielmarken auf die Zahlen 36 und 13. Biondi, der Komiker aus Argentinien, beobachtete mich dabei und blickte jedes Mal auf die Uhr, wenn die Kugel ausrollte. Nie fiel sie auf meine Zahlen. Der Croupier kassierte mein letztes Spielgeld. Biondi kam näher. ›Weißt du, wie lange deine fünfhundert Pesos rollten?‹, fragte er mich und gab selbst die Antwort: ›Zwei Minuten und 32 Sekunden. Wie lange sitzt du am Schreibtisch, um sie dir zu verdienen? Merkst du nicht, dass das nicht dein Geschäft ist? Ich habe kein Heilmittel, aber ich empfehle dir, nicht wieder hierher zu kommen.‹«

Nicht nur Drehbuchautoren hinterließen ihr Honorar gleich im Haus. Selbst bei den Chauffeuren seiner reichen Gäste kassierte der Besitzer des *Tropicana* ab. Er ließ Domino-Tische in den Garagen aufstellen. Während sich die Fahrer für ein paar Centavos beim Spiel des kleinen Mannes amüsierten, setzten ihre Herrschaften im eleganten Casino dicke Dollarbündel in Spielcoupons um. An grün betuchten Tischen wurde alles gespielt, was in der internationalen Spielergemeinde in Mode war: Bakkarat, Black Jack, Roulette und Poker.

Was Campoamor in seinen Artikeln über das *Tropicana* nicht erwähnte – Martín Fox konnte die Auftritte seiner berühmten Gaststars aus der Portokasse des Spielcasinos zahlen. Im *Tropicana* machte man nicht mit den Shows die großen Umsätze, sondern mit dem Einsatz an den Spieltischen und einarmigen Banditen.

Um möglichst viele Gäste in sein Unterhaltungsparadies zu locken, ließ sich Martín Fox etwas einfallen. Er organisierte die verrückteste *Show on air*. Er charterte eine Lockheed Super G und ging mit dem Cabaret auf der Strecke Havanna – Miami – Miami – Havanna in die Luft: *Flying Tropicana*. Das war selbst in einer Stadt sensationell, die Neuheiten gewohnt war. Um Platz für die Minibühne zu schaffen, wurden in der Maschine die Vordersitze entfernt. Einige Musiker des Tropicana-Orchesters spielten gängige Schlager, die selbst von nordamerikanischen Touristen mitgesungen werden konnten. Ana Gloria Varona, der Star der Show, forderte zum Tanzen auf, es gab Daiquiris und Tropicana-Souvenirs. Nach der Landung wurden die Passagiere in Luxus-Limousinen ins Hotel *Nacional* gefahren, wo sie sich für die lange Nacht im *Tropicana* frisch machten. Dank der hervorragenden Kundenbetreuung im Flieger und im Hotel kamen die Gäste bereits in jener beschwingten Stimmung im *Tropicana* an, in der man aufhört, die Cocktails und die Dollar zu zählen. Wenn sie am nächsten Tag wieder in der Maschine Richtung Miami saßen, waren sie um viele Dollar leichter, fühlten sich aber um die Illusion bereichert, dem Spielerparadies ein Stückchen näher gekommen zu sein.

Unter der Regierung des Präsidenten Grau San Martín wurden in den Vierzigerjahren auf Kuba kurzfristig die Spielcasinos geschlossen und das Glücksspiel verboten. Man startete einen halbherzigen Versuch, die Korruption zu bekämpfen. Im Verborgenen blühte das Geschäft weiter. Unter San Martíns Nachfolger Carlos Prío Socarrás war das Glücksspiel geduldet, später wurde es wieder legalisiert.

Martín Fox verfügte über die besten Kontakte zu Politikerkreisen und zur Halbwelt. An den Gewinnen seines Spielcasinos beteiligte er die Polizeichefs von Havanna. In den verrauchten Separees spielten Regierungsmitglieder und Wirtschaftsmagnaten nächtelang Poker. Dank seiner guten Beziehungen profitierte er von dem kurzzeitigen offiziellen Spielverbot. Er gewann Vorsprung vor der Konkurrenz und konnte seine Spielbank zur größten im Havanna der Fünfzigerjahre ausbauen, zum »Las Vegas der Karibik«. Und wie im echten Las Vegas hatte auch hier die Mafia das Sagen.

Eine große Familie

Die Mafia und Havanna – der Deal mit dem Teufel hat sich im Bild vom vorrevolutionären Kuba am hartnäckigsten eingeprägt und Havanna den Ruf der verruchtesten Stadt der westlichen Sphäre eingebracht.

Schmuggel hatte auf Kuba in der Zeit des spanischen Handelsmonopols wirtschaftsgeschichtlich schon einmal eine bedeutende Rolle gespielt. In den Zwanzigerjahren wurde er wieder belebt. Die Mafia benützte die Insel, um Rum und Alkohol in die nahe gelegenen Staaten zu schmuggeln. In seinem Roman *Haben oder Nichthaben* erzählt Hemingway eine Geschichte aus der Zeit der Prohibition, als auf Kuba der Alkoholschmuggel florierte.

Bis die Prohibition aufgehoben wurde, hatte die Mafia ihr neues Einflussgebiet entdeckt. Doch richtig zum Zuge kam sie erst nach dem Zusammenbruch der Machado-Diktatur, als Fulgencio Batista der neue starke Mann auf Kuba wurde. In den nächsten fünfundzwanzig Jahren sollte er die Politik lenken – abwechselnd im Vordergrund als Präsident oder im Hintergrund als Präsidentenmacher. Mit Batista hatte die Mafia ihren »Mann in Havanna«. Die Insel wurde unter vier Familien aufgeteilt: Amleto Battisti, Amadeo Barletta, Santo Trafficante und Meyer Lansky, der zunächst für Charles »Lucky« Luciano die Geschäfte besorgte und sich dann, als Luciano seinen Führungsanspruch in der Hierarchie der Mafia eingebüßt hatte, ein eigenes Imperium in Havanna aufbaute. Die Mafia war auf Kuba folglich bereits seit vielen Jahren tätig – Jahre, in denen sie im Stillen ihren Einfluss auf Politik und Wirtschaft ausbauen konnte, bis sie in den Fünfzigerjahren aus dem dunklen Hintergrund heraustrat. Plötzlich war sie überall gegenwärtig: in den Wettstuben, im Rotlichtmilieu, im Drogenschmuggel, in der Zollkorruption. Sie profitierte vom toleranten Arbeitsklima unter Batista, der ihre illegalen Geschäfte beinahe salonfähig machte. Außerdem hatte die Mafia zwischenzeitlich ihre Tätigkeiten mit ganz legalen Fassaden versehen. Der Zeitpunkt war günstig. Im Bereich des Baugewerbes flossen drei Viertel der Investitionen in die Hauptstadt, wo es nun für die Haifische die dicksten Brocken zu holen gab – die Konzessionen für den Hotelbau, der per Gesetz gefördert wurde. Ganz

25–26 Havannas Originale trugen zum Charme des alten Havanna bei. Wie der *Caballero de París*, der – Gedichte rezitierend und Blumen verteilend – ohne Pause und ohne Hast durch die Gassen der Altstadt ging. Oder *Cándido*, der musizierende Lotterieverkäufer, der nur Glücksnummern anbot, die auf die Zahl 33 endeten. Beide sind längst in den Anekdotenschatz der Stadt eingegangen.

27–29 Havanna, die Mafia und das große Geld. Kein Bild des vorrevolutionären Havanna hat die Zeit so unbeschadet überdauert wie der Flirt mit der Halb- und Unterwelt. Neben Mafiosi wie Santo Trafficante *(unten)* und Lucky Luciano *(rechts)* zog ein kubanischer Großindustrieller die wirtschaftlichen Fäden auf der Insel: Julio Lobo *(unten rechts)* mischte überall mit, wo Profit zu machen war. Er legte Wert auf Diskretion und galt als extrem kamerascheu – vielleicht, weil er sich nicht scheute, mit der Mafia auf Tuchfühlung zu gehen, wenn es seinen Interessen diente.

30 Der Jetset, die Schauspieler, Stars und Sternchen – von Gangstern wie Meyer Lansky bis zum Herzog von Windsor: Alle waren sie im Paris der Karibik. Wie sonst nirgendwo auf der Welt ließ sich hier das Angenehme mit den Pflichten verbinden.

31–33 Havannas sinnliche Nächte wurden durch die Stimme Nat King Coles versüßt, der sein *Unforgettable* auf der Bühne des *Tropicana*-Cabarets so unwiderstehlich ins Mikrofon hauchte, dass Havannas Frauenwelt Kopf stand. Ansonsten war Verführung in Havanna eher das Spezialgebiet der Frauen. Olga Navarro, Modell im *Cabaret Montmartre*, war der Inbegriff der Kubanerin: die Mulattin, die – in den Worten Campoamors – »mit ihren festen, gitarrenförmigen Hüften eine reife kreolische Frucht symbolisiert«.

34–35 Der Große Preis von Havanna bildete eines der Highlights im gesellschaftlichen Jahreskalender der Habaneros. 1958 sorgte der frivole Auftritt der Witwe des kurz zuvor tödlich verunglückten Marqués de Portago für einen Skandal am Rande der Rennstrecke.

36 Im Jahr 1957 gewinnt der Argentinier Juan Manuel
Fangio den Großen Preis. Den Siegerpokal erhält er
aus den Händen von Diktator Fulgencio Batista.
Ein Jahr später sollte der argentinische Automobil-
Weltmeister die Turbulenzen der kubanischen Politik
am eigenen Leib zu spüren bekommen. Er wurde
von Mitgliedern der Rebellenbewegung »26. Juli« entführt und für die Dauer des Rennens festgehalten.

37–38 Während sich Stefan Baron Thyssen-Bornemisza mit Frau und Tochter in die elegante Suite Nr. 711 des *Hotel Nacional* zurückzog, um sicheren Abstand zu den Ereignissen in Europa zu wahren, verbarg sich ein kleines Grüppchen von Rebellen in den Bergen, um jenen Tag vorzubereiten, an dem sie ins Geschehen in der kubanischen Hauptstadt eingreifen würden *(unten, zweiter von links: Fidel Castro)*.

offen zeigten sich die sonst so diskret arbeitenden Geschäftemacher in ihren neuen Branchen: dem Hotel- und Casinogewerbe.

Das Hotel *Capri* wurde die Operationsbasis von Nicholas di Constanzo. Santo Trafficante junior überwachte die Geschäfte im Hotel *Deauville*. Meyer Lansky erhielt die Konzession für den Spielbetrieb im Hotel *Riviera*, sein Bruder Jack kontrollierte das Casino im Hotel *Nacional*. Und wie jeder Hotelier konkurrierte auch die Mafia um die Gunst der Gäste. Im *Capri* spielte der Hollywood-Schauspieler George Raft den Frühstücksdirektor. Er lud nordamerikanische Millionäre zu Wochenenden und Dinners ein. Meyer Lansky köderte die Besucher seines Casinos mit auserlesenem Showprogramm und ließ die Größen des nordamerikanischen Showbusiness einfliegen: Dean Martin und Sammy Davis Jr.

Es gab Casinos in beinahe jedem Hotel. In seinem Roman *Le sacre du printemps* liefert Alejo Carpentier eine ironische Beschreibung des neuen Stils, der sich in Havannas Hotelarchitektur durchsetzen konnte: »Großer Lucky-Luciano-Stil … Aber das ist nur der Anfang. Gleich wirst du den Frank-Costello-Stil kennen lernen, beste Epoche, mit köstlichen George-Raft-Retuschen, und das heißt: ein unschätzbares mixtum compositum aus Mafia und Hollywood, vergleichbar dem Übergang aus der Romantik in die Gotik, könnte man sagen. Der Lucky-Luciano-Stil ist flamboyanter. Der Familie-Costello-Raft-Stil ist geheimnisvoller und hintergründiger, liegt näher am ›Blauen Engel‹, an Dr. Caligari und dem deutschen Expressionismus …«

Im Jahre 1946 tauchte in Havannas Hotellandschaft eine jener bunten Stilmischungen auf, wie sie schon einmal zu Beginn des Jahrhunderts in Mode waren. Da mischte sich der schillernde Lucky-Luciano-Stil mit dem geheimnisvollen Frank-Costello-Stil und wurde noch um einige neoklassizistische Don-Vito-Genovese-Elemente bereichert. Denn 1946 kam es zum legendären Treffen der italo-amerikanischen Mafia im Hotel *Nacional*. Die Vorbereitungen zur Familienfeier wurden mit so viel Verschwiegenheit zelebriert, dass am Ende ganz Havanna Bescheid wusste. Zwischen dem 22. und dem 26. Dezember wurde die zweite Hoteletage hermetisch abgeriegelt, da hinter gepolsterten Türen die Creme des organisierten Verbrechens unter dem Vorsitz von

Lucky Luciano tagte. Eine Versammlung ehrenwerter Geschäftsmänner mit Hundertschaften von Juristen und Buchhaltern in ihrem Gefolge. Alles lief streng geheim ab, und so ist es wohl nur als Wunder von Havanna zu erklären, dass selbst die Schuhputzer vom Parque Central genau darüber informiert waren, womit sich die geheimnisumwitterten Familienoberhäupter hinter den gepolsterten Türen die Zeit vertrieben. Der Duft der im Ofen schmorenden Flamingobrüstchen drang mit den Küchengerüchen auf die Straße hinaus und führte zu neuen Spekulationen. Es gab Langusten aus Cojímar, die in silbernen Schüsseln in einer Tablettwagen-Karawane in den zweiten Stock gerollt wurden. Die Muscheln, deren Fleisch die Mafia-Bosse genüsslich schluckten, wurden vor der Küste der kleinen Inseln im Süden Kubas gefischt. Die Kisten Hatuey-Bier und die ständig mit Montecristos aufgefüllten Zigarrenschatullen machten aus den nächtelangen Sitzungen das Tagesgespräch der Stadt. Ganz Havanna war über Speisekarte und Gewohnheiten der Teilnehmer des Gipfeltreffens informiert. In den Pausen des Geschäftsmeetings sang das Ziehkind der Mafia-Bosse, Frank Sinatra, einige Songs aus seinem Repertoire. Und für Entspannung sorgten am Abend die Damen aus den *Casas de Marina*.

In dieser Woche sah Frank Sinatra nichts von der Stadt. Er verließ die Suite nur für seine Auftritte im zweiten Stock. Nicht einmal der verführerische Blick auf den Malecón brachte ihn dazu, das Hotel zu verlassen. In den denkwürdigen Dezembertagen des Jahres 1946 sollte der neue karibische Firmensitz der Mafia eingeweiht werden, und dabei dominierte der modernistische Meyer-Lansky-Stil.

Das war nicht die Welt unseres Journalisten Fernando Campoamor. Auch wenn heute Anekdoten um ihn gesponnen werden, die ihn als rasenden Klatschreporter Havannas zeichnen, der den Stars und Sternchen aus der glitzernden Halb- und Unterwelt mit Umhängetasche und Notizblock hinterherjagte, um Sensationsnachrichten für seine tägliche Rubrik *Havana by night* zu erhaschen. Die Rummarke Havana Club macht in einer Broschüre Werbung mit dieser dynamischen Paparazzo-Ausgabe eines Fernando, dem man es nie verziehen hätte, wenn er in seiner Heimat von Louella Parsons, der bekanntesten Klatschtante der amerikanischen Presse, ausgestochen worden wäre:

Fernando hat seine Wächter, seine Spione und Spitzel aller Art überall: Am Eingang der Calle Obispo, der »Sesam-öffne-dich«-Straße in Habana Vieja, campiert ein leidenschaftlicher Spaziergänger mit Dichterallüren vor dem Gebäude La Moderna Poesía, harmloser Beobachtungsposten für das nahe gelegene *Floridita.* Im Büro des Journalisten klingelt das Telefon: »Alarm, Fernando! Ich habe gerade Louella Parsons hineingehen sehen …« »Oiga! Fernando! Hier Eduardo. Bin im Nacional … Errol Flynn kommt in zwei Tagen an …« »Hallo, Fernando. Cara cortada (das Narbengesicht) hat gestern Abend im Capri selbst den Polizisten spielen müssen: Ein schlechter Verlierer drohte, alles zu Kleinholz zu machen.« Und schon hatte Campoamor die Exklusivmeldung der »Klatschbase« zunichte gemacht, schaffte es, eine Verabredung mit Errol-Zorro-Robin-Hood zu arrangieren, und ließ sich von einem Freund, der bei der hiesigen Polizei arbeitete, die stürmische Nacht von George Raft »Scarface« erzählen, dem Meister des Glücksspiels im *Capri* …

Der alte Campoamor amüsiert sich über den Insider-Stil, in dem über ihn geschrieben wird. Alles liegt so weit zurück … und außerdem: »*¿Fernando qué?* … Fernando, und wie weiter? Soll dieser Fernando wirklich ich sein? Hab ich so gesprochen? Fernandos gibt es wie Sand am Meer. Von den vielen Fernandos, die ich kenne, ist das mit Abstand der unterhaltsamste«, schmunzelt der Alte spitzbübisch. »Auf Fernando-wie-immer-er-heißt, Georgie-Boy und alle Halunken dieser Welt! Lang mögen sie leben!« Er hebt sein Glas. Die Kugeln, mit denen damals Geschäfte geregelt wurden, tun heute niemandem mehr weh. Der alt und müde gewordene Campoamor, der an die Kraft der Legenden glaubt, weil sie der Wirklichkeit die Schwere nehmen, hat jedoch einen letzten, unbarmherzigen Kritiker – sich selbst, fünfzig Jahre jünger.

In seinen besten Jahren schickte Campoamor entrüstet alle Heuchler zum Teufel, die Havannas Bild eines verlotterten Sündenpfuhls förderten. Er beschimpfte sie als »Feinde Havannas«.

Die Feinde Havannas

»Havanna leidet an einer Diffamierung. Um es genau zu sagen – die Stadt leidet an der Ignoranz und Blindheit ihrer oberflächlichen Kritiker, die sie in einer schier endlosen Reihe an Artikeln zur lächerlich missratenen Karikatur verzerren. Zum Teil trägt dafür die sensationsgierige Klatschpresse die Verantwortung, zum Teil auch die Touristen, die einige flüchtige Blicke auf Havanna werfen und um die Bordelle im Hafenviertel schleichen, wo Matrosen aus aller Welt (hauptsächlich US-Marines) die menschlichen Umgangsformen auf Triebniveau reduziert haben. Und zu einem Teil tragen wir selbst die Schuld an dem verzerrten Bild, das man im Ausland von uns hat. Denn wir versuchen, Florida als Touristenzentrum auszustechen und setzen dazu sowohl unsere Gastfreundlichkeit als auch unsere Frauen ein. Wir haben uns in den Strudel einer unangenehmen Kampagne gebracht.

Havanna ist anders. Allerdings haben die Abenteurer, die ausschließlich an Sensationen interessiert sind, keinen Blick dafür. Havanna ist eine alte Metropole mit kreolischen Traditionen. Über Generationen haben ehrenwerte Nachnamen überlebt, die sich von keiner noch so schmutzigen Kampagne in den Dreck ziehen lassen.

Havanna hat immer noch genügend Platz für ehrliche Bürger. Aber leider lebt die Stadt auch wie Paris vom Dünkel ihrer Besucher. Doch über diejenigen, die glauben, das wahre Havanna im Sucher ihrer Kameraobjektive entdeckt zu haben, müssen wir einfach nur herzlich lachen.

Die äußeren Feinde Havannas haben ihre Verbündeten im Inneren der Stadt. Sie verkaufen sich selbst und das Ansehen des Landes. Sie lassen sich mit klingender Münze zahlen und nähren damit die Vorurteile über Havanna, die für die meisten nur die Stadt der Bordelle, der Drogen und des faulenden Fleisches ist.« (*Diario Nacional,* 1957).

Havanna ist kein zweites *Mahagonny.* Campoamor verteidigt seine Stadt, ganz kubanischer Patriot. Und als solcher präsentiert er der internationalen Presse seine Stadt *Habana limpia y cubana,* sein sauberes, typisch kubanisches Havanna, das ihm öfters zur pathetischen Ode an die Lebensfreude gerät. Es verletzt ihn, wenn er dabei arrogant herablassenden Urteilen begegnet.

Campoamor war nie der Mann fürs Sensationelle. Er ist ein *guarachero*, ein Spaßmacher, und seine Artikel sind dann am besten, wenn sie im Kleinen und Alltäglichen Bilder und Eindrücke Havannas einfangen. Er ist ein Genrekünstler, ein *costumbrista*, der die Sitten seiner Landsleute studiert. Mit einer Glosse über das *uiquén*, der kubanischen Sprachvariante des englischen »Weekends«, verrät Campoamor vielleicht mehr über das menschliche Klima in seiner Stadt als mit einer marktschreierischen Reportage über die heißen Nächte von Narbengesicht George Raft.

Uiquén in Havanna

La Habana Vieja ist eine Stadt, die Samstag und Sonntag geschlossen hat, da ihr vom Sommer die Öffnungszeiten nur von Montag bis Freitag vorgeschrieben werden. Und in den Banken, Ministerien und Geschäften würde es niemandem auch nur im Traum einfallen, außerhalb dieser offiziell festgeschriebenen Öffnungszeiten einen Handschlag zu tun. In irgendetwas müssen wir doch Europäer sein, wenn schon unser Blut afrikanisch ist. (Ich erinnere mich nicht mehr daran, wer gesagt hat, dass Afrika im Norden bei den Pyrenäen endet. Wer einen spanischen Vater hat und dennoch kein südmediterranes Blut in seinen Adern spürt, hat sich von Spanien losgesagt, da in der rassischen Emulsion seiner Körpersäfte die afrikanische Küste zu starke Gewürze hinterlassen hat. Aber wenn Sie nach Asturien kommen, heben Sie einen Stein hoch, und erschrecken Sie nicht, wenn darunter ein Kelte liegt.) Diese Anmerkungen setze ich in Klammern, nur um nochmals zu betonen, dass wir einen inneren Drang verspüren, uns als Europäer zu fühlen, und deshalb haben wir die »englische« Wochenaufteilung übernommen. Etwas zynisch berufen wir uns auf englische Traditionen, um dahinter unsere Schwäche für den Müßiggang zu verstecken.

Diese Zeilen eines alten Liedes lügen nicht: »Wer einen Schuss auf die Arbeit abfeuert, den wird das Leben mit Faulenzerei bestrafen …« Nur sagen wir hier anstatt Faulenzerei: *uiquén*, was sich auf Englisch *weekend* schreibt und mit »Wochenende« übersetzt wird. Im kreolischen Jargon bedeutet Uiquén das wöchentliche Ausruhen und ist damit typisch für die Tropen. So wie sich die Kubaner dazu entschlossen haben, der Tragödie durch Flucht in den geringsten Widerstand auszuweichen, gehört Kuba vielleicht auch zu den Ländern, die der Arbeitsstunde durch Flucht in immer kürzere Arbeitszeiten auszuweichen versuchen. Bereits am Freitagnachmittag ist der Habanero gedanklich schon im Uiquén. Etwas spöttisch sagt er sich: »Morgen und übermorgen sind Tage, an denen der Körper bekommt, was er braucht: Schnaps, Strand, Kino und Schlaf …« Die Soziologen und die Ökonomen sind besorgt über das Uiquén, das Havanna als leere Stadt zurücklässt, wenn die Büroangestellten und Beamten in ihrer Freizeit der Hitze entfliehen und sich dafür einen Gehaltsvorschuss auszahlen lassen. Doch diese lachen über die statistischen Zahlen und singen stattdessen den Merengue-Hit, den man zurzeit jede Nacht auf der Tanzfläche der Ali-Bar zu hören bekommt: »Die Arbeit ist mein Feind … sie ist die Strafe Gottes.« (*Diario Nacional*, 1957)

Politische Temperaturen

Mit der Leichtigkeit des Daseins gegen die wirtschaftliche und politische Schwere. Kuba als Tollhaus: auf der einen Seite Batista und seine Claqueure, die großes Geschütz gegen die protestierenden Studenten und Arbeiter auffahren. Dazu der Lärm der Kugeln, mit denen die gedungenen Killer der Mafia im Schutz der Dunkelheit Kontrahenten und widerspenstige Politiker oder Journalisten zähmen. Auf der anderen Seite die Maschinengewehrsalven der von Fidel Castro nach dem Überfall auf die Moncada-Kaserne gegründeten »Bewegung des 26. Juli«, die zunächst nur eine der vielen politischen Gruppierungen zu sein schien, die die kubanische Republik entstehen und vergehen sah. Die Gefechte, die sich die Stadtguerilleros mit Batistas Schergen liefern, werden von der lauten Rumba übertönt, die die Tänzer und Tänzerinnen in den Hinterhöfen Havannas trommeln. Sie lassen sich in rhythmische Ekstase versetzen, um nichts mehr hören und sehen zu müssen. Auf den Hafenpiers schließlich die Klänge der Nationalhymne. Kubanische Emigranten winken ein letztes Mal Richtung Malecón, bevor sie auf den Luxuslinern vor Batistas Unberechenbarkeit in die Staaten fliehen. An Deck ist der Cha-Cha-Cha des Bordorchesters zu hören, das auf der kurzen Fahrt über den Golfstrom die aufkommende Tristesse vertreibt. Und als ob das alles noch nicht reichte, durchschneiden die lauthals geschrienen Schlagzeilen der Zeitungsjungs die Luft. Nicht die Hauptstadt liefert sie, dieses Mal wird die ferne Sierra Maestra zum Liebling der Presse. Dort schlägt eine Hand voll Revolutionäre so laut die Kriegstrommel, dass sie selbst in Havanna zu hören ist. Kuba tanzt in diesen Tagen wahrlich keinen Salon-Merengue, sondern einen Tanz auf dem Vulkan, der Feuer speit.

Der politische Aufruhr schien selbst das Wetter aus dem Gleichgewicht zu bringen. Über der Insel prallten nicht nur gesellschaftliche Kontraste zusammen, sondern auch klimatische. Im März 1958 informierte Campoamor die Leser seiner Wochenchronik, dass seine Heimat in dieser auf den Kopf gestellten Welt wohl aufhöre, ein tropisches Land zu sein: »Seit drei Monaten dauert nun schon der Winter an, dessen Kälte bereits eine Rekordzahl von Toten gefordert hat. Neunzehn Nordstürme rasten über die Küsten dahin, und zweimal waren Nordlichter zu beobachten, ein Phänomen, das für unsere tropischen Breitengrade wirklich absolut außergewöhnlich ist.«

Ob diese Wetterlaunen als politische Apokalypse gedeutet werden konnten, ließ Campoamor dahingestellt. Ein Vergleich zwischen beiden Sphären – der klimatischen und der politischen – hatte sich offenbar schon viel früher bei ihm aufgedrängt, eröffnete er doch das Wahljahr 1952 mit einer Glosse, in der er den politischen Kalender mit dem Wetterzyklus vergleicht:

»Wenn Sie nun zu lächeln beginnen, als ob ich Ihnen gerade einen guten Witz erzählt hätte, dann möchte ich Ihnen eine kleine Lektion in physischer Geografie erteilen.

Wir alle – Marxisten, Katholiken, Polizisten und Börsianer – sind uns darin einig, dass wir in einer Zone mit tropischem Klima leben, in der zwei Jahreszeiten dominieren: Trockenzeit und Regenzeit. Im Januar pflügt die Trockenheit spröde Risse in die politische Landschaft und wirbelt viel Staub durch die Luft. Staub, der den Politikern die Sicht auf die Landesrealität nimmt. Doch am Horizont blitzt Hoffnung auf. Es bilden sich erste Kumulus-Wolken, Vorboten des Regens. Und tatsächlich beginnt es Ende Januar etwas zu regnen, wenngleich die eigentliche Regenzeit erst im Mai einsetzt, wenn die ersten flammenden Reden auf den Tribünen unter freiem Himmel gehalten werden. Und sobald im Juni die Wahllokale öffnen, stürzen ganze Wasserfluten vom Himmel. Nach der Stimmenauszählung und dem Wahlfieber überkommt die Verlierer im Juli und August eine starke Benommenheit. Ihnen setzt die Feuchtigkeit zu. Im September haben sich die Wolkenformationen verändert. Nimbostrati verdrängen die Kumulus-Wolken; kilometerlange, schwere, dunkle Regenwolken überziehen den Himmel, und bis zum 10. Oktober, wenn das Präsidentenamt übergeben wird, regnet es mit einer solchen Wucht, dass sich gar nicht erkennen lässt, ob es Tränen der Freude oder der Trauer sind.

Bekanntlich hält das Klima seinen jährlichen Zyklus exakt ein, und so ist die Simultanität zwischen der Niederschlagsmenge und dem Wahlkalender, die zu beweisen ich versprochen hatte, tatsächlich gegeben. Natürlich können wir es uns leicht machen und ganz ruhig und gelassen sagen: Der Regen kommt, weil er nun mal immer um diese Jahreszeit zu kommen pflegt, nachdem sich die Parteien am Vorabend der Wahl gegenseitig tausender Dinge beschuldigt haben. All das ist nichts als Prolog, der mit dem Wechsel des Regierungsmandats endet. Die vermeintlichen Verbündeten vom Vorabend schlagen sich nun gegenseitig die Köpfe ein. Angeblich verschworene Todfeinde sprechen sich nun gegenseitig ihr Vertrauen aus. Die Wortgefechte und die Sturmangriffe auf die freien Plakatflächen, die mit den Köpfen unserer Kompatrioten beklebt wurden, die sich eifrig bereit erklärten, für ihr Vaterland einzutreten, haben letztlich nur dazu gedient, die privaten Interessengruppen noch mehr zu stärken.

Nur in jenem flüchtigen Moment, in dem das Volk mit dem Stimmzettel in der Hand ganz allein gelassen wird und nach eigenem Urteilsvermögen eine Entscheidung fällen muss, können auch die Parteifahnen und Symbole nichts ausrichten. Im Juni kehrt der *große Regen* wieder – wie im unsterblichen Titel von Louis Bromfield. Und wenn es das Volk nach fünfzig Jahren Republik immer noch nicht begriffen hat, dass man nur zugunsten der Zukunft wählen kann, indem man sich gegen die Vergangenheit entscheidet, dann wird der Regen die nächsten vier Jahre nicht aufhören. Dann können wir uns auch damit begnügen, uns auf einen der Meilensteine längs des Weges zu setzen und den Gang der Zeit mit seinen kontinuierlichen und monoton wiederkehrenden Jahreszyklen ›abzusitzen‹.« (*Diario Nacional*, 1952)

Das kubanische Volk hatte 1952 gar nicht die Chance, die fatalistische Grundhaltung, in der Wahlen als gleichsam naturgegebene Phänomene hingenommen werden, zu durchbrechen. Denn die Wahlen fanden nicht statt. Der ehemalige Sergeant Fulgencio Batista, Kandidat der Einmannpartei PAU (*Partido Acción Unitaria*), putschte am Morgen des 10. März. Damit verflüchtigten sich die Hoffnungen des Landes auf demokratische Stabilisierung und die Ambitionen eines Mannes auf eine Karriere innerhalb des konventionellen politischen Systems. 1952 bewarb sich Fidel Castro als Mitglied der orthodoxen Partei um einen Sitz im Repräsentantenhaus. Er fühlte sich zu diesem Zeitpunkt noch dem Gedankengut und der Partei des im Vorjahr verstorbenen Eduardo Chibás verpflichtet, der sich als Ankläger gegen die Korruption einen legendären Ruf bei der Bevölkerung erworben hatte. Während seiner sonntäglichen Radiosendung schlüpfte Chibás in die Rolle eines unbestechlichen Chefanklägers, der Politiker jeglicher Couleur namentlich der Korruption überführte. Unter anderem beschuldigte er den Erziehungsminister Aureliano Sánchez Arango, Gelder unterschlagen und illegal Land erworben zu haben. Offensichtlich waren ihm Fehlinformationen zugespielt worden, denn die Beweise für seine Behauptungen musste er seinen Zuhörern schuldig bleiben. Den Angriff auf seine politische Integrität erlebte Chibás als persönliche Ehrverletzung, auf die er in seiner nächsten Sendung mit einer Verzweiflungstat reagierte: Er schoss sich in den Bauch und starb zehn Tage später an einer Infektion als Folge der Schussverletzung. Von da an setzte der junge Rechtsanwalt Dr. Fidel Castro die Anklagen gegen die Korruptheit des politischen Establishments fort und veröffentlichte sie wöchentlich in der Zeitung *Alerta*. Zwar hatte Castro dabei nicht einmal die Unterstützung seiner eigenen Partei, aber letztlich stiegen die Chancen der orthodoxen Partei, die nächsten Wahlen zu gewinnen, gerade auch durch Castros Aktion. Fulgencio Batista machte seinen

Gegnern einen Strich durch die Rechnung. Er war unverfroren genug, seinen militärischen Staatsstreich mit den gleichen Argumenten zu rechtfertigen, mit denen der junge Castro und seine Parteigenossen kämpften: Kuba müsse von der Korruption, die alle politischen Ebenen und Ämter erfasst habe, befreit werden.

Das war das Ende von Castros konventioneller politischer Karriere. Peter Bourne spekuliert in seiner Biografie über Fidel Castro, was wohl aus ihm geworden wäre, wenn Wahlen stattgefunden hätten, »welche Auswirkungen es auf seinen revolutionären Eifer gehabt hätte, wenn er als Vierundzwanzigjähriger in den Kongress gewählt worden wäre. Trotz der Versicherung seiner Absicht, seine Wahl dazu zu nutzen, gleichsam von innen heraus revolutionäre Reformen einzuleiten, muss man sich doch fragen, ob er auch weiterhin denselben Drang verspürt hätte, die kubanische Gesellschaft von oben bis unten neu zu gestalten, wenn er auf konventionellem Wege zur Macht gelangt wäre.«

Stattdessen sah Castro die Monate seiner detektivischen Enthüllungsarbeit und die Ambitionen auf eine politische Karriere mit einem Schlag zunichte gemacht. Die Wahlen fanden nicht statt, der Rest ist Spekulation – und Geschichte.

Die Geschichtsschreibung der kubanischen Revolution beginnt mit dem Überfall auf die Moncada-Kaserne am 26. Juli 1953. An diesem Tag wurden eine neue Bewegung und ein neuer Mythos geboren. Die zentrale Lichtgestalt in dem Heldenepos ist der junge Rechtsanwalt Castro, der nach der brutalen Machtergreifung Batistas das Recht auf seiner Seite sah, wenn er zu den Waffen griff, um die demokratische Ordnung wieder herzustellen. Bei dem Überfall auf die Kaserne in Santiago de Cuba sollten Waffen erbeutet und die Basis für eine Widerstandsbewegung geschaffen werden, die sich vom Osten der Insel über das ganze Land verbreitete, mit dem erklärten Ziel, Batista zu stürzen und Neuwahlen auszurufen. Der Überfall auf die Moncada-Kaserne in Santiago de Cuba war ein Himmelfahrtskommando wie später der Kampf einer Hand voll Rebellen in den Bergen der Sierra Maestra. Doch die jungen Wilden bekamen Unterstützung aus einem Lager, das selbst am Anfang einer Erfolgsstory ganz anderer Art stand: Die Medien wurden auf sie aufmerksam. Castros Weg zur Macht war ein

Kampf, der nicht nur mit konventionellen Feuerwaffen geführt wurde. Die Revolutionäre setzten dabei auch bewusst auf die Wirkung der Medien.

Die junge Reporterin Marta Rojas wollte für die Zeitschrift *Bohemia* eigentlich eine Fotoreportage über den Karneval abliefern. Aus Zufall wurde sie zur Exklusiv-Berichterstatterin über die Ereignisse rund um die Moncada-Kaserne. Sie hörte Schüsse. Nachdem sie sich überzeugt hatte, dass so keine Karnevalsböller klangen, rannte sie mit ihrem Fotografen in die Richtung, aus der die Schüsse kamen. Sie waren die einzigen Reporter vor Ort. Als das Militär ihre Kamera beschlagnahmen wollte, händigten die beiden den Film mit den Karnevalsfotos aus und brachten eilig die Rolle mit den Moncada-Aufnahmen zur *Bohemia* nach Havanna.

Trotz Zensur konnte der Moncada-Zwischenfall publiziert werden. Als das Ausmaß der Folterungen und Morde seitens des Militärs bekannt wurde, ergriff die Öffentlichkeit für Fidel Castro und seine idealistischen Mitstreiter Partei. Was unter anderen Umständen im Strudel der gewohnten politischen Turbulenzen untergegangen wäre, wurde von einer publizistischen Woge hochgetragen. Das Land empfand für die gefangenen Rebellen Sympathie.

Im Rahmen einer politischen Amnestie kamen die Gefangenen 1955 wieder frei. Castro ging ins Exil nach Mexiko. Als die internationale Öffentlichkeit das nächste Mal wieder von ihm hören sollte, war er bereits als Märtyrer auf die Insel zurückgekommen. Er war jetzt Guerillero, der sich für den Kampf in den Bergen entschieden hatte, um die Kubaner vom Joch des Batista-Regimes zu befreien. Zusammen mit seinem Bruder Raul und dem argentinischen Arzt Ernesto »Che« Guevara, dem er im mexikanischen Exil begegnet war, gründete er eine Rebellenarmee, die den Kampf gegen das verhasste Regime aufnahm.

Auch jetzt erhielt sein winzig kleiner Trupp in entscheidenden Momenten Hilfestellung aus dem Lager der Medien. Castro richtete in den Bergen ein provisorisches Pressezentrum ein. In regelmäßigen Abständen pilgerten die internationalen Berichterstatter ins Rebellencamp. Den Anfang machte Herbert Matthews von der *New York Times*. Das Interview mit ihm wertete Castro im eigenen Land auf und machte seinen Namen über die Grenzen Kubas hinaus bekannt. Nach Matthews empfing der Rebellenführer die Reporter Wendell Hoffman und Robert Taber. Auf verschlungenen Pfaden gelangten die nordamerikanischen Journalisten mit schwerer Kameraausrüstung zum Staatsfeind Nummer eins, der sich vor der Kamera charmant und locker gab. Was passierte, als die CBS das Interview am 19. Mai 1957 staatenweit ausstrahlte, darüber schrieb Campoamor in seiner Wochenchronik: »Seit einiger Zeit wusste man, dass das Programm nicht auf Kuba ausgestrahlt werden würde. Deshalb setzten sich die ganz Ungeduldigen in den Flieger nach Miami, um die Sendung dort zu sehen. Als sie in Miami landeten, informierte sie das Flughafenpersonal, dass die Dokumentation nur im Studio von Kanal 4 zu sehen wäre und dass die zweihundert Studioplätze bereits alle reserviert wären. Unter den lauten Protestrufen der fünfhundert Personen, die keinen Sitzplatz bekommen hatten und nicht eingelassen wurden, begann der Film, der ursprünglich eine Länge von drei Stunden hatte, aber auf dreißig Minuten gekürzt worden war. Rebellenführer Fidel Castro beantwortete die Fragen der Reporter in nicht ganz korrektem Englisch sinngemäß etwa so: ›Solange Batista nicht auf sein Amt, das er gewaltsam an sich gerissen hat, verzichtet, kann es kein Friedensabkommen geben. Die letzte Schlacht wird in der Hauptstadt geschlagen.‹ – ›Batista will nicht zugeben, dass er uns nicht besiegen kann. Bei einigen Gelegenheiten sagte er, dass ich mich außer Landes befände, dann wieder, dass ich tot wäre. Wenn das so ist, frage ich mich, wer gerade mit Ihnen spricht?‹ – ›Wir haben ein Programm, aber wir wollen es nicht dem kubanischen Volk aufzwingen, denn das würde heißen, eine Diktatur gegen eine andere auszutauschen.‹ Und in diesem flotten Tonfall ging es weiter.«

Der lässige Smalltalk mit dem Gewehr über der Schulter und der Zigarre im Mundwinkel hat das Bild vom romantischen Revolutionär geprägt und aus einer nationalen Rebellenarmee den Prototyp der lateinamerikanischen Guerilla-Bewegungen gemacht.

Die Resonanz und Sympathiebekundungen, die den Reportagen in der *New York Times* und der CBS folgten, überzeugte die Rebellen des 26. Juli davon, dass sie die Aufmerksamkeit der internationalen Öffentlichkeit brauchten, wenn sie siegen wollten. Doch wie ließen sich die Vorgänge auf einer sechs Millionen Einwohner zählenden karibischen Zuckerinsel ins Zentrum der Weltpresse rücken? Wie brachte man den europäischen Leser dazu, sich für das Tagesgeschehen auf Kuba zu interessieren? Ein Knüller musste her!

Die Entführung des Weltmeisters

»Ich befand mich in der Lobby des Hotels *Lincoln* und sprach gerade mit meinem Mechaniker, als ein junger Mann mit einer Aktenmappe eintrat und nach mir fragte. Er war bewaffnet. Er sagte, dass er von der Bewegung 26. Juli sei. Ich dachte, er macht einen Scherz. Er befahl, dass sich keiner vom Fleck rührt. Er war aufgeregt, und da wurde mir klar, dass es ihm ernst war.«

Mit diesen Worten wird Juan Manuel Fangio, damaliger fünffacher argentinischer Formel-Eins-Weltmeister, in der *Bohemia* vom 2. März 1958 zitiert, als er über die aufregendsten Tage in seinem an Aufregungen nicht armen Rennfahrerleben berichtete. Stunden, in denen ausnahmsweise nicht das Geschehen auf der Rennpiste die Dramatik bestimmte, sondern die turbulente kubanische Politik.

Juan Manuel Fangio kam nach Kuba, um am Grand Prix von Havanna teilzunehmen und wie im Vorjahr zu gewinnen, als er sich mit dem draufgängerischen Marqués de Portago ein spannendes Duell auf der Rennpiste lieferte.

Havanna präsentierte sich in der gleichen Kulisse wie im vergangenen Jahr: Der Malecón wurde für das Rennen abgesperrt, die Rennstrecke durch Werbetafeln markiert, die Zuschauer suchten sich die ausgefallensten Plätze auf Laternenpfählen und Hausdächern, Kameramänner und Fotografen bezogen ihre Beobachtungsposten, und die Fahrer drehten Proberunden. Nur Fangios alter Gegner fehlte. Der Marqués de Portago war bei dem Rennen der italienischen *Mille Miglia* tödlich verunglückt. Der Unfall kostete auch einen weiteren Fahrer und zehn Zuschauer das Leben. Daraufhin verbot der internationale Verband dieses Langstreckenrennen im Formel-Eins-Sport.

Portagos Witwe nahm den Platz ihres Mannes in Havanna ein. Jung und verführerisch schön, in raffinierte schwarze Spitze gekleidet, sorgte sie mit ihrer Anwesenheit in den Fahrerboxen im Trauerjahr für einen Skandal am Rande, den Havannas Klatschpresse genüsslich aufsaugte und auskostete, bis die unglaubliche Nachricht von der Entführung des Weltmeisters alles andere verdrängte:

»Wir stiegen in ein Auto ein. Der Junge am Steuer sagte, ich müsste mir keine Sorgen machen. Auf dem Rücksitz saßen zwei weitere Burschen mit Gewehren. Sie verbanden mir die Augen. Wir wechselten mehrmals die Verstecke. Es kamen immer mehr Leute hinzu. Schließlich brachten sie mich in ein Haus und nahmen mir die Augenbinden ab. Ich gratulierte ihnen zu ihrer Tat, beschwerte mich aber auch, dass sie mich nicht wenigstens noch zu Abend hatten essen lassen. Das lockerte die Atmosphäre auf. Sie sagten mir, dass sie mich freilassen würden, sobald das Rennen zu Ende wäre.«

Weltmeister Fangio in der Gewalt der Rebellen! Das war sogar *Paris Match* eine Titelgeschichte wert! Die Reportage von Fangios Entführung ging um die Welt. Die Aufnahmen der Kämpfer in der Sierra Maestra lieferten das Bildmaterial! Damit hatte die Bewegung des 26. Juli ihren Knüller. Und auch für Fangio hatte sich die Geschichte letzten Endes gelohnt: »Ich muss gestehen, dass ich mir zunächst keine Vorstellung von der Tragweite des Vorfalls machen konnte. Das änderte sich später. Als ich in Miami landete, rief man mich aus New York an und lud mich zu einem Fernsehauftritt ein, für den ich sogar bezahlt wurde. Nach der Entführung war ich bekannter als je zuvor!«

Die Entführung Fangios machte das Rennen zur kostspieligsten Nebensache der Saison. Ohne den Weltmeister, aber auch ohne den charismatischen Marqués de Portago, der die Herzen Havannas im Sturm erobert hatte, war die Rennpiste verwaist. Eine Massenkarambolage, bei der es mehrere Tote unter den Fahrern und Zuschauern gab, nahm dem Rennen endgültig den Zauber. So manchen Zuschauer beschlich ein Gefühl der Vorahnung, als ob er bei diesem Rennen Zeuge davon wurde, wie sich eine Ära in Havanna langsam dem Ende entgegenneigte.

Juan Manuel Fangio sollte erst dreiundzwanzig Jahre nach seiner

Entführung wieder nach Havanna kommen. Und mit dem Marqués de Portago war jemand gestorben, den der Hauch einer anderen, vergangenen Epoche umgeben hatte. Campoamor fasste in Worte, was ihn und seine Landsleute an der Persönlichkeit des Ferrari-Piloten so faszinierte. Der Marqués hatte die Charaktereigenschaften eines spanischen Ritters. Er war ein Hidalgo, ein stolzer Abenteurer und galanter Kavalier. »Er wurde geboren, um gefährlich zu leben, ob er auf seinem Pferd über die höchsten Hindernisse der Reitbahn von Auteuil sprang, auf Skiern die Schneeberge im Cortina d'Ampezzo hinabraste oder ob er sich ganz und gar dem Geschwindigkeitsrausch in einem seiner mörderischen Automobile hingab. Seine Tollkühnheit war stärker als sein blaues Blut. Er zog es stets vor, unter freiem Himmel sportlich zu kämpfen, als Adeliger – als spanischer Adeliger, der stolz auf sein Wappen ist, auch wenn es die Marke eines italienischen Rennautos trägt. Als Angehöriger der Familie von Portago und des Rennstalls von Ferrari fühlte er sich zur Tollkühnheit geradezu verpflichtet. Falscher Stolz kann ins Lächerliche abgleiten. In Spanien ist wahrer Stolz Ausdruck höchster Würde. ›Mir gefällt es, Angst zu spüren … nach einiger Zeit wird das Gefühl der Angst zur Droge. Man braucht sie‹, sagte der Marqués de Portago in einem Interview. Aber stärker als die Angst und energischer als die Droge Tollkühnheit war die innere Stimme, die ihn, den Spanier, zur Pflicht rief – selbst wenn diese Pflicht bedeutete, das Leben zu riskieren.

Der Ferrari-Pilot hat sein Leben zwei Leidenschaften anvertraut: seinem unbeugsamen Stolz und dem Abenteuer mit Frauen, die ihn küssten, als ob er jederzeit entfliehen könnte, geraubt von der Geschwindigkeit, die der Mensch selbst erfunden hat, ohne zu bedenken, dass er von ihr übereilt umgebracht wird.« (*Diario Nacional,* 1957)

Die Nachricht von einem Unglück zeichnet Campoamor mit dem Federstrich eines Porträts. Den schnellen Tod skizziert er als Charakterstudie. Der Marqués de Portago ist bei Campoamor nicht das Opfer eines hemmungslos überspannten Lebensstils, sondern seines uralten kastilischen Stolzes.

Die Gebrüder Castro in Havanna!

Campoamor registriert seismografisch die feinen Unterschiede zwischen Schein und Sein in der Stadt der ewigen Inszenierung. Diejenigen, die sich tatsächlich nur von der Geschwindigkeit, mit der sich die Dinge ändern, treiben lassen, die mit dem Zeitgeist dahinschweben und, sobald es Mode wird, ihre Richtung ändern, werden nie Opfer wirklicher Passionen. Sie riskieren nichts. Sie passen sich an. In Campoamors Havanna treten sie gemeinsam auf, die Originale und die Plagiate. Der größte Plagiator ist in jenen Tagen Fulgencio Batista, der kein sentimentales Datum auslässt, um den Kubanern seinen Patriotismus zu beteuern. Campoamor verspottet den Plagiator: »Mit meiner Stimme als Kubaner, der die Erde, die ihn geboren hat, innigst liebt, und mit meiner Stimme als Regierungsoberhaupt, das höchsten Pflichten obliegt, möchte ich vor dem kubanischen Volk in tiefster Hingebung mein Gelübde ablegen, dass ich es dieses Jahr zu steigendem Wohlstand führen werde.‹ (Das derart umschmeichelte Volk lässt sich allerdings von niemandem mehr mit süßen Worten betören, wo es doch sehen kann, wie es dem Frieden ergeht, von dem auf den Straßen nichts zu spüren ist, obwohl er doch ständig im Mund geführt wird.)« (*El Nacional*, 1958)

Wenn sich die Stimmlage des Präsidenten vor Patriotismus fast überschlägt, stimmen seine Anhänger hysterisch ein. Es gilt, die Aufgeregtheit des Führers opportun zu imitieren. Und da genügt bereits der Name eines Bruderpaars, um in Massenhysterie zu verfallen: *Los Hermanos Castro.* »Die Gebrüder Castro sind in Havanna, im Hotel *Nacional*!« Diese Schlagzeilen lösen die höchste Alarmstufe aus, Polizisten und Soldaten schwärmen hektisch zum *Nacional* aus, die Geschäftsleitung wird zur Rede gestellt. Haben sich ausländische Journalisten angemeldet? Wird die internationale Presse anwesend sein? Wurde Dreherlaubnis erteilt? Diesen Brüdern Castro ist alles zuzutrauen. Dass sie mit der internationalen Journaille unter einer Decke stecken, hat man ja mehrmals zu spüren bekommen. Lächerlich gemacht haben sie Präsident und Vaterland. Vor kurzem musste Batista den Bericht des US-Korrespondenten Matthews über die Kämpfer der

Sierra Maestra auf Druck der Inter-American Press Association, die ihre Jahrestagung in Havanna abhielt, in ganzer Länge veröffentlichen lassen. Und das, obwohl er die Reportage zunächst in allen Exemplaren der Luftpostausgabe der *New York Times* ausschneiden ließ. Wer hat das Sagen im Land: die Rebellen oder der kubanische Präsident? Dieses Mal wird man ihnen zuvorkommen. Die Brüder Castro in Havanna bekommen den Empfang, den sie verdienen.

Noch ein halbes Jahrhundert später muss Jorge Fernández, ein ehemaliger Angestellter des Hotel *Nacional*, über diese Anekdote herzlich lachen. »Die Hysterie, die der Name Castro auslöste, war in jenen Tagen gewaltig. Keinen Augenblick dachte man darüber nach, dass sich die Meldung auf das Orchester der Gebrüder Castro beziehen könnte, die damals ziemlich in Mode waren. Bei dem Namen ›Castro‹ hörte jeder auf zu denken.«

Hotelgeschichten

Jorge Miguel Jorge Fernández – von allen nur Jorge Jorge genannt – hat sein halbes Leben im Hotel *Nacional* verbracht. 1938 fing er als Kofferjunge an, und einundzwanzig Jahre später war er der letzte Eigentümer des hoteleigenen *Casino Parisien*. Batista befand sich schon im Ausland, die »Bärtigen« übernahmen gerade die Regierungsgeschäfte, und die Mafia hatte in der Stadt nichts mehr zu tun. Sie befürchtete, dass ihre Casinos geschlossen würden, hoffte aber gleichzeitig, das Gastspiel dieser »Hermanos Castro« sei nur von kurzer Dauer. Deshalb überschrieben sie das Spielcasino auf den Namen von Jorge Jorge, der ihnen zwei Jahrzehnte lang wie allen anderen Gästen des Hauses mit gleich bleibend unbewegter Miene gedient hatte. »Es gab einen Gast, der verteilte jeden Tag tausend Dollar Trinkgeld. Er warf mit dem Geld nur so um sich. Wir wussten, dass er zur Mafia gehörte. Er besaß die Spielautomaten in Chicago. Und weil er damit so viel Geld verdiente, kam er nach Havanna, um es wieder auszugeben. Denn je mehr er hier ausgab, umso weniger Steuern musste er dort zahlen. Das Trinkgeld, das er so großzügig an uns verteilte, tat ihm nicht weh. Das Hotelpersonal nahm nie das Wort Mafia in den Mund. Wir sprachen nur von ›Geschäftsleuten‹. Und ich hatte deren Vertrauen. Zu jener Zeit kümmerte ich mich in mehreren Hotels um die technische Überwachung der Spielautomaten. Im Hotel *Deauville* wurde mir ein Umschlag mit einigen Hundertdollarscheinen zugeschoben. Ich nahm ihn nicht an. Das sprach sich herum, und schließlich hörte auch Meyer Lansky davon. Als er das nächste Mal im Restaurant unseres Hotels saß, machte ihn sein Begleitschutz auf mich aufmerksam. Ich sei derjenige, der den Umschlag von der Konkurrenz verweigert hat. Als Meyer Lansky mit seinen Leuten den Speisesaal verließ, wurde mir ein Hundertdollarschein in die Hand gedrückt. So war das mit ihnen. Du tust ihnen einen Gefallen, und unverzüglich bezahlen sie dich dafür, weil sie niemandem etwas schuldig sein wollen.

Von diesem Moment an bediente ich Meyer Lansky, wenn er im Hotel wohnte. Kein anderer Kellner durfte sein Zimmer betreten, während er geschäftliche Verhandlungen führte. Nicht einmal ihr Gespräch unterbrachen die Herren, wenn ich eintrat. Ich machte den Tisch sauber, sammelte die schmutzigen Teller ein, brachte Schälchen mit Erdnüssen, Oliven und frischem Eis …«

Wie einen Film spult Jorge Jorge die nostalgischen Hotelgeschichten in seinem Gedächtnis ab. In den Jahrzehnten vor der Revolution glich das Geschehen in dem Fünf-Sterne-Hotel tatsächlich einem Film, einem jener Gesellschaftsfilme made in Hollywood. Buster Keaton, Johnny Weissmuller, Fred Astaire, Rita Hayworth, das ganze Who's who der amerikanischen Filmindustrie stieg im *Nacional* ab. An das Enfant terrible der Traumfabrik, an Errol Flynn, unvergessen unter der Piratenflagge und als Robin Hood, erinnert sich Jorge Jorge besonders genau, war sein Zimmer doch der Vorraum zur Hölle – oder zum Paradies: »Errol Flynns Zimmer quoll immer über vor Leuten. Ich erinnere mich an den Bruder des Präsidenten Príos und an einen Großindustriellen namens Rodríguez, den alle nur Aguacate nannten. Und dann die Mädchen. Keine von ihnen war älter als zwanzig, höchstens fünfundzwanzig. Sie trugen elegante, durchsichtige Kleider. Um ehrlich zu sein: Sie waren fast nackt. Diese bunte, hemmungslose Gesellschaft ließ den Maître kommen und verlangte von ihm, dass er immer den gleichen Zimmerkellner hoch ins Zimmer schicken solle, wenn man ihn rief. So war das. Sie wollten nicht, dass zu viele Leute mitbekamen, was sich auf dem Zimmer abspielte. Der Maître wählte mich aus. Ich musste warten, bis sie mich riefen.

Wer zum ersten Mal in aller Unschuld Flynns Zimmer betrat, hatte sie für immer verloren. Ich brauchte Ewigkeiten, um zu begreifen, dass dort Drogen konsumiert wurden, Kokain. Das also war das Leben des berühmten Errol Flynn, der sich bei seinem Aufenthalt im Jahr 1958 sogar auf den Weg in die Sierra Maestra machen wollte, um Fidel zu sehen.«

Er war nicht der Einzige aus dem amerikanischen Jetset, der sich für einen Fototermin beim kubanischen Revolutionsführer anstellte. Noch vor den europäischen Linken scheint Castro von der amerikanischen Filmwelt entdeckt worden zu sein. Scheinbar sah man in ihm so etwas wie einen erfolgreichen Kollegen: charismatisch vor der Kamera, sexy in der Wirkung. Wie Flynn schwärmte auch Ava Gardner – zumindest vor der Presse – von dem bärtigen Rebellen. Das letzte Mal hielt sie sich im August '59 im Hotel *Nacional* auf, und dort kam es zu einem Pressetermin der speziellen Art, über den Campoamor notierte: »Ava Gardner, die von Skandalen verfolgt wird wie Don Juan von seinem steinernen Gast, zeigte sich hart und entzog sich der Belästigung durch die nicht minder skandalöse Berichterstattung. Sie hing eines dieser typischen Hotelschilder mit der Aufforderung *Do not disturb* an die Türklinke ihrer Suite. Da hatte sie gerade eine lange Nacht hinter sich. Aber sie bekam Gelegenheit, sich gut davon zu erholen, denn sie fuhr noch am gleichen Tag nach Varadero, wo sie jede Menge frische Meeresluft einatmen konnte. Als sie zurückkam, war sie wie ausgewechselt. Herzlich und auskunftswillig, erlaubte sie nun der Presse den Sturmangriff und präsentierte sich wie immer äußerst temperamentvoll. Sie erklärte sich zur *fidelista*, zur Anhängerin Fidels: ›Ich habe selbst genug Lügen über mich in den Zeitschriften lesen müssen, um nicht alles zu glauben, was man in der Presse über die Vorgänge in Kuba zu lesen bekommt.‹ Sie stellte sich vor das Fenster ihrer Suite, hinter dem sich ein schmaler Streifen des Malecón abzeichnete, und fuhr fort, in diesem leichten Tonfall über ihre Sympathie für die kubanische Revolution zu plaudern. Um ihre Worte zu bekräftigen, stellte sie uns ihre schwarze Haushälterin Reenie aus Mississippi vor und machte uns darauf aufmerksam, dass Reenie, wie sie selbst, eine Verehrerin Fidel Castros sei: ›Und wenn sie inspiriert ist, macht sie ihn nach.‹« (*El Nacional*, 1959)

Was Ava Gardner in Nächten machte, in denen es ihr gelang, der lästigen Presse zu entkommen, darüber weiß Enrique Nuñez Rodríguez, der Autor der Tropicana-Shows, zu berichten. Als er eines Abends an seinem Tisch auf der Tanzfläche im *Havana Hilton* saß und Rolando Laserie zuhörte, der auf der Bühne die Songs für ein Konzert probte, während er selbst das Drehbuch für die nächste Revue vorbereitete, näherte sich ihm eine Dame, die ihn charmant lächelnd fragte, ob sie sich an seinen Tisch setzen dürfe. Die geheimnisvolle Schöne war Ava Gardner: »Sie stellte ihren Cocktail auf den Tisch, zog ihre Schuhe aus, machte es sich bequem und hörte die ganze Nacht Rolando Laserie zu, dem Sänger mit der bunt gestreiften Mütze, der furchtbar hässlich war. Aber sie himmelte ihn an. Nachdem sie einige Gläser getrunken hatte, lud sie ihn ein, sich mit ihr zu unterhalten.«

Roland Laserie dürfte für Ava Gardner seit seinem erfolgreichen Auftritt in der Steve-Allen-Show im NBC-Studio in New York kein Unbekannter gewesen sein. Seine Schallplatten fanden in den Staaten reißenden Absatz. Campoamor bezeichnete ihn als Ein-Mann-Orchester. Er spielte jedes Instrument: Klarinette, Klavier, Saxophon, Schlagzeug und so weiter. Doch den überwältigenden Erfolg verdankte Laserie vor allem seiner Stimme, die in Kuba damals überall zu hören war. Und die Frage, ob er tatsächlich so hässlich war, wie von Rodríguez beschrieben, erübrigt sich. Ava Gardner hat die Presse vor die Tür gesetzt, um eine ganze Nacht hindurch nicht den Blick von ihm wenden zu müssen. Ein Foto von ihr, der »barfüßigen Gräfin«, hängt heute in der Hotelgalerie inmitten all der anderen Schönen, Schicken und Reichen, die regelmäßig im *Nacional* abzusteigen pflegten.

Neunzig Prozent der Gäste kamen aus den Vereinigten Staaten. Doch entdeckt man in der so genannten Ruhmesgalerie auch manch bekannten Kopf aus Europa: Winston Churchill mit seiner Zigarre, Graf und Gräfin Windsor, die während ihres Aufenthalts die Lieblinge der kubanischen Highsociety waren. Und der bekannteste Stammgast trug sogar den gewichtigen Namen der deutschen Schwerindustrie: Stefan Baron Thyssen-Bornemisza. Er wohnte mit Gemahlin und Tochter über zehn Jahre lang in der Suite Nr. 711. Die Familie Thyssen-Bornemisza hielt sich damit länger als jeder andere Gast im Hotel *Nacional* auf und bot dennoch kaum Gesprächsstoff. Die erste Zeit rätselte das Hotelpersonal darüber, wer der geheimnisvolle Gast war, der seinen Aufenthalt Monat um Monat verlängerte, eine wertvolle Bildersammlung im Zimmer hatte und sich schließlich seinen Rolls Royce auf die Insel bringen ließ. Gerüchte kamen auf, dass er ein flüchtiger Spieler sei, der seine Spielschulden in Monte Carlo nicht eingelöst und sich mit seinem gesamten Vermögen auf die Karibikinsel abgesetzt hatte. Thyssen tat nichts, um die Gerüchte zu klären. Abgeschirmt gegen die Außenwelt, bekam er Klatschgeschichten gar nicht mit. Der Angehörige der Industriellenfamilie, die den Aufstieg Hitlers unterstützt hatte, zog es vor, nicht über sich und den Grund für seinen diskreten Daueraufenthalt in dem karibischen Luxushotel zu sprechen. Thyssen kam zwei Jahre nach dem Zusammenbruch des Dritten Reichs in Havanna an. Sein Vater Heinrich, der vom Kaiser Franz Joseph geadelte Kunstsammler der Familie, war soeben in Lugano gestorben. Was hatte Stefan Thyssen von Europa in diesen Zeiten zu erwarten? Bald musste sich Heinrichs Bruder Fritz für seine Rolle im nationalsozialistischen Deutschland verantworten. Seit den Zwanzigerjahren unterstützte er die NSDAP, wurde später selbst Mitglied, bis er Mitte der Dreißigerjahre wegen der zunehmenden Judenverfolgungen wieder auf Distanz zu ihr ging, sich schließlich ganz mit dem Regime überwarf und emigrierte. 1941 wurde er in Frankreich verhaftet und war mit seiner Frau bis Kriegsende im Konzentrationslager. 1948 wurde er von einer Spruchkammer als minderbelastet eingestuft, verlor allerdings zwanzig Prozent seines Vermögens. Waren das die Gründe, weshalb sich Stefan Thyssen in die Suite 711 zurückzog? Er nahm keinen Kontakt zur deutschen Kolonie in der kubanischen Metropole auf, sondern lebte die ersten Jahre still und unauffällig in seinem Hotelzimmer. Im Laufe der Zeit wurde er wieder etwas geselliger. Dem Zimmerkellner Jorge Jorge schwärmte er vor, dass kein Hotel der Welt so schön sei wie das *Nacional* – mitten in der Stadt und doch von ihr entrückt. Als Gipfel der

Extravaganz galt, wenn Familie Thyssen-Bornemisza auf dem Malecón ihre Sonntagsrunden im Rolls Royce drehte. Ansonsten waren sie bemüht, jede Aufmerksamkeit zu vermeiden. Aber dann landeten sie doch noch im Zentrum eines bizarren, unterhaltsamen Hotelskandals, der von ihnen selbst kräftig geschürt wurde.

Die Hotelleitung beschloss, Suite Nr. 711 zu modernisieren. Das luxuriöse Appartement sollte in vier separate Zimmer aufgeteilt werden. Man bat die Mieter, die Räume zu wechseln. Baron von Thyssen weigerte sich und beharrte darauf zu bleiben, da das Zimmer seine Privatsphäre sei, für die er jährlich fünfzehntausend Dollar zahle. Die Schlacht war eröffnet. Die Hotelleitung ließ die Telefonverbindung sperren und stellte den Zimmerservice ein. Daraufhin kauften sich die Thyssen-Bornemiszas ihre Lebensmittel selber, kochten auf einem Spirituskocher im Zimmer und luden zum Essen die städtische Presse ein. Thyssen überwandt seine Schweigsamkeit und informierte Journalisten und Fotografen, dass er gerichtlich Beschwerde einreichen werde. Der Pressewirbel reichte aus, um die Schlacht für Thyssen zu entscheiden. Mit einem Entschädigungsessen in der Präsidentensuite ließ sich der kämpferische Baron versöhnlich stimmen. Der Sturm im Wasserglas legte sich.

»Malt ihn mir weiß an!«

Für einen echten Skandal sorgte das *Nacional*, als dem Sänger Nat King Cole wegen seiner Hautfarbe ein Zimmer im sechsten Stock verweigert wurde. Die Zimmer in diesem Stockwerk waren besonders luxuriös ausgestattet und boten einen Panoramablick auf Havanna. Deshalb wurden sie mit Vorliebe von den nordamerikanischen Millionären, die die Wintermonate auf Kuba verbrachten, reserviert. Den weißen, betuchten Gästen aus den Staaten konnte nicht zugemutet werden, im Gang mit einem schwarzen Gast zusammenzustoßen, auch nicht, wenn er ein berühmter Künstler war, dem im hoteleigenen Cabaret begeistert applaudiert wurde. Man gab Nat King Cole ein Zimmer im zweiten Stock, was einem Rauswurf gleichkam. Denn es war allgemein bekannt, dass in den Zimmern der zweiten Etage das leitende Hotelpersonal wohnte, wenn sie nicht von der Mafia reserviert wurde. Der Sänger verließ wütend das Hotel und nahm sich ein Zimmer im benachbarten Hotel *Capri*, was wiederum die Hotelleitung des *Nacional* alarmierte. Unerträglicher noch als ein dunkelhäutiger Gast war die Besorgnis, dass der Vorfall Negativschlagzeilen wie im Fall Josephine Bakers auslösen könnte. Mrs. Baker und ihr Mann Jo Bouillon hatten ein Zimmer im *Nacional* reserviert. Als das Ehepaar schließlich im Hotel ankam, ließ die Hotelleitung über ihren Empfangsboy mitteilen, dass das Hotel bedauerlicherweise bis aufs letzte Zimmer ausgebucht sei. Und da Hauptsaison wäre, sei nicht damit zu rechnen, dass kurzfristig ein Zimmer frei würde. In der Presse brach ein Entrüstungssturm los. Selbst Nicolás Guillén griff zu seiner Feder, um den empörenden Vorfall zu schildern:

»Frau Baker und ihr Mann, der Orchesterdirigent Jo Bouillon, verließen die Hotellobby des *Nacional* und mieteten sich ein Zimmer in einem anderen, bescheideneren Hotel, in dem ihnen die Grundrechte der kubanischen Verfassung gewährleistet werden. Aber was will man! So wie das internationale Recht eine Fiktion ist, weil seine Gesandtschaften ausschließlich die Interessen der Länder vertreten, denen sie angehören, so haben auch wir hier in Kuba viele Orte, an denen unsere Gesetze nichts weiter als ein Blatt Papier wert sind. Das Hotel *Nacional* ist beispielsweise nordamerikanisch. Es repräsentiert in Havanna ein Stück Virginia oder Georgia, Regionen, in denen ein Schwarzer kaum menschlicher betrachtet wird als ein Hund. Und seien wir gerecht – man muss sagen, dass Frau Baker in keinem Moment Gefahr lief, gelyncht zu werden, was fast in Richmond und Atlanta geschehen wäre. Ist das nicht ein klarer Fortschritt, mit dem wir Kubaner uns brüsten können?« (*El Nacional,* 1950)

Höchst ungern erinnerte sich der Hotelmanager an diesen Skandal. Damit sich der Zwischenfall mit Nat King Cole nicht erneut zu einem Aufsehen erregenden Ärgernis ausweiten konnte, eilte er persönlich ins *Capri*, um sich bei dem Sänger zu entschuldigen und ihn zu bitten, wieder ein Zimmer im Hotel *Nacional* zu beziehen. Die Entschädigung für die Unannehmlichkeiten – ein Zimmer freier Wahl!

Nein, in Kuba wurde kein schwarzer Künstler gelyncht. Ihm wurde frenetisch applaudiert. Und hin und wieder bekam er, wenn er Spanisch verstand, Ähnliches zu hören wie Nat King Cole im *Tropicana*. Der Stückeschreiber Rodríguez saß im Publikum, als der Sänger sein *Unforgettable* sang. »An diesem Abend war die Frau eines hohen Batista-Regierungsbeamten unter den Zuhörern, und nachdem sie ihm eine Weile zugehört hatte, schrie sie durch den Saal: ›Eine Million für denjenigen, der ihn mir weiß anmalt und bringt!‹ Sie trank noch ziemlich viel an diesem Abend, und irgendwann lallte sie: ›Lasst ihn so, wie er ist, ich nehm ihn auch so!‹ Nur widerwillig verließ sie an diesem Abend mit ihrem eigenen Mann das Paradies unter den Sternen.«

Die kubanische Elite war weiß, seit es 1912 zum Aufstand gekommen war, in dessen Verlauf die einzige politische Partei der Afrokubaner zerschlagen wurde. Damals verspielte die republikanische Regierung unter dem ehemaligen Unabhängigkeitsgeneral José Miguel Gómez die historisch einmalige Chance, die junge kubanische Nation – wie von Martí eingefordert – mit allen und für das Wohl aller aufzubauen. Stattdessen wurde die *Partido Independiente de Color* – die Unabhängige Partei der Farbigen – mit der Begründung verboten, dass sich Parteien, die sich auf rassischer Grundlage definieren, nicht an den Wahlen beteiligen dürfen.

Es gab auf Kuba keine Separationsgesetze wie in den USA, die den städtischen Alltag in Schwarz und Weiß aufteilten. Aber seit dem misslungenen Aufstand im *Oriente*, der in einem Massaker endete, bei dem mehrere tausend Schwarze ermordet wurden, hatte die traumatisierte afrokubanische Bevölkerung keine Organisation mehr, die bei der gesellschaftlichen und politischen Gestaltung des Landes mitgewirkt hätte. Der Rassismus wurde dort offensichtlich, wo sich das Leben institutionalisierte: in der Politik, am Arbeitsplatz, in den Schulen und Gesellschaftsclubs. Auf der Straße konnten schwarze und weiße Jungs stundenlang miteinander Baseball spielen, doch wenn sie zur Schule gingen, trennten sich ihre Wege. Für schwarze Schüler gab es keine Privatschulen. Und selbst christliche Schulen, die auch Kinder aus armen Familien aufnahmen, richteten für sie getrennte Klassen ein, damit sie sich nicht mit den weißen Mittel- und Oberschichtkindern mischten.

Lockerer ging es in den Bars und volkstümlichen Bodegas zu. Die

Bars waren für jeden zugänglich, der sich ihre Getränke leisten konnte. Das *Sloppy Joe's* war die Ausnahme. An der längsten Theke Havannas wurde nichts an dunkelhäutige Gäste ausgeschenkt. Dagegen trafen sich in den Gärten vom *Tropical* alle Kubaner. Die Mittagsmenüs hatten faire Preise, es spielte immer irgendein Danzón-Orchester, und beim Tanzen konnten sich die jungen Leute – gleich welcher Hautfarbe – näher kommen.

Es waren der Kulturwissenschaftler Fernando Ortiz und der Lyriker Nicolás Guillén, die als Erste die Geschichte und die Sprache der Schwarzen und Mulatten gesellschaftsfähig beziehungsweise zum Teil der Literatur gemacht haben. »Ohne Schwarze wäre Kuba nicht Kuba«, schrieb Ortiz und widmete sein Lebenswerk der Untersuchung der afrokubanischen Traditionen, die er in Riten und Religionen, den überlieferten afrikanischen Sprachen und Kulturen, der Musik, den Instrumenten und Tänzen, in den Legenden und Spielen, in der Kunst und der Folklore Kubas entdeckte.

Nicolás Guillén, selbst Mulatte, schrieb sein erstes »schwarzes« Gedicht im Jahr 1929, eine Ode an den kubanischen Boxer Kid Chocolate, dem späteren Leichtgewichtsweltmeister. In seinen *Motivos del son* ging er weiter. »Zunächst«, erinnerte er sich später, »waren da zwei Worte, die ich eines Nachts klar und deutlich in meinem Kopf hören konnte: *Negro bembón*. Dieser Satz, der von einem eigenen, für mich völlig neuen Rhythmus begleitet wurde, hielt mich die ganze Nacht hindurch wach. *Negro bembón – Negro bembón – Negro bembón …*

Ich stand früh auf und begann zu schreiben. (…) Ich schrieb den ganzen Tag. Am Abend hatte ich schon eine Handvoll Gedichte – acht oder zehn –, die ich unter dem Titel *Motivos del son* zusammenfasste. Unter ihnen befand sich eines mit der Überschrift *Sóngoro cosongo*. Dieses Gedicht hat meinem Buch, das zwei Jahre später erschien, seinen Titel gegeben.«

Der Schwarze tritt bei Guillén aus der burlesken Rolle heraus, die ihm, dem *negro*, im *teatro bufo* vorbehalten war. Aber Guillén macht selbst einen literarischen Entwicklungsprozess durch. Aus dem Lied des *Negro bembón*, dem eitlen Geck im weißen Drillich und den zweifarbigen Schuhen, wird *la canción del bongó* – das Lied der Bongó:

Me matan, si no trabajo	Sie töten mich, wenn ich nicht arbeite,
y si trabajo, me matan.	und wenn ich arbeite, töten sie mich.
Siempre me matan, me matan,	Immer töten sie mich, töten sie mich,
siempre me matan.	immer töten sie mich.

Und da lässt der Dichter Guillén den Kulturwissenschaftler Ortiz hinter sich: Es gibt »nichts Falscheres, als den Begriff ›afrokubanisch‹ zu verwenden, um eine bestimmte Kunst, Musik oder Poesie auszudrücken. Das Kubanische ist, im Schwarzen wie im Weißen, immer das Spanische *und* das Afrikanische, der Herr *und* der Sklave.«

Buena Vista und andere Clubs

Kategorisch spaltete sich die kubanische Gesellschaft in den Clubs und Vereinen auf. Die Trennlinie zwischen Clubs der Mittel- und der Oberklasse war messerscharf. Ein armer Weißer hatte ebenso wenig Chancen, in einen der exklusiven Gesellschaftsclubs aufgenommen zu werden, wie ein reicher Schwarzer. Die Clubmitgliedschaft war so etwas wie die Identitätskarte der Gesellschaft. Im *Casino Deportivo* amüsierte sich die Mittelklasse. Und im *Vedado Tennis Club* entspannten sich die Reichen und Neureichen. Beim Golf und Tennis wurden Beziehungen geknüpft und Geschäfte gemacht. Im *Havana Yacht Club* versammelten sich die kubanischen Industriellen um Julio Lobo, dem einflussreichen Finanzier, Besitzer zahlreicher Zuckerfabriken und Inhaber des internationalen Handelsunternehmens Galbán Trading Company S.A. Um Lobos Aufstieg ranken sich viele Geschichten. Die Spekulationen, ob er der Erbe eines alten Export-Import-Unternehmens war, das seit Mitte des 19. Jahrhunderts mit Eisenwaren, Gummi, Düngemitteln, Zucker, Honig und Gemüse handelte, oder ob er durch Schwarzhandel zu seinem Vermögen kam, gehören ebenso zur Legendenbildung wie die Gerüchte, dass er gar kein Kubaner war. Der Zuckermagnat galt als extrem kamerascheu. Die Mystifizierungsversuche machten aus Julio Lobo fast ein Industriephantom, hinter dessen virtueller Fassade die

Mafia agierte. Sicher ist – der Mann hat gelebt! Der begeisterte Napoleon-Bewunderer sammelte alles über Frankreichs Kaiser: Kuriositäten, Nippes, Möbel und Porträts. Vom Backenzahn, Bett und Nachttopf bis hin zur Uniform sowie Napoleons Privatbibliothek ist nach der Revolution alles im Land geblieben und füllt die Räume einer Villa, die als Museum der Öffentlichkeit zugänglich ist.

Julio Lobo verkörperte gesellschaftliche Macht. Wer sich in seiner Nähe aufhielt, gewann allein dadurch an Ansehen und Prestige. Das waren Gründe genug, dem *Havana Yacht Club* beizutreten. Doch nicht jeder Möchtegern wurde tatsächlich aufgenommen. Wer Mitglied werden wollte, musste neben goldenen Kreditkarten auch einen alten aristokratischen Familiennamen mitbringen.

Alfredo Hornedo, der Herausgeber der Zeitung *El País,* war reich, hatte eine Menge Interessen und noch mehr Ambitionen. Er stellte den Antrag auf Mitgliedschaft im Club und wurde abgewiesen. Trotz seines öffentlichen Einflusses und seines Geldes erkannte ihn Havannas Highsociety nicht als ihresgleichen an. Und wenn man die liebevollironische Beschreibung liest, die Alejo Carpentier von ihm liefert, begreift man, weshalb er dem diskreten Charme der Bourgeoisie nicht unbedingt genehm sein konnte: »Hornedo trug immer schwarz-weiß karierte Anzüge (…) Er war immer übersät mit Anhängern, Kaninchenpfoten, Uhren, Uhrenketten, Armbändern mit seinem Namen, mit Adresse, Geburtsjahr und weiteren Personalien, mit Krawattennadeln, Krawatten, Solitären, goldenen Hufeisen … Er war eine wandelnde Musterkollektion, ein wandelndes Blechwarengeschäft.«

Der »König der Exzentriker« konnte es einfach nicht auf sich sitzen lassen, dass er – Besitzer der Zeitungen *País* und *Excelsior* und somit einer der einflussreichsten Meinungsmacher in der Hauptstadt! – von der feinen Gesellschaft ausgeschlossen wurde. Kurzerhand gründete er seinen eigenen Club, den *Club Deportivo*, und setzte ihn dem *Havana Yacht Club* vor die Nase. Weil sich Alfredo Hornedo auch nicht nachsagen lassen wollte, dass ihm Lebensstil fehle und er nichts von Kunst und Kultur verstünde, baute er – in der Tradition spanischer Geschäftsmänner – das *Teatro Blanquita*, das nach der Revolution in Karl-Marx-Theater umbenannt wurde.

Als Albert Einstein seine Vorträge in Havanna hielt, war er Ehrengast der exklusiven Gesellschaftsclubs. In seinem Tagebuch notierte er: »Clubleben im Luxus neben extremer Armut, die vor allem die schwarze Bevölkerung trifft.«

Aber nicht nur die Weißen identifizierten sich mit ihren Clubs, auch die schwarze Bevölkerung verbrachte ihre Freizeit in *sociedades*, den Gesellschaften. *La Unión* und *Atenas* waren die exklusivsten Zirkel, deren Mitglieder sich aus Angehörigen der gehobenen Mittelklasse und des Bildungsbürgertums zusammensetzten. Sie statteten ihren Club mit dem gleichen Luxus und der gleichen Raffinesse aus, wie es die weiße Oberklasse tat. Der *Buena Vista Social Club* – benannt nach dem gleichnamigen Stadtviertel – ist hingegen erst reichlich spät zu posthumen Ehren und internationalem Ruhm aufgestiegen, die er allerdings mehr dem musikalischen Erfolg des Projekts von Juan de Marcos González und Ry Cooder verdanken dürfte als seinem früheren gesellschaftlichen Ansehen. Er war ein populärer Tanzclub, der Anfang der Dreißigerjahre den beliebtesten Orchestern der Stadt seine Türen öffnete und irgendwann in den Sechzigerjahren in Vergessenheit geriet.

Die drei alten Musiker – Compay Segundo, Ibrahim Ferrer und Rubén González – machten im gleichnamigen Film von Wim Wenders den *Buena Vista* zur Club-Legende, zu der wunderbar passt, dass sich keiner von ihnen mehr zu erinnern scheint, wo genau sich der Club befand.

Im Havanna der Fünfzigerjahre spielten sich nicht nur Wirtschaft und Freizeit in exklusiven Zirkeln ab. Die Einwandererstadt hatte zahlreiche ethnische Vereine und Gesellschaften, in denen Neuankömmlinge ein Stück Heimat fanden, bis Kuba diesen Platz einnehmen konnte. Neben einem arabischen, japanischen, chinesischen und amerikanischen Club gab es zum Beispiel auch einen deutschen Verein, und später kam noch der deutsche Bund hinzu, der von den Ärmeren der dreihundertfünfzig Deutschen besucht wurde, die in Havanna lebten. Übrigens war die Berufssparte, die in Havanna mit den Deutschen in Verbindung gebracht wurde, ›typisch‹ für sie: Bierbrauerei. Hatuey und Tropical stellten bevorzugt die Meister der Bierbraukunst ein. Die deutsche Gemeinde, die sich in den ersten Jahren der Republik herauszubilden begann, löste sich noch während des Zweiten Weltkriegs mit Kubas Anti-Hitler-Koalition auf. Der Journalist Erich Kaupp ist als einer der wenigen aus jener Zeit auf Kuba übrig geblieben. Kaupps Vater Arthur kam in jungen Jahren aus der »deutschen Goldstadt« Pforzheim als Vertreter einer Goldwaren-Firma nach Havanna – und blieb. Sein Sohn Erich arbeitete von der ersten Stunde an beim kubanischen Fernsehen mit. 1950 war er dabei, als der Kanal 4 den Wettkampf, wer als erste Fernsehstation auf Sendung gehen wird, vor dem Konkurrenten CMQ gewann.

In den ersten dreißig Jahren des 20. Jahrhunderts wanderten über eine Million Menschen nach Kuba ein, überwiegend Spanier aus Asturien und Galizien. In Havanna trafen sie sich in den Heimatvereinen wieder. Galizier, Basken, Katalanen, Andalusier und Asturier hatten jeweils ein eigenes regionales Zentrum, in dem sie ihre Verbundenheit mit der alten Heimat pflegten.

Die spanischen Zentren gehören zu den schönsten Gebäuden Havannas. Zu Beginn der republikanischen Ära gebaut, sollten die Paläste den Reichtum ihrer spanischen Gründer zum Ausdruck bringen. Sie symbolisierten sozusagen den sozialen Aufstieg der ehemaligen spanischen Auswanderer in ihrer neuen Heimat. Beim *Centro Asturiano* und dem *Centro Gallego* ist das den Architekten besonders geglückt.

Das *Centro Asturiano* wurde 1886 mit fünfzig Gründungsmitgliedern ins Leben gerufen. Einige Jahrzehnte später zählte es achtzigtausend Mitglieder und hatte Zweigstellen in Tampa, Florida und Avilés in Asturien. Die Gesellschaft zog in ihren neu gebauten Palast im Herzen Havannas am Parque Central, in dem auch das *Teatro Albisu* – das spätere *Campoamor* – untergebracht war.

Das *Centro Gallego* ist der älteste und eleganteste regionale Heimatverein auf Kuba, dessen Gebäude an einem privilegierten Platz in Havanna steht – ebenfalls am Parque Central, zwischen dem Kapitol und dem Hotel *Inglaterra*. Der österreichische Architekt Paul Belau entwarf für das galizische Zentrum einen Stadtpalast, unter dessen Dach auch das benachbarte *Teatro Tacón* integriert wurde. Das *Centro Gallego* war selbst für Havannas Verhältnisse an Prunk und Pracht kaum zu übertreffen. Kunstvoll verzierte Fassaden mit kleinen Balkonen, Skulpturengruppen, Türmchen, Bronzeengeln, Säulen und ziselierten Ornamenten spiegelten außen, was innen fortgeführt wurde. Der Besucher tritt in eine großzügige Eingangshalle ein, deren Wände mit Marmor verkleidet sind. Breite Treppen führen unter einem freskenüberladenen Deckengewölbe in die Gesellschaftsräume.

Die spanischen Heimatvereine boten ihren Mitgliedern Sportmöglichkeiten, ein kulturell hochwertiges Theaterprogramm, reich ausgestattete Bibliotheken und Raum für Feste und künstlerische Veranstaltungen. Doch für die spanischstämmigen Kubaner war es ein nicht minder attraktiver Grund, einem der regionalen Vereine beizutreten, dass im moderaten Mitgliedsbeitrag auch der Anspruch auf Versorgung im Krankheitsfall enthalten war.

Der Regionalverein begleitete seine Mitglieder durchs Leben. Für die Kleinen gab es Kindertagesstätten und Schulen, die Zentren halfen Neueinwanderern bei der Arbeitssuche, die Senioren unter den Mitgliedern konnten ihre alten Tage im vereinseigenen Altenheim verbringen. Im Krankheitsfall gab es ärztliche Versorgung, und selbst für einen Klinikaufenthalt in den Krankenhäusern der Zentren brauchten die Mitglieder keinen Zuschlag zu zahlen. Für das seelische Wohl sorgte die dem Verein angeschlossene Kirche, und im Todesfall übernahmen die Regionalclubs die Beerdigungskosten. Die Toten erhielten einen Platz in den gemeinschaftlichen Kolumbarienanlagen. Bis hin zur Grabpflege reichte die lebenslange Sozialfürsorge der Vereine. Da beinahe jede hispanokubanische Familie einem der spanischen Zentren angehörte – allein das *Centro Gallego* und das *Centro Asturiano* hatten in den Fünfzigerjahren zusammen hundertundachtzigtausend zahlende Mitglieder –, gehörten sie zu den reichsten Institutionen Havannas, trotz ihrer familienfreundlichen Mitgliedsbeiträge zwischen monatlich einem und zwei Pesos.

Fernando Campoamor war eine Ausnahme in Havanna. Der gebürtige Kubaner spanischer Abstammung gehörte weder einem Gesellschaftsclub noch einem der spanischen Heimatverbände an. Die einzigen Mitgliedschaften, die er pflegte, waren die im Journalisten- und Schriftstellerverband. Als Leiter der Kulturgruppe *Proa* arbeitete er außerdem eng mit der hispanokubanischen Kultureinrichtung zusammen, die unter dem Vorsitz des Ethnologen Fernando Ortiz in Zeiten der Machado-Diktatur gegründet worden war. Kulturarbeit war für ihn nicht nur Unterhaltung, sondern vor allem eine Form der gesellschaftspolitischen Auseinandersetzung.

HAVANNA *Feelings*

CAPRICCIOS – LEIDENSCHAFTEN – CUBANÍA

Ein Requiem für Austro

Als internationaler Korrespondent berichtete Fernando Campoamor über alle Schauplätze Havannas, und dazu gehörten auch die beliebten Treffpunkte der städtischen Society. Zum Beispiel die Windhundrennen im *Biltmore Kennel Club*. Oder die Pferderennen im *Oriental Park*.

Die Habaneros, die von sich selbst sagen, dass sie anfällig für alles Neue sind und es sofort übernehmen, um es anschließend »kubanisieren« zu können, hatten beim Pferdesport jedoch Gewöhnungsbedarf. Die übliche Begeisterung wollte so schnell nicht aufkommen.

Als die Amerikaner 1899 nach dem Ende des Unabhängigkeitskrieges die Insel besetzten, waren ihnen schon einige ihrer besten Produkte vorausgeeilt: Eichenholz, künstliches Eis und der Zuchthengst Tea Tray. Aus dem Eichenholz fertigten die Kubaner die Fässer, in denen ihr Zuckerrohrschnaps zum besten Rum der Welt heranreifte, das Eis mischten sie mit einheimischem Rum und servierten Daiquirí. Nur Tea Tray hatte Probleme, er fand zwar einige Stuten, denen er kreolische Nachkommen schenkte, aber die Mission, in welcher der Gewinner des Brighton Handicap von 1889 auf die Insel kam, war einfach zu amerikanisch, um sich kubanisieren zu lassen. Kuba war das Land der Maulpferde. Reinrassige Rennstuten ließen sich da schwer auftreiben. Der *Jockey Club*, in dem sich General Brooke in Havanna entspannte, blieb ebenso verwaist wie die erste Rennbahn im Viertel Buena Vista, mit der sein Nachfolger, General Wood, amerikanisches Freizeitvergnügen zu etablieren versuchte. Die Guajiros schüttelten verwundert den Kopf. Hatten ihnen die Yankees ihre Hahnenwettkämpfe nur deshalb verboten, damit sie zusahen, wie sich schweißtriefende Pferde unter der heißen Sonne im Kreis drehten?

Fünf Pesos Gebühren mussten die Wettkampfteilnehmer zahlen. Fünfzehn Pesos Preisgeld winkten dem Gewinner. Der Pferdesport war pure Liebhaberei einiger spleeniger Amerikaner. Es war abzusehen, wann das *Buena Vista Hippodrom* dem städtischen Jagdclub weichen würde. Im *Club de Cazadores*, dem später auch Hemingway angehörte, übten die Mitglieder Tontaubenschießen auf dem Gelände, auf dem Jahre früher ein paar Rennpferde einsam ihre Runden gedreht hatten.

Ein zweiter Versuch: Die Amerikaner machten gerade wieder von ihrem Interventionsrecht Gebrauch, als 1906 die zweite Rennbahn in Almendares gebaut wurde, die sich zum patriotischen Unternehmen ausweitete, worin die Kubaner ja erwiesenermaßen Spezialisten waren. Es ging darum, die Rennbahn unter kubanische Schirmherrschaft zu stellen. Die Stadt Havanna rief zur Nationalisierung des Reitsports auf und schrieb auch gleich ein dickes Preisgeld in Höhe von fünftausend Pesos für den Gewinner des ersten nationalen Rennens aus. Drei Wettkämpfer nahmen daran teil, mehr einheimische Rennpferde gab es nicht. Aretina kam auf den ersten Platz, den zweiten belegte Ligea, Dritter und Letzter wurde Cuba, dessen Besitzer mit Engelszungen dazu überredet werden musste, sein Pferd überhaupt ins Rennen zu schicken. Hatte seine Stute doch gegen die ersten beiden keine Chance. Sie waren die einzigen reinrassigen Rennpferde auf der Insel. Ihr Besitzer hatte seine Stuten seinerzeit mit Tea Tray gekreuzt. Aretina und Ligea waren die Nachkommen dieser Kreuzung. Hatte nun ein »nationales Produkt« das Preisgeld gewonnen, oder wurde Kuba mal wieder von Amerika ausgetrickst?

Drei Wettkampfteilnehmer genügten nicht, um einen neuen Massensport ins Leben zu rufen. Die fünftausend Pesos waren schnell aufgebraucht, ein neuer patriotischer Köder nicht in Sicht. Denn die Amerikaner zogen von der Insel ab. Ein Kubaner übernahm wieder die Führung im Land: General José Miguel Gómez. Das Hippodrom in Almendares verschwand sang- und klanglos von der Bildfläche, niemand vermisste es.

Dritter Versuch, neuer Schauplatz: In den USA wurden auf Initiative einer Gruppe puritanischer Reformer Wetten gesetzlich verboten, was dem Pferdesport einen harten Schlag versetzte. Ohne die Buchhalter und Wettbüros fehlte den Rennen die Würze und das Kapital. Viele Rennbahnen wurden aufgegeben. Die Abenteurer unter den Geschäftemachern witterten jenseits der Grenzen bisher ungenutzte Chancen, dort, wo der lange Arm des amerikanischen Gesetzes nicht hinkam. Ihr Blick fiel auf Mexiko und Kuba.

Oriental Park hieß das neue Hippodrom, das 1915 in Marianao eingeweiht wurde und mit seinen Vorgängern nichts gemeinsam hatte. Es war ein Wirtschaftsunternehmen, fest in amerikanischer Hand. Die Betreiber des Wettbüros bestimmten die Regeln auf der Rennbahn, amerikanische Pferde siegten, die kubanischen liefen als Schlusslichter mit.

Doch allmählich kamen die einheimischen Besucher des Hippodroms auch sportlich auf den Geschmack. Einige kubanische Reitsport-Anhänger gründeten den *Club Hípico*, wo sich die neue Sportart zu etablieren begann. Es wurden nationale Rennen ausgeschrieben, Rassepferde aus Argentinien und Chile importiert und regelmäßig binationale Wettkämpfe mit Florida veranstaltet. Der neue Sportclub kam bei den Kubanern an. Doch wie alle anderen exklusiven Clubs der Stadt wurde er vor allem als gesellschaftliches Parkett genutzt. Denn eine knappe Flugstunde entfernt lagen die großen Hippodrome in Miami, mit denen der *Oriental Park* nicht konkurrieren konnte. Deshalb stellten die Clubmitglieder nicht allzu hohe Erwartungen an die eigenen Jockeys und Rennpferde – bis Austro auf der Rennbahn erschien und an den amerikanischen Rassepferden vorbei als Erster ins Ziel galoppierte!

Austro – ein nationales Produkt, eine kubanische Kreuzung aus den südlichen Winden und der rebellischen roten Erde der Insel. Der Pferdesport war mit Austro nicht nur in Havanna angekommen, er war bis in die Provinz vorgedrungen. Denn der neue Champion kam aus dem Stall einer Hazienda in Artemisa, dem Heimatort Campoamors, der wie seine Landsleute plötzlich seine Begeisterung für Pferderennen entdeckte und hellwach das Geschehen im *Oriental Park* verfolgte. Er schwärmte beim Anblick des rassigen Pferdes von dessen »elastischen Flanken, den standfesten Beinen und von einem natürlichen Stolz in seiner Gestalt, der seinen Sprüngen eine perfekte Linie verleiht«.

Austro erschien auf der Rennfläche, als der nationale Rennsport zum dritten Mal jämmerlich unterzugehen drohte. Das Pferd war der große Hoffnungsträger. »Der Stolz des kubanischen Reitsports heißt Austro!« Es wurde Zuschauermagnet und Werbeträger des *Oriental Parks*. Austro wurde in Miami gegen Hunderttausend-Dollar-Pferde ins Rennen geschickt und bei Handicap-Wettkämpfen mit siebenundsechzig Kilogramm Gewicht beladen. Südwind Austro sollte die Jahrzehnte der Mittelmäßigkeit aufholen. Das war zu viel auf einmal für ein drei Jahre altes Pferd! »Er hatte Energie, Schwung und Feuer in sich«, schrieb Campoamor und glitt vom sportjournalistischen Stil in den Tonfall kubanischer Heldendichtung über: »Doch mit diesen Eigenschaften, die einen Führer auszeichnen, war ihm das Schicksal der Helden vorgezeichnet. Er war ein Pionier und zahlte den Preis für seinen jugendlichen Übermut mit dem Leben.«

Dem Pferd war in seiner nationalen Mission keine Ruhepause vergönnt. In nur einer Saison gelang es ihm, die Tropeninsel in eine begeisterte Reitsportnation zu verwandeln. Mehr Zeit blieb ihm nicht. Austro starb plötzlich und unerwartet beim Wettkampftraining. Die Nachricht vom Tod des Rennpferds traf den patriotischen Nerv der Nation. »Das war zu viel für sein Herz!«, überschrieben die größten Blätter des Landes sein Ende. Radio und Fernsehen strahlten Spezialsendungen über das kurze, aber sensationelle Leben des Medienlieblings aus. Austro stieg zum »Märtyrerpferd« auf, das für sein Land in den Heldentod gegangen war. »Er rannte wie der Wind, legte Meile um Meile im Galopp zurück, als ob die Würde Kubas auf seinen Hufen lastete. In diesem Rauschzustand rannte er ständig neuen Zielen entgegen. Aber es liegt nun mal in der Natur der Tiere wie auch der Menschen, dass sie einem organischen Rhythmus folgen, den man nicht pausenlos zum Galopp antreiben kann. Die Arterien und das Herz des Pferdes waren noch so frisch, jung, zart und zu unerfahren. Sie vergrößerten sich übermäßig schnell und aggressiv. Als Austro eines Morgens wie an jedem Morgen mit seinem Jockey trainierte, dessen Gewicht er bereits schwer wie Blei zwischen Kreuz und Schultern spüren musste, lief er die letzte Meile seines Lebens. Seine dramatisch und weit geöffneten Nüstern, mit denen er den fehlenden Sauerstoff suchte, und seine welken Augen waren die äußeren Anzeichen seines Todeskampfs. Er starb auf der Rennpiste, die ihm den Ruhm gebracht hatte. Und dort wurde er still und leise begraben.« (*Rotary International,* 1956)

Mit Austros Herztod endete auch das kurze Frühlingserwachen des kubanischen Reitsports. Was danach kam, war nur noch eine schöne Geste: der Blumenkranz, den der Gewinner des nächsten Wettkampfs auf Austros Grab im *Oriental Park* legte, um daran zu erinnern, dass der wahre Champion, auf den bereits alle Wetten abgeschlossen waren, hier unter der Erde lag. Als die Blumen bald darauf verwelkt waren, hatten auch die Angestellten des Hippodroms schon vergessen, wo Austro begraben war.

Das Glück liegt in den Pfoten eines Windhundes

... und nicht in den Beinen eines Pferdes. Zu diesem Schluss schienen zumindest die Kubaner gekommen zu sein. Pferde blieben letztlich Gebrauchstiere, für jeden Zweck gut einzusetzen, in der Landwirtschaft wie im Stadtverkehr. Windhunde hingegen waren edle Zuchttiere, großgezogen für die Jagd und den sportlichen Wettkampf. *Galgo*, Windhund, klingt im Spanischen so ähnlich wie *gallo*, Hahn. Die Windhundrennen sind im aerodynamischen Zeitalter so etwas wie die moderne Variante der alten kreolischen Hahnenkämpfe, die sich auf der Insel volkstümlicher Beliebtheit erfreuten und wahre Wettleidenschaften auslösten. Campoamor schildert, wie die populären Hahnenkämpfe noch im 20. Jahrhundert beileibe nicht nur in den ländlichen Regionen, sondern überall auf den Plätzen und Straßen der kubanischen Hauptstadt ausgetragen wurden. Die lästigen Absperrungen, die Wetteinsätze auf der Straße, das Geschrei der Hähne und der Guajiros, der Zuckerrohrschnaps, der die Runde machte – kurzum, der Müßiggang und das Laster widersprachen zutiefst dem puritanischen Befinden der Nordamerikaner, die in ihrer Besatzungszeit mit dem Verbot der Hahnenkämpfe auf offener Straße missionarischen Zivilisierungseifer bewiesen. Die Säuberungsaktion galt wahrscheinlich auch dem Bemühen, das grassierende Gelbfieber, als dessen Brutstätte Alt-Havanna galt, zu vermeiden. Alles, was nach Bakterien, Ungeziefer, Dreck und Schmutz roch, wurde beseitigt. Vergebens. Ironischerweise war es ein Kubaner, der die wirkliche Ursache der Seuche entdeckte. Dr. Carlos Juan Finley bewies mit seiner Mückentheorie, dass das Gelbfieber nicht durch Dreck, sondern durch eine bestimmte Mückenart übertragen wurde. José Miguel Gómez hob das Hahnenkampfverbot wieder auf.

Das Glück wanderte von den Krallen der Kampfhähne in die Pfoten der Windhunde. Das Spektakel war nicht minder kämpferisch, aber weniger blutig, weil die *galgos* einer Beute nachjagten, die für sie unerreichbar blieb: einem mechanisch in Bewegung gesetzten Plastikkaninchen. Im *Biltmore Kennel Club* brach jeden Abend das Wettfieber aus, bei dem es um alte Emotionen und neue Wetteinsätze ging: »Auf den Programmheften steht in dicken Lettern: ›Es ist verboten, während der Rennen zu fotografieren.‹ Das Blitzlicht kann die Hunde erschrecken und folglich auch die Rennergebnisse beeinflussen.

Sobald sich die Rennboxen geöffnet haben, verfolgen die Augenpaare tausender von Besuchern, die verkrampft ihre zerknitterten Scheine mit den Wettnummern in der Hand halten, gebannt und nervös den Lauf ihres Favoriten auf der Rennpiste. Zehn Rennen werden jeden Abend veranstaltet. Mit derselben Pünktlichkeit, die ihr ganzes Leben bestimmt, starten die acht Windhunde um genau neun Uhr abends ihr erstes Rennen. Bevor man sie in ihre Startboxen einsperrt, werden sie gewogen und den Schiedsrichtern sowie dem Publikum auf den Rängen vorgeführt. Währenddessen werden die Wetteinsätze abgeschlossen, die natürlich umso höher ausfallen, je mehr Rekorde ein Rennhund aufweisen kann.

Das Leben der Champions ist weit vom sprichwörtlichen ›Hundeleben‹ entfernt. Diese reinrassigen Hunde werden wie Menschen behandelt. Von ihrer Gesundheit hängt ein Vermögen ab. Damit aus ihnen Rennhunde werden können, müssen sie die Disziplin eines Sportlers entwickeln.

Bis zu zweitausend Windhunde bilden manche berühmte Züchter jährlich aus. Darunter so sensationelle Exemplare wie den Real Huntman, den der berühmte Züchter Jean Randel für fünfundsiebzigtausend Dollar verkaufen konnte.« (*O Cruzeiro,* 1958)

Randnotizen

Der Allround-Berichterstatter Campoamor mischte in seinen täglichen und wöchentlichen Chroniken aus Havanna Kurioses, Politisches und Soziales. Er brachte gesellschaftliche Notizen in Form von Anekdoten und berichtete im ironischen Tonfall über politische Skandale. Stars und Sensationen interessierten ihn, aber nur, wenn sich daraus eine Geschichte zaubern ließ, die das Leben schrieb. Verblüffende, amüsante, spöttische oder nachdenkliche kleine Streiflichter: Ava Gardner, die von Fidel schwärmt; der Tod des spanischen Rennfahrers, der einer der letzten Hidalgos war; ein Rennpferd, das den patriotischen Nerv Kubas traf.

Aus Campoamors Feder wurden journalistische Seitenblicke zu kubanischen Aphorismen. Und dazu gehört auch der Fall aus den Akten einer Polizeistation in Havanna, in der eine junge Frau eine höchst ungewöhnliche Anzeige erstattete:

»›Und dann hat er meine Tochter als sein eigenes Kind eingetragen.‹ Der Polizist hinter seinem Schreibtisch verstand nicht ganz: ›Moment, fangen wir von vorne an. Sie waren mit Ladislao Garganta Dopico verheiratet, nicht wahr?‹ – ›Das stimmt, Herr Wachtmeister. Er ist der Vater meines Kindes.‹ – ›Gut‹, sagte der Beamte etwas gereizt, ›dann haben Sie Ladislao wegen José Piñol verlassen.‹ – ›Ja, Herr Wachtmeister. Wegen dieses unverschämten Kerls, der jetzt mein Kind im Standesamt auf seinen eigenen Namen eingetragen hat!‹ – ›Wann kam Ihr Kind zur Welt?‹ – ›Im vergangenen Monat‹, antwortete die Frau. – ›Und da lebten Sie schon mit Piñol zusammen?‹ – ›Ja, Herr Wachtmeister. Aber, schauen Sie, als ich Ladislao verließ, war ich bereits schwanger. Piñol nahm mich auf, und als das Kind zur Welt kam, gab er bei der Behörde an, dass es seines sei. Er trug es auf den Namen Nancy ein. Nancy Piñol!‹ – ›Aber, Señora, ich verstehe Sie nicht. Sie haben Ladislao doch wegen Piñol verlassen. Und nun erstatten Sie gegen Letzteren Anzeige?‹ – ›Es ist so, dass ich zu Ladislao zurückgekehrt bin.‹

Die Geschichte ereignete sich wirklich. Regla Miralles Castañeda, zwanzig Jahre, hatte ihren Gatten wegen eines dreißig Jahre älteren, vermögenden Mannes verlassen.

›Schuld daran war unsere elende wirtschaftliche Lage‹, erzählte sie dem Wachtmeister auf der Polizeistation. ›Ladislao verlor seine Arbeit, und deshalb habe ich Piñol geheiratet.‹

Fünf Monate lebte sie bereits mit ihrem zweiten Mann zusammen, als das Kind zur Welt kam. Aus emotionellen Gründen, vielleicht weil in ihm väterliche Gefühle erwacht waren, vielleicht aber auch nur, um die bei weitem jüngere Frau an sich zu binden, trug Piñol das Kind bei der Meldebehörde als sein eigenes ein. Aber Ladislao, der zwischenzeitlich Arbeit gefunden hatte, tauchte wieder auf. Er bat Regla, zu ihm zurückzukehren. Seine Ex-Frau willigte ein und wollte auch ihre Tochter zu ihrem leiblichen Vater zurückbringen. Aber nun machte Piñol seine ›Vater‹-Ansprüche geltend. Juristisch hatte er das Recht dazu, weil Nancy in der Meldebehörde als sein Kind eingetragen war, das er mit Regla in einem außerehelichen Verhältnis gezeugt hatte. Dieser ungewöhnliche Fall verspricht, ein Aufsehen erregender Gerichtsprozess zu werden, da Piñol jetzt zweier Delikte angeklagt wird – der Fälschung von Dokumenten und der Fälschung einer Tochter.« (*El Nacional,* 1957)

Erzählt Fernando Campoamor hier wirklich eine indiskrete Klatschgeschichte, die von purer Sensationslust lebt? Oder hat er nicht vielmehr ein weiteres Mal die bunt und wild blühende Wirklichkeit in der kubanischen Metropole zu einer unterhaltsamen Episode verdichtet, die uns Havanna ein Stück näher bringt?

Es lebe Cinerama!

»Havanna ist die erste und einzige Stadt im karibischen Raum, in der dieses fabelhafte Kinoereignis, das die ganze Filmindustrie revolutioniert, zu sehen sein wird.«

Havanna ist um eine Neuheit reicher. Das Warner-Filmtheater *Radiocentro* lässt sich den Umbau zum Breitwandkino dreihunderttausend Pesos kosten, damit die Habaneros bei den Hauptstädten der Welt mitreden können:

Ab dem 24. Februar diesen Jahres werden die acht magischen Buchstaben, die die Zukunft des Kinos bedeuten, Einzug in Kuba halten. Das Kino der Zukunft wird ein Kino der Sinne sein. Man wird es sehen, hören, fühlen können. Die Ankunft des Cineramas ist weltweit eines der Top-Kinoereignisse: In Paris bilden sich vor den Kinokassen Schlangen, und die Italiener sind in ihrer Begeisterung für das Cinerama dabei, ihre geliebte Oper zu verraten. Selbst die phlegmatischen Engländer drängen sich, um einen Blick auf die Breitwand zu erhaschen. Cinerama ist mehr als eine Show – es ist eine neue Errungenschaft. Und wir gehören zu den Ersten, die sie erleben dürfen! (*Bohemia*, 1958)

Havanna hatte es auch dieses Mal wieder geschafft, schneller zu sein als die anderen. Das Kino sorgte von Anfang an für Schlagzeilen in der kubanischen Hauptstadt. Kaum hatten die Brüder Lumière 1895 im Untergeschoss des Pariser *Gran Café* den verblüfften und zum Teil erschrockenen Zuschauern zum ersten Mal ihre laufenden Bilder vorgeführt, landeten sie auch schon im Gepäck ihres internationalen Repräsentanten Gabriel Veyre auf den Hafenpiers von Havanna. Dieser eröffnete dann das erste Kino der kubanischen Hauptstadt.

Am 24. Januar 1897 – zwei Jahre nach der Pariser Weltpremiere – konnten die Habaneros in einem kleinen Salon auf dem Paseo del Prado Nr. 126 die Erfindung der Brüder Lumière bestaunen. Was mit dem kleinen Vorführsaal des Monsieur Veyre begann, entwickelte sich zum populären Freizeitvergnügen, das den pompösen Theatern der Stadt den Rang ablief. Die Kinos der Stummfilmzeit wetteiferten um die Gunst des Publikums. Sie übertrumpften sich mit Filmpremieren und lockten die Zuschauer in Vorstellungen, in denen erste Synchronisationsversuche unternommen wurden. Hinter der Bühne übernahmen »Tonmannschaften« die Stimmen der Protagonisten auf der Leinwand. Der Effekt war immer äußerst komisch. Denn wenn in den Tonmannschaften Frauenstimmen fehlten, dann sprach einer der Männer einfach höher, um den Part einer Mary Pickford oder Francesca Bertini zu übernehmen. In den ersten zwei Jahrzehnten des Kinos in Havanna überwogen italienische und französische Melodramen.

Der Erste Weltkrieg versetzte der französisch-italienischen Kinoindustrie den Todesstoß. Von da an standen nordamerikanische Produktionen in der Publikumsgunst an der Spitze. Die ersten amerikanischen Filme wurden im *Teatro Campoamor* präsentiert. Ende der Zwanzigerjahre zeigte das Kino *Fausto* den ersten Tonfilm: Emil Jannings als *Patriot*. Von da an war der Siegeszug der Kinoindustrie auf Kuba nicht mehr aufzuhalten. Irgendwann stieg die Zahl der Kinosäle auf über vierhundert an. Eine Premiere jagte die nächste, jeden Monat konnten die Habaneros zwischen fünfzig Uraufführungen wählen.

Die Hauptdarsteller reisten nach Havanna an, um ihre Filme persönlich vorzustellen. Es war bekannt, dass die Kinometropole jedem Leinwandstar einen festlichen Empfang bereitete. Doch selten lief ein Film länger als zwei Wochen. Havanna war eben die Stadt des schnellen Vergessens, der ständigen Neuheiten, dynamisch, aktiv, exaltiert.

Im Jahr 1950 gingen die ersten Fernsehstationen auf Sendung. Wie zwei Jahrzehnte früher die Theater im Wettbewerb mit dem Film um die Gunst der Zuschauer gebangt hatten, musste sich nun die Kinoindustrie etwas einfallen lassen, um nicht vom Fernsehen verdrängt zu werden. Cinerama hieß das Zauberwort der Fünfzigerjahre. Havanna kaufte ihren genussfreudigen Einwohnern auch dieses neue Spielzeug, um sie bei Laune zu halten.

Die Stadt war darum bemüht, nicht den Anschluss zu verlieren. *Novia del mediodía* – die Mittagsfreundin – hieß das erste Autokino. Jeden Monat wurden die Kinobesucher mit Neuproduktionen überhäuft. Aber nur selten bekamen sie kubanische Filme zu sehen. In den zweiundsechzig Jahren zwischen Gabriel Veyres Anfängen und der kubanischen Revolution liefen nicht einmal hundert einheimische Produktionen in den Kinos der Hauptstadt. Es gab kubanische Produktionsfirmen wie Películas Cubanas, S.A. oder die Productora Fílmica Cubana. Fernando Campoamor besuchte die Räume der Cuban Colorfilm Corporation im *Vedado* und schwärmte von der neuesten Technik in riesigen Aufnahmestudios, durch die es nun praktisch möglich gewesen wäre, jeden Film in Kuba herzustellen. Die einheimische Filmproduktion beschränkte sich jedoch weiterhin darauf, in Koproduktionen mit mexikanischen Firmen seichte Unterhaltungskost herzustellen.

Von Dokumentarfilmen sprach niemand. Dabei sah der Anfang gar nicht schlecht aus. Die ersten Kriegsreporter der Filmgeschichte, die mit der Kamera auf der Schulter die Chronik einer Schlacht festhielten, waren die Amerikaner Albert Smith und Jim Blackton. Die Gründer der Vitagraph Filmproduktion filmten die entscheidende Schlacht im spanisch-amerikanischen Krieg vor der Bucht von Santiago de Cuba. Die beiden Dokumentarfilmer begleiteten die Kavallerie der nordamerikanischen Armee in das Kampfgebiet auf dem Hügel von San José. Sie filmten Theodore Roosevelt und seine *Rough Riders* in Aktion: Roosevelt, der einem toten Spanier das noch im Tode fest umklammerte Gewehr entreißt. Aus diesem Material produzierte die Vitagraph Film die erste dreißigminütige Kriegsdokumentation. Die Protagonisten waren nordamerikanische Helden, der Filmschnitt fand in New York statt, wo auch der fertige Film gezeigt wurde, aber das Rohmaterial lieferte Kuba.

Zur selben Zeit drehte ein kubanischer Filmemacher die ersten Dokumentarfilmsequenzen. Der Filmpionier Gabriel Veyre filmte in Havanna Feuerwehrmänner bei ihrer Arbeit. Und das war's auch schon. Jahrzehntelang dachte in Havanna niemand mehr daran, Geld in einen Dokumentarfilm zu investieren.

Als der junge Regisseur Tomás Gutiérrez Alea, der später durch seine Filme *Tod eines Bürokraten* und *Erdbeer und Schokolade* international bekannt werden sollte, Mitte der Fünfzigerjahre seinen ersten Dokumentarfilm ankündigte, war das etwas Besonderes und Ungewöhnliches in der Metropole des durch und durch kommerziell ausgerichteten Kinofilms. Wieder spielte eine Schlacht die Hauptrolle. Die Schlacht von Havanna, 1762, bei der die Insel an die Engländer fiel. Die Zeitungen würdigten das Experiment, mit dem sich Gutiérrez Alea künstlerisch und technisch reizvoll einem wichtigen Kapitel kubanischer Geschichte annäherte. Campoamor schrieb:

»Wir sehen ein kleines cinematografisches Kunstwerk. In einem Film von nur vier Minuten Länge wird ein Ereignis, das für die Geschichte Kubas eine enorme Bedeutung hat, kurz und knapp, aber überzeugend erzählt: Es handelt sich um die Besetzung Havannas durch die Engländer. Dem Regisseur Gutiérrez Alea reichen vier Minuten aus, um uns mittels einiger filmanimierter Stiche aus der Kunstsammlung von González Gordon die historischen Fakten mitzuteilen. *La Habana, 1762* ist der erste künstlerische Dokumentarfilm, der auf Kuba von einem kubanischen Produktionsteam erstellt worden ist.«

Ambitionierte Filme wie *La Habana, 1762* blieben in der Zeit vor der kubanischen Revolution die Ausnahme. Dass solche Ausnahmen in der zweiten Heimat Hollywoods überhaupt möglich waren, lag daran, dass in Havanna der Kunstfilm seit der Ära der Stummfilmzeit durch Einrichtungen wie dem hispanokubanischen Kulturinstitut gefördert wurde. Der Geheimtipp unter den Cineasten war der *Cine Club,* der – wie vieles in Havanna – mehr eine Idee denn eine feste Einrichtung war. Die verschworene, kleine Gruppe Kinoliebhaber glich einem Geheimbund, der sich in ständig wechselnden Sälen zu Kinobesuchen traf, bei denen sich immer erst im letzten Moment herausstellte, welcher Film gezeigt wurde beziehungsweise ob er überhaupt gezeigt werden konnte, oder ob sich der Filmvorführer mit der Filmrolle wieder einmal irgendwo im Labyrinth Havannas verlaufen hatte.

»Durch Zufall«, so Campoamor, »fand ich heraus, dass es in Havanna eine kleine Gesellschaft gibt, die sich *Cine Club* nennt und die aus jungen Cineasten besteht. Und ich war äußerst überrascht, als ich zu hören bekam, dass die Gesellschaft schon seit zwei Jahren in Havanna existiert, aber bisher wegen der ständigen finanziellen Probleme keine Möglichkeiten sah, die Öffentlichkeit auf sich aufmerksam zu machen. Es klingt paradox, aber im filmbegeisterten Havanna sind nur wenige Insider über die Aktivitäten des *Cine Clubs* informiert.« (*El Mundo,* 1949)

Zu den Gründern des *Cine Clubs* gehörte auch Guillermo Cabrera Infante. Die Regisseure des Filmvereins – unter ihnen Tomás Gutiérrez Alea und Enrique Pineda Barnet – wollten in Gemeinschaftsarbeit einen Erzählband des Jungautors verfilmen. Jeder Regisseur sollte sich einer Erzählung von Cabrera Infante annehmen. Das Projekt kam nicht zustande, bot aber den Anlass, Gleichgesinnte zusammenzubringen.

Jedes Jahr wurde in Havanna von der Vereinigung der Theater- und Filmjournalisten eine Liste mit den besten Filmen des Jahres herausgegeben. 1957 wählte die Jury René Clements *Gervaise* mit Maria Schell zum besten Film. Auf den zweiten Platz kam Kurosawas *Sieben Samurai.* Die beste nordamerikanische Produktion des Jahres tauchte erst an vierter Stelle auf.

Das filmische Großereignis der Fünfzigerjahre stellte jedoch alles, was sich in der Branche sonst noch abspielte, in den Schatten. An den

Originalschauplätzen in Cojímar wurde Hemingways Roman *Der alte Mann und das Meer* verfilmt. Über Monate lieferten die Geschichten um Fred Zinnemann, Spencer Tracy und Ernest Hemingway genügend Stoff, um ständig in den Schlagzeilen der kubanischen Zeitungen zu bleiben. Und Campoamor war der Erste, der über dieses große Filmereignis schrieb.

Es war einmal ein alter Mann, der allein fischen ging

»›Sie haben mir dreihunderttausend Dollar für die Verfilmungsrechte von *Der alte Mann und das Meer* geboten.‹ Aufgekratzt und munter strahlt Hemingway in die Kameras. ›Spencer Tracy soll die Hauptrolle spielen.‹

Und tatsächlich trafen sich die beiden Veteranen und traten gemeinsam vor die Kameras, um die Nachricht nochmals zu bestätigen. Schon begann der Oscar-Preisträger mit einer radikalen Hungerkur und täglichen Gymnastikübungen. Er verlor seine überschüssigen Pfunde, aber nicht seine gute Laune, mit der er vor der Presse ankündigte: ›Da Hemingway bisher nicht besonders glücklich über die Verfilmungen seiner Bücher war, wollen wir bei diesem Film keine Kinoadaption des Buches vornehmen. Wir werden es originalgetreu ins Bild übersetzen. Ich für meinen Teil bin darauf vorbereitet, denn ich beschäftige mich seit drei Jahren mit dem Werk und mit der Figur, die ich spielen werde.‹

Fred Zinnemann, der Regisseur so bekannter Streifen wie *Verdammt in alle Ewigkeit,* reiste mit einem Technikerstab nach Cojímar und Boca de Jaruco, um sich die Bedingungen vor Ort anzusehen. Die Nordamerikaner sprechen immer in Zahlen: ›Der Film wird zweieinhalb Millionen Dollar kosten.‹ Und außerdem ließ die Warner Bros. auch verlauten, dass man im Cinemascope-Verfahren drehen werde.« *(Diario Nacional,* 1956)

Von der ersten Einstellung an verfolgen die Lokalreporter kubanischer Tageszeitungen jede Bewegung am Set:

Spencer Tracy wird Anfang April in Havanna erwartet, da die Dreharbeiten in Cojímar Mitte des Monats beginnen werden. Tracys Kollege am Set wird ein kleiner kubanischer Fischerjunge sein, dessen Namen Warner Bros. noch geheim hält. Der Englischunterricht für den kleinen Hauptdarsteller hat bereits begonnen. Der Produktionschef Don Peage von Warner Bros. sagt, Hemingway bestehe darauf, dass ein kubanischer Junge die Rolle übernimmt. Er ist der Ansicht, dass keiner so geeignet für diese Rolle ist wie ein Junge aus Cojímar, dem die Geheimnisse des Meeres vertraut sind. (*El Mundo*, 1956)

In Boca Jaruco versucht gerade ein mittelgroßer, stämmiger, untersetzter Mann, sein fremdes, städtisches und elegantes Aussehen zu verlieren, um sich in einen armen kubanischen Fischer zu verwandeln. Dieser Mann ist Spencer Tracy, der dreißig Pfund abnahm, sich von der Sonne rösten ließ, rudern und Segel setzen lernte, der neuerdings Espadrilles und andere Arme-Leute-Kleidung trägt und es trotz der Ungeduld und Nervosität all derjenigen, die gerade eine Hungerkur durchleiden, geschehen lässt, dass Fred Zinnemann seine übliche Detailversessenheit und Präzision entfaltet, um mit ihm gemeinsam zu bewältigen, was auf den ersten Blick unmöglich erscheint: ein literarisches Meisterwerk in ein filmisches Meisterwerk zu verwandeln. (*Cuarteles*, 1956)

Die Dreharbeiten von *Der alte Mann und das Meer* kommen gut voran. Es ist das erste Mal, dass in Kuba ein Film mit einem Großeinsatz an Instrumenten der mächtigen Hollywood-Kinoindustrie gefilmt wird. Es handelt sich hier nicht um einen weiteren jener in Serie produzierten kommerziellen Filme, sondern um ein ehrgeiziges künstlerisches Experiment. Die besten Spezialisten ihres Fachs versuchen, ein Buch zu verfilmen, dessen Verfilmbarkeit mehr als einmal angezweifelt wurde.
In gewisser Weise wird das der erste innere Monolog der Kinogeschichte sein, gefilmt im Cinemascope-Format. Eine Herausforderung für Regisseur und Hauptdarsteller. (*Diario de la Marina*, 1956)

Laut neuesten Informationen wird der Leinwandstar Spencer Tracy aus dem Projekt aussteigen. Als Grund werden atmosphärische Störungen mit dem Regisseur genannt. Die Figur, die er spielt, entferne sich immer mehr von der ursprünglichen Vorgabe, so Tracy. Er soll durch Edward G. Robinson ersetzt werden. (*Diario de la Marina,* 1956)

Der Nobelpreisträger Ernest Hemingway und der kubanische Sportfischer Elián Argüelles halten sich mit einigen Kameramännern vor der Küste Cabo Blancos in Peru auf, um einen tausend Pfund schweren Marlin vor die Kamera zu bekommen. Die Fische, die vor Cojímar gefangen wurden, waren zu leicht und zu klein, um im Film eingesetzt werden zu können. Mehrere Kameramänner filmen jetzt die Fangversuche der beiden Männer in peruanischen Gewässern. Hemingway und Argüelles haben bereits jeder zwei Schwertfische gefangen.
Die Kamera lief, als Hemingway seinen zweiten Marlin an der Angel hatte. Dieser Fisch war zwar kleiner als der erste Fang. Aber er widersetzte sich stärker und verteidigte mit aller Kraft sein Leben. Deshalb werden wahrscheinlich jene Aufnahmen, die man von seinem Todeskampf machte, auch im Film verwendet werden. (*Diario Nacional,* 1956)

An diesem Wochenende werden auf Kuba die Dreharbeiten von *Der alte Mann und das Meer* enden. Sie dauerten vier Monate und haben eine Million Dollar verschlungen. Spencer Tracy wird am Freitag über New York nach Hollywood fliegen. Das restliche Team zieht auf die Bahamas weiter, wo noch einige Szenen auf dem Meer gedreht werden müssen. In den Warner Bros. Studios in Burbank, California werden die Dreharbeiten mit einigen Close-ups und Innenszenen abgeschlossen.
Mehr als sechzig kubanische Filmtechniker haben bei den Dreharbeiten mitgewirkt. Fünfzig Fischer kamen auf ihren Booten zum Einsatz. Felipe Pazos, ein elfjähriger kubanischer Junge, spielte den kleinen Freund des Fischers und hat damit nach Spencer Tracy die wichtigste Rolle im Film. Der Fischer Santiago Puig, ein Freund Hemingways, war technischer Berater. Für die Szenen auf dem Meer vor der Bucht von Cojímar hatte die Filmkompanie einen Leichter – ein Schiff zum Entladen von Fracht – angemietet.
Regie bei den Dreharbeiten in Kuba führte Fred Zinnemann. Ein anderer Regisseur wird den Film in Hollywood beenden. (Pressemitteilung von Warner Bros.)

Nach den Auseinandersetzungen zwischen Zinnemann und Tracy übernahm John Sturges die Regie. Tracy blieb, Zinnemann musste gehen. Das letzte Wort in jenem Pressewirbel, den die Verfilmung des Hemingway-Romans auf Kuba entfachte, hatte Fernando Campoamor:

»Die Filmpremiere löste in New York die gleiche Polemik aus wie das Buch. Ein Film, der sich auf eine Figur konzentriert, die die ganze Zeit allein in einem Boot auf dem Wasser sitzt, lebt von Details, die zu poetischen Symbolen erhoben werden. Dementsprechend gespalten ist das Echo. Während die einen meinen, dass es der Film verdiene, unter die Klassiker des nordamerikanischen Kinos aufgenommen zu werden, sind die anderen der Ansicht, dass der Film mit Tracy fehlbesetzt war und dramaturgisch weder Höhen noch Tiefen aufweise. Während sich die Gemüter erhitzen und die Geister scheiden, lächelt Hemingway weise. Dank der Polemik bleibt er im Gespräch und wird schon zu Lebzeiten unsterblich.«

Drei Jahre nach Abschluss der Dreharbeiten zu *Der alte Mann und das Meer* wurden dann noch einmal internationale Geschütze in einer Produktionsschlacht aufgefahren. Wieder handelt es sich um die Verfilmung eines literarischen Bestsellers, einer Parodie auf den Spionageroman: Graham Greenes *Unser Mann in Havanna,* verfilmt von Carol Reed.

Greene besuchte Anfang der Fünfzigerjahre zum ersten Mal Kuba und kehrte für die Recherchearbeiten zu seinem Romanprojekt im Lauf der nächsten Jahre mehrmals zurück. »Ich wollte gar nicht über Kuba sprechen«, beantwortet Greene die Frage kubanischer Journalisten, warum er seinen Roman in einer für Kuba politisch dramatischen Zeit in Havanna spielen ließ. »Havanna ist eher zufällig der Ort des Geschehens. Die Geschichte hätte ebenso in einer anderen Stadt oder auch in einem anderen Land spielen können.«

So aber spiegelt das Buch ironisch das Versteckspiel internationaler Geheimdienste vor der politischen Kulisse Havannas wider. Was bei Greene Fiktion und Lokalkolorit ist, wird im echten Havanna von der Wirklichkeit eingeholt. Als *Unser Mann in Havanna* mit Alec Guinness und Maureen O'Hara im Jahr der Revolution am Originalschauplatz verfilmt wurde, hatte sich Fidel Castro an der emsigen Wühlarbeit der internationalen Geheimdienste vorbei zum Staatschef der Karibikinsel aufgeschwungen. Einige der Kabinettstücke, die als Resultat internationaler Katz-und-Maus-Spiele seitdem auf Kuba aufgeführt wurden, sind unglaublicher als jedes Drehbuch, was wohl auch daran liegen mag, dass es die Insel immer wieder geschafft hat, weltpolitisch ihre tatsächlichen Dimensionen zu sprengen.

Nichts als Musik

Film ist ohne Musik nicht vorstellbar. Doch in Havanna war Film oft nur der Vorwand, um in Wirklichkeit Musik zu hören. In den Kinosälen der kubanischen Hauptstadt traf man die Stars und Komponisten der kubanischen Zarzuela wieder. Ernesto Lecuona begann seine Karriere als Klavierspieler in den Stummfilmkinos. Er war noch Kind, als er das melodramatische Geschehen auf der Leinwand musikalisch untermalte. Auch Gonzalo Roig und Ignacio Villa spielten in dunklen Kinosälen. Oft lieferten traditionelle Musikgruppen die Begleitmusik zum Film, und manchmal stahlen sie dem Geschehen auf der Leinwand regelrecht die Show. Wer ins *Esmeralda* ging, interessierte sich nicht so sehr für den Film, der gerade lief, er wollte die gute, alte kubanische Musik hören. In der Stummfilmzeit machten María Teresa Vera, Manuel Corona und Sindo Garay aus den Kinosälen das »Mekka der kubanischen Trova«.

Als die Filme sprechen lernten, wanderten die Musiklieblinge, die bisher die Handlung von der Bühne aus musikalisch begleiteten, direkt ins Geschehen auf die Leinwand ab. Anfang der Dreißigerjahre wurde mit *Maracas y bongo* der erste Musikfilm gedreht. Es folgten *La última melodía, El origen de la Rumba, Ritmo de maracas* – die Titel sind Programm.

Als die Habaneros nicht mehr ins Theater gingen, kam das Theater eben zu den Habaneros und drängte sich in die Kinosäle. *Maria la O* wurde verfilmt. Immer wieder tauchten die Musiker und Orchesterleiter auch im Bild auf, wo sie sich selbst spielten: berühmte Komponisten unvergänglicher Evergreens. Die Lieder, Orchester und Interpreten standen im Mittelpunkt, die Handlung selbst war weitgehend Nebensache.

Musik, nichts als Musik – die Musik lieferte nicht nur im Film den ständigen Soundtrack, auch im richtigen Leben. Wenn Havanna von einer Leidenschaft besessen war, dann von der Suche nach der richtigen Melodie, die den Alltag zum Klingen brachte. Hier schien sich fast jeder zum Musiker berufen zu fühlen. Doch wer wirklich den Schritt vom Musikliebhaber, dem *aficionado*, zum professionellen Musiker wagte, musste neben seinem Instrument auch die Kunst des Überlebens beherrschen. Zugetraut haben es sich viele. Zum Beispiel die Gruppe *Los Hermanos Toll*. Dahinter stecken die Brüder Ulises und José Toll mit ihrer sechsköpfigen Band. Als sie 1952 zu spielen begannen, waren sie sechzehn und achtzehn Jahre alt, hoffnungsvoll und talentiert. »Wir haben landauf, landab auf sämtlichen Festen und Tanzveranstaltungen in der Provinz gespielt und dabei kein noch so abgelegenes Dorf ausgelassen. Trotzdem schafften wir es nicht, von unserer Musik zu leben.« José Toll sitzt in seinem Ein-Zimmer-Häuschen in Caballo Blanco, einem Vorort von Havanna, und stimmt seine Gitarre. Damals waren er und sein Bruder eine von zahlreichen Musikgruppen, die Kubas Hauptstadt bevölkerten. In ihrer Jugend vertrauten sie darauf, irgendwann aus der Schar begnadeter, aber unbekannter Musiker aufzusteigen in ruhmvolle Höhen, wo sie Beny Moré treffen würden oder das *Orquesta Aragón* oder das *Trío Matamoros*. Das waren die Idole in der Musikszene; Musiker, die zunächst denselben mühsamen Weg durch die Provinzen zurückgelegt hatten wie die fabelhaften *Hermanos Toll* und es dann eben doch noch geschafft haben. Aber das Glück zog, trotz kraftraubender Tourneen und ständiger Engagements in anderen Gruppen, an José und seiner Band vorbei. Nach der Revolution löste sich die Gruppe auf. Es gab plötzlich Wichtigeres als Musik. Jeder war mit seinem eigenen Leben beschäftigt. José arbeitete als Schmied, Ulises als Elektriker. Die Gitarre blieb im Schrank, die Notenblätter verschwanden unter Stapeln alter Zeitschriften.

Beinahe vergaßen die Musiker ihren alten Traum, irgendwann von der Musik leben zu können. Aber jetzt wollen es die Brüder auf ihre alten Tage doch noch einmal wissen. Denn das musikalische Pantheon hat einen neuen Helden: Ibrahim Ferrer, dessen weiße Schiebermütze zum Markenzeichen für ein Phänomen geworden ist, das mittlerweile überall auf der Welt für ausverkaufte Konzerthäuser sorgt. Wenn die weltweite Begeisterung für kubanische Melodien einem gänzlich unbekannten Background-Sänger im hohen Alter einen – wenngleich um vierzig Jahre verspäteten – internationalen Erfolg beschert, macht sie das unruhig. Ibrahim war wie sie, er hatte genauso viele oder wenige Chancen. Sie sind eigentlich zu alt, um noch an Wunder zu glauben. Was also war der Trick? Oder war es einfach unglaubliches Glück, das ihn aus dem Schatten der Vergessenheit herausholte? Könnte das Glück dieses Mal nicht auch an ihre Tür klopfen?

José zieht seine Notenblätter unter den eingestaubten Stapeln Altpapier hervor. Von den *Hermanos Toll* sind nur er und sein jüngerer Bruder übrig geblieben. Alle Übrigen sind bereits verstorben oder vor Jahrzehnten nach Miami ausgewandert. Und trotzdem will er ein letztes Mal die Melodien von damals aus dem Gedächtnis kramen und alte Zeiten wieder beleben. Mit seinem Bruder gründet er die neue Band der *Hermanos Toll*, die mehr einer wehmütigen Reise durch die Erinnerung gleicht als einer Hoffnung auf eine viel versprechende Zukunft. José meint, dass das traurige Privileg des Alters wenigstens einen Vorteil hat: »Man hat in seinem alten Männerherzen genügend Lebenserfahrungen gesammelt, die man der Musik mitgeben kann.« Will er doch noch die Welt erobern? »Warum nicht«, lacht er, »immerhin ist auch Ibrahim Ferrer weitaus älter als die kubanische Revolution. Jahrgang 1927.«

Und sollten die Lebenserfahrungen nichts nützen, so gibt es in der späten Neuauflage der alten *Hermanos Toll* auch noch die langgezogenen, traurigen, zitternden Klänge einer Slide-Gitarre. Was im Buena-Vista-Projekt schon einmal verstaubten Liedern zu neuem Erfolg verholfen hat, könnte auch dem Projekt der Gebrüder Toll nützen. Mit der Gitarre in der Hand wartet José auf die neuen Bandmitglieder. Seit drei Monaten üben sie im einzigen Zimmer seines Hauses. Wenn alle acht Musiker da sind, füllen sie den ganzen Raum aus. Im Garten stehen Lautsprecher. Hunde, Hühner, Kinder – das ganze Viertel hört zu, wenn sich die *Nuevos Hermanos Toll* ins Zeug legen. Versagen sie vor dem Testpublikum aus der Nachbarschaft, brauchen sie sich gar nicht erst auf die Straße hinauszuwagen. José Toll ist nervös. Was für die anderen ein angenehmer Zeitvertreib zu sein scheint, nimmt er sehr ernst. »Alle Stücke, die wir heute spielen, habe ich komponiert. Traditionelle kubanische Musik. Bald gehen wir in die Öffentlichkeit. Und dann sehen wir, was passiert. Das letzte Wort hat das kubanische Volk.«

José war schon einmal bereit, so ziemlich alles für seine Musik zu tun. Er gehörte zu den Ein-Mann-Orchestern Havannas, beherrschte jedes Instrument. »Das musste man, um wenigstens ein bisschen zu verdienen. Einmal versuchten wir es auf andere Weise.

Wir kamen auf die Idee, zwei Gruppen zu bilden. Der einen Gruppe gaben wir den Namen *Estrella Musical*, die andere behielt den Namen *Hermanos Toll*. Das eine Orchester trugen wir auf Ulises' Namen ein, das andere auf meinen.

Silvester 1953 setzten wir eine Anzeige in die Zeitung: ›Großes Silvesterfest mit der Gruppe *Estrella Musical*.‹ Und daneben: ›Großes Silvesterfest mit der Gruppe *Hermanos Toll*.‹ In Wirklichkeit handelte es sich natürlich um ein und dieselbe Gruppe. Und tatsächlich schien die Sache zu funktionieren. Wie erhielten für den 31. Dezember zwei Engagements in nahe gelegenen Cabarets. Wir spielten an dem Abend gemeinsam mit anderen Musikgruppen und konnten in den Pausen – wie wir meinten unauffällig – zwischen den beiden Tanzschuppen hin- und herpendeln. Aber schließlich flog unser Trick auf. Während wir in dem einen Lokal sangen, tauchte plötzlich der Direktor des anderen in Polizeibegleitung auf und beschuldigte uns des Betrugs. Mit Engelszungen haben wir auf den wütenden Mann eingeredet. Der Ordnungshüter an seiner Seite sah ziemlich furchteinflößend aus. Dieser Umstand und die Aussicht darauf, eingesperrt zu werden, brachten uns dazu, ihm anzubieten, sechs Monate lang jedes Wochenende in seinem Schuppen aufzutreten. Und so kam es, dass acht professionelle Musiker jeden Freitag, Samstag und Sonntag für dreißig Pesos pro Vorstellung in einer billigen Tanzbar spielten. Man kann sich ja vorstellen, wie viel bei dreißig Pesos für jeden Einzelnen von uns übrig blieb.

Bei einem unserer Auftritte in der *Happy-Ranch-Bar* kam ein Mann auf uns zu, der uns fragte, ob wir uns nicht ein paar Pesos zusätzlich verdienen möchten? Klar, meinten wir, wo sollen wir spielen? Er wollte einem Freund eine Serenade schenken. Also packten wir am Ende unserer Vorstellung Gitarre, Maracas und Tres ein, setzten uns in seinen Wagen und fuhren Richtung Cotorro, nach San Francisco de Paula. Als wir am Ziel angekommen waren, ging der Fremde ins Haus seines Freundes, als ob es sein eigenes wäre. Nur wir blieben ehrfurchtsvoll vor der Gartentür stehen. Auf dem Grundstück liefen einige Hunde frei herum, und ihrem Kläffen und Knurren nach zu urteilen, warteten sie nur darauf, uns in die Waden beißen zu können. Wir huschten wie der Blitz durch den Garten und kletterten schnell auf einen Baum.

Stell dir das mal vor: Wir saßen dort oben auf dem Baum und brachten einem völlig Unbekannten ein kleines Ständchen, während uns unten seine Hunde böse anbellten. In was für eine irrwitzige Lage uns die Aussicht auf fünf Pesos gebracht hatte!

Als wir unsere Gage erhielten, wurde uns verraten, wer der geheimnisvolle Unbekannte war, dem wir im Dunklen vorsangen. Es war kein Geringerer als der berühmte Mr. Hemingway. Aber, ehrlich, damals sagte mir sein Name nicht viel. Für mich ist er bis heute der Mann geblieben, der mich dazu brachte, für fünf Pesos auf einen Baum zu klettern.«

Die *Hermanos Toll* hatten Konkurrenz von zwei Seiten. Zum einen waren da die Kollegen, nicht minder begabt oder ehrgeizig. Zum anderen gab es eine neue Technik, durch die bereits bei den Musikaufnahmen entschieden wurde, welches Lied als Hit behandelt wurde und welches zum Flop verdammt war. High Fidelity hieß das Zauberwort. Ein Stück musste ab jetzt nicht nur *sabor* – die nötige Würze – besitzen, es sollte auch klangrein sein, um beim verwöhnten Publikum Havannas Erfolg zu haben.

Fernando Campoamor, mit seiner typisch kubanischen Begeisterung für alles Neue, schrieb in Havannas Zeitungen ein Lob auf die neue technische Errungenschaft: Wer sich nicht über die neue Hi-Fi-Technik informiere, würde binnen kürzester Zeit zum technologischen Analphabeten. Die moderne Fonografie habe nun endgültig die Zeiten von Edison und Berliner hinter sich gelassen. »Wer jetzt den Anschluss verliert, hat auf dem Musiksektor morgen schon keine Chance mehr«, schrieb der Journalist recht trocken.

Havanna hat natürlich auch hier nicht den Anschluss verpasst. Die Qualität der Aufnahmestudios in der Metropole entsprach nordamerikanischen Standards. Sogar Nat King Cole vertraute seine Stimme kubanischen Tonmeistern an. Mit dem Orchester unter der Leitung von Armando Romeu junior nahm er im Tonstudio der Pan-Art eine Langspielplatte auf. Nat King Cole sang lateinamerikanische Melodien im spanischen Original. Er arbeitete zum ersten Mal in einem Tonstudio außerhalb der Staaten.

Die Mehrzahl der einheimischen Musiker konnte sich Studioaufnahmen in Stereoton-Qualität nicht leisten. Gruppen wie die *Hermanos Toll* waren froh, in einer der populären Radiosendungen spielen zu dürfen. Sie erhielten dafür zwar kein Honorar, konnten aber die Kurzauftritte als Werbung nutzen. Und wäre es ihnen gelungen, nur einmal einen solchen Hit zu landen, wie sie das *Orquesta Aragón* am laufenden Band produzierte, hätten sie sich als Könige des Radios gefühlt. Diese sehnsüchtige Hoffnung legte José Toll in seine Stimme, wenn er vom Son bis zum Bolero alles sang, was seine Landsleute bewegte. Und er schätzte sich schon glücklich, wenn jemand die Lautstärke seines Radios aufdrehte, sobald seine Band zu hören war. Das war ein kleiner Triumph in dieser musikverwöhnten Stadt, in der ein musikalisches Potpourri die natürliche Geräuschkulisse lieferte.

Während die *Hermanos Toll* im orchestralen Alltag der Metropole stets nur im Hintergrund zu hören waren, eroberte das *Orquesta Aragón* die kubanischen Charts: *Sabrosona, El Cuini, Bombón Chá* heißen die Lieder, mit denen Richard Egües, der Querflötist der Gruppe, dem Orchester den Weg zum Erfolg ebnete. Aber wie alle anderen Gruppen hatten auch die Musiker des *Aragón* zunächst eine jahrelange Ochsentour durch die kubanische Provinz zu bewältigen, bevor ihnen der Durchbruch gelang. Zu dieser Zeit nannten sie sich noch *Rítmica Aragón* – nach Orestes Aragón Cantero, dem Gründer der Band.

In Santa Clara stieß Richard Egües zu ihnen. »Aber ich war mir unsicher, ob ich wirklich in die Band einsteigen sollte«, erinnert sich der Komponist der weltberühmten Cha-Cha-Chas. »Ich hatte eine Menge

Engagements in Santa Clara, und außerdem war ich Teilhaber an einem Klaviergeschäft in Cienfuegos. Ich hatte mich sozusagen etabliert. Als ich nun vor der Entscheidung stand, diese kleinen Sicherheiten aufzugeben, dachte ich an die schwierigen Jahre in meinem Leben, die ich gerade hinter mir hatte. Ich arbeitete jahrelang in einer Tabakfabrik. Abends spielte ich in einer Tanzbar, am Wochenende in der Stadtkapelle von Santa Clara. Ich ging um drei Uhr morgens ins Bett und fing um halb acht wieder mit der Arbeit an. Das, was ich als Musiker verdiente, reichte nicht aus, um zu leben.

Als mir Rafael Lay, der neue Leiter des *Orquesta Aragón*, die Stelle des Flötisten anbot, zögerte ich lange. Sollte ich wirklich mein Instrumentengeschäft in Cienfuegos aufgeben, um mich in Havanna als Musiker der beachtlichen Konkurrenz auszuliefern? Allerdings spürte ich, dass das *Aragón* Zukunft versprach. Die Kapelle kam bei den Leuten an. Lay, der Orchesterleiter, setzte meiner Entschlusslosigkeit ein Ende: ›Gut‹, sagte er, ›wenn du nicht nach Havanna kommst, dann kommen wir eben nach Cienfuegos.‹ Ich merkte, dass mir gar keine andere Wahl blieb, und gab nach.

Ich fing früh an, eigene Stücke zu komponieren. Mein erstes Lied war eine komische Nummer: ›*Arcadio come gato y también lechuza y le gusta la nuza con el número cuatro.*‹ *Nuza*, so sagte man in meinem Geburtsort Ranchuelo zu Schnaps. Mein zweites Stück war ein Danzón, den ich der Tochter des Kinobesitzers in Ranchuelo widmete. Aber ich hatte als Musiker noch keinen Anschluss gefunden. Den bekam ich erst später in Santa Clara, wo ich mich einer Band mit dem Namen *Rítmo y Alegría* anschloss. Die Gruppe war gut, aber sie wollte um nichts in der Welt Cha-Cha-Chas spielen, obwohl es klar war, dass sie in Mode kamen. So in etwa standen die Dinge, als ich zum *Orquesta Aragón* wechselte. In Havanna begann unser Stern zu leuchten. Ich ließ mir Cha-Cha-Chas einfallen, und die Band spielte sie. Unser erster Hit hieß *Picando de vicio*. Dann nahmen wir vier Lieder für die RCA Victor auf. Die Musiknummern durften nicht länger als zwei Minuten sein. Denn der Plattenarm der Musikautomaten hob sich nach zwei Minuten.«

Seit 1949 trat das Orchester regelmäßig in Havanna auf. Aber der

Durchbruch gelang erst Mitte der Fünfzigerjahre mit den Live-Aufnahmen in der Radiostation *Radio Progreso*. Den Aragón-Musikern brachte das Radio tatsächlich den Erfolg, von dem die anderen Gruppen träumten.

Nach dem Tod von Rafael Lay übernahm Richard Egües für einige Jahre die Leitung des Orchesters. Dann verließ er die Gruppe und gründete seine eigene Band. In den Neunzigerjahren löste er sie wieder auf. Seitdem arbeitet er allein und gibt Konzerte, vor allem in den USA. Wie seine Kollegen Rubén González und Compay Segundo zeigt auch Richard Egües der Welt, dass kubanische Musik den Geist fit hält: »Ob ich allein oder in Begleitung spiele, macht keinen Unterschied. Die Musik ist in mir«, sagt er selbstbewusst, und um es zu beweisen, setzt er sich in seinem kleinen Wohnzimmer ans Klavier und spielt die Anfangstakte seines Evergreens, das in der Interpretation von Nat King Cole die Welt eroberte: *El Bodeguero*.

»Der Bodeguero, für den ich dieses Lied geschrieben habe, lebt noch. Er ist aus Santa Clara und heißt Carlos Franco. Wir waren gute Freunde. Als ich später in Havanna lebte, besuchte ich ihn, wenn ich nach Santa Clara kam. Irgendwann fragte mich Carlos beiläufig, ob ich ihm nicht einen Song schreiben würde, mit dem er für seine Bodega werben könnte. Wir wechselten dann wieder das Thema und tranken noch einige Gläser Rum, bevor ich nach Havanna zurückfuhr. Zu dieser Zeit trat ich in einem Cabaret in der Galiano-Straße auf, Ecke San José. Ich war dort für Rubén González eingesprungen. Zunächst vergaß ich die Sache mit dem Lied wieder. Doch während meines Engagements freundete ich mich mit dem Besitzer des Cabarets an. Nach der Vorstellung gewöhnten wir uns an, noch ein, zwei Gläser Rum zusammen zu trinken, und das erinnerte mich an Carlos in Santa Clara. Mit dem Glas Rum in der Hand setzte ich mich hin und komponierte das Lied über die Bodega meines Freundes. Nicht in meinen wildesten Träumen hätte ich mir vorgestellt, dass der *Bodeguero* – das Produkt einer Laune – öfter als jedes andere meiner vielen Stücke gespielt würde.«

Son, Son, Sabrosón

Würzig, schmackhaft, gut gesalzen und gepfeffert richtet uns Richard Egües seine Kompositionen an, einfach *sabrosona* – wie von ihm selbst im Titel eines Cha-Cha-Chas angekündigt. *Sabrosona* war auch ein anderer kubanischer Exportschlager, dessen musikalischer Triumphzug Anfang des 20. Jahrhunderts begann und nicht mehr zu stoppen war: der Son.

Dicen que de Cuba bella	Sie sagen, aus dem schönen Kuba
es originario el son	kommt der Son,
tierra de café y tabaco,	Land des Kaffees und des Tabaks,
y tiene sabor a ron	und des Geschmacks nach Rum.
	(Chor:)
Qué ritmo más rico	Welch guten Rhythmus
tiene el son,	hat der Son,
alegre y cubano	fröhlich und kubanisch
pa' bailar.	ist er zum Tanzen gemacht.

Sin clave y bongo no hay son (Orquesta Aragón)

Die Anthologien über die Geschichte des Son füllen Bibliotheken. Alte Aufnahmen der traditionellen Stücke werden entstaubt, neu arrangiert und zu CDs gepresst, die weltweit reißenden Absatz finden. Kubanische Son-Musiker treten in ausverkauften europäischen Konzertsälen auf. Zurückhaltende Mitteleuropäer lassen sich von der lässigen Eleganz verzaubern, mit der die Musik über Generations- und Mentalitätsunterschiede hinwegträgt. »Im Son wirkt Magie. Er transportiert kubanisches Lebensgefühl, weil er mit der Stimme, dem Herzen und der Seele gesungen wird«, sagen die Soneros.

Dicen que la ma' Teodora	Sie sagen, dass Mutter Teodora
fue fundadora del son,	die Begründerin des Son war,
ella es merecedora	ihr haben wir es zu verdanken,
de la vivencia del son.	dass wir den Son erleben.

Sin clave y bongo no hay son (Orquesta Aragón)

Bei der Geburt des Son vor vierhundert Jahren auf der Ostseite der Insel sollen eine gewisse Teodora Ginez aus Baracoa und ihre gewaltige Stimme eine wichtige Rolle gespielt haben. Dreihundert Jahre schlief der Son und ist dann im ersten Jahrzehnt des 20. Jahrhunderts stürmisch wieder erwacht, und seitdem verfolgt er die Kubaner durch ihren Alltag und auf ihren Festen: »Er begleitet uns durch die Stunden, in denen wir uns im Labyrinth der Arbeitswelt bewegen, und er folgt uns in die Ruheoasen unserer Häuser, wenn wir Erholung und Stärkung suchen.«

Fernando Campoamor schrieb eine kleine Hymne an die Musik, die so hybride ist wie das Völker- und Kulturgemisch Kubas:

»Der Son verbindet zwei Kontinente: Afrika und Lateinamerika. Er besteht aus dem Saft der Tamarinde und aus der Essenz der berberischen Dattelpalme. Er trägt das bittere Aroma eines Krokodils in sich und die liebkosende Zärtlichkeit einer Gazelle. Er ist ein Gemisch der Kolonien. Im Son sind weder die Trommeln der Taíno-Indianer noch die Leidenstänze der Ciboney zu spüren. Bananenduft durchzieht scharfen, Schwindel erregenden Nikotingeruch. Die sich schlagartig und heftig kreuzenden Kugeln der Maracas-Rasseln bündeln den kurzen Tonfall unserer kubanischen Folklore. Die hellen Klänge, mit denen die aus dem Stamm des Zedernbaumes geraubten Claves-Instrumente den Raum in musikalische Noten zersprengen, unterteilen die Gedichte der Straßenmusikanten. Der unzähmbare, wilde Schlag der Bongo-Trommel hämmert uns in unermüdlicher Wiederholung die Erinnerung an die Schreie der Sklaven ein. In den Vibrationen der Lederhaut schwingen die Wehklagen über eine jahrhundertelange Gefangenschaft nach.

Die sechs Saiten der Gitarre öffnen müde und gebrochen gespielten Akkorden den Raum, und wenn die Finger der alten Trovadores über sie streifen, entsteht eine Notenlinie, die uns vom Äquator erzählt.

In diesem Fächer aus trockenen Maracas, Tres-Gitarren und Trommeln funkelt die Trompete. Mit ihrem Kupfer feilt sie lauthals lärmend jeden Trommelschlag an.

Aus dem wärmenden Chaos dieser kreolischen Show ging also unser Son hervor. Das Wundmal seiner Geburt machte ihn schmiegsam wie eine Palme und stattete ihn mit dem Gespür für Resonanzen, Mischungen und Revolutionen aus.

Africano apareció	Der Afrikaner erschien
azotado con cadenas	in Ketten,
su fé nunca la perdió.	seinen Glauben hat er trotzdem
	nie verloren.
Sus manos ante la hoguera	Vor dem Lagerfeuer
Se hicieron candela	entflammten seine Hände
ante el tambor.	angesichts der Trommel.

Areito va a sonar (Pete »Conde« Rodriguez)

Wie die Sklaven entledigte sich auch der Son seiner afrikanischen Fesseln und begab sich in die Welt hinaus. Der wilde Rhythmus konnte nicht lange dem Salpeter der Karibik widerstehen, das ihn hingebungsvoll mit dem Wohlklang der Tropen umschmeichelte. Um eine frische, leichte, duftvolle Note bereichert, brach er vor kurzem in Richtung Norden auf.

Er erobert amerikanische Musikbühnen und nächtliche Tanzbars. In seiner Kadenz vereint sich nun nordamerikanischer Whisky mit geschmuggeltem Rum.

Er ist derselbe, der in Monte Carlo widerhallt und den der Prinz von Wales mehr schlecht als recht zu tanzen versucht. Trotzdem erscheint es uns, dass der Son, dem in den Nachtlokalen von Paris applaudiert wird, ein anderer geworden ist. Er tritt glanzvoll auf und ist in Seide gehüllt. Möglicherweise gingen dadurch seine rebellische Kraft und Energie verloren, die ihm bei seiner Geburt in den Sklavenhütten unserer Heimat in die Wiege gelegt wurden.

Unser Son hat sich der Welt dargeboten. Und die Welt folgte zunächst gebannt seiner Feuerrumba. Doch dann dämpfte sie die Trompeten, legte die Maracas an die kurze Leine und gab uns den Son gezähmt und in filmisches Zelluloid verpackt zurück. Er war entzaubert, seiner sinnlich verwirrenden Vibrationen beraubt, aber bereichert um eine Tänzerin, die seine wilde Seele und seine honigsüße Literatur –

alles, was seiner Musik entzogen worden war – durch ihren Hüftschwung, durch die kurvenreichen Linien ihres nackten Oberkörpers und die entfesselten Bewegungen ihrer braunen Arme zum Ausdruck bringen möchte. Aber der Son ist eben nur dann wirklicher Son, wenn er dem Getöse unserer nächtlichen Streifzüge entspringt, und wenn er wie mit Zucker umhüllt gespielt wird; Zucker, an dem der Schweiß der Zuckermühlen klebt.« (*El Mundo*, 1944)

Déjalo que duerma hasta mañana	Lass ihn bis zum Morgengrauen schlafen,
que la campanada le ordenará	der Glockenschlag zwingt ihn schon noch früh genug,
ir al trabajo, *o el látigo fiero le llevará*	zur Arbeit zu gehen, oder die grausame Peitsche wird ihn hintreiben.
y así van los negros *muy temprano pa'l batey.*	Und so gehen die Schwarzen in aller Herrgottsfrüh zur Zuckermühle.

En el ingenio (Los Matamoros)

Afrikanische Sklaven, die in den Zuckerfabriken arbeiteten, waren die Gründerväter des Son. Einmal im Jahr hallten ihre Congas in der ganzen Stadt wider. Am 6. Januar, dem Tag des Dreikönigsfestes, gestatteten ihnen ihre spanischen Herren, ausgiebig zu feiern. An diesem Tag wurde ihnen in den Tavernen Havannas ausnahmsweise Rum ausgeschenkt. Und das Feuer des Zuckerrohrschnapses, das in ihren Eingeweiden brannte, heizte den pochenden, schlagenden, treibenden Schlag ihrer Trommeln an. Die afrikanischen Sklaven versetzten den Son mit einer Prise Rebellion und einem Hauch Religion. Durch diese Zugabe wurde er explosiv und vital. Respektlose »Negermusik« wurde er noch zu Beginn des 20. Jahrhunderts genannt, »Barackenmusik«. Denn der Herzschlag des Son waren die Trommeln, die heiligen, rituellen Trommeln, Iyá, Itótele und Okónkolo, die Rumba- und Congatrommeln, alte Holzkisten, Blecheimer, Fischkisten, alles, worauf sich schlagen ließ und was in der Öffentlichkeit verboten war. Vor allem die verbotenen Trommeln machten den Son zu einer Sache der Schwarzen, die in keinem der exklusiven Clubs gespielt wurde. Erst als sich drei Musiker aus Santiago de Cuba seiner annahmen, wurde der Son salonfähig. Da Santiago eine Stadt ist, die gern feiert und in der jeder mit jedem bekannt ist, war es nur eine Frage der Zeit, bis sich diese drei begnadeten Soneros über den Weg liefen: Miguel Matamoros, Siro Rodríguez und Rafael Cueto. Auf Miguels Geburtstagsfeier war es dann so weit. Die drei sangen zum ersten Mal gemeinsam. In dieser Nacht wurde Kubas berühmteste Son-Gruppe geboren: *Los Matamoros.*

Sie waren wie der Son – Mulatten und Santiagueros. Die Stücke der *Matamoros* erzählten Geschichten aus Santiago. Doch die volkstümliche Seite allein hätte nicht ausgereicht, den Sons der *Matamoros* den Weg in die Salons von Havanna zu ebnen. Ausgerechnet ein Nordamerikaner entdeckte die Gruppe bei einer schlecht besuchten Musikveranstaltung in Santiagos *Teatro Aguilera*. Er lud sie zu Musikaufnahmen in die Studios der RCA Victor nach Philadelphia ein. Die *Matamoros* produzierten ihren ersten Hit: *El que siembra su maíz*, ein Lied, bei dem sich Miguel Matamoros von einer stadtbekannten Figur in Santiago inspirieren ließ: Señor Mayor, den alle nur »Hulle« nannten. Dieser Hulle verkaufte in Santiago Kuchen und bügelte Hemden. Eines Tages verschwand er von der Bildfläche. Keiner wusste, was mit ihm passiert war. Einige behaupteten, er sei im Knast gelandet, andere versicherten, ihn in Guantánamo gesehen zu haben. Miguel machte daraus die Strophe: »Derjenige, der seinen Mais sät, soll auch sein *pinol* essen.« Das heißt: Wer sich die Suppe eingebrockt hat, muss sie auch selbst auslöffeln. *Pinol* ist gerösteter, gemahlener und gezuckerter Mais.

Und so geht der Son:

Hulle, Hulle, ¿dónde está Mayor?	Hulle, Hulle, wo ist Mayor?
¿Dónde está?	Wo ist er?
Ya no anda por las calles	Er geht nicht mehr durch die Straßen,

Ya no pregona en la esquina	er ruft seine *pregones* nicht mehr an der Ecke aus,
Ya no quiere trabajar	er will nicht mehr arbeiten.
	(Chor:)
El que siembra su maiz, *que se coma su pinol.*	Wer seinen Mais sät, soll sein *pinol* essen.

Die *Matamoros* zogen aus ihrem geliebten Santiago, dessen städtischer Tratsch und Klatsch sie bisher mit Stoff für ihre Sons versorgten, nach Havanna. Ein Schritt, der ihnen schwer gefallen sein muss. Denn dort würde kein kleines Mädchen aus der Nachbarschaft seine Mutter fragen: »*Mamá, ¿de dónde serán?*« Und Miguel Matamoros könnte diese Frage nicht in seinem nächsten Stück aufgreifen: *Son de la Loma*. Die *Matamoros* verabschiedeten sich aus ihrer Heimatstadt mit einem Lied, das ihre Busfahrt nach Havanna zum Thema hatte und auf eine santiaguerische Eigenheit jener Tage anspielte: *Regálame el ticket*.

Matamoros' Lied erzählt, wie sich die Zeitungsverkäufer an den Busbahnhöfen darum bemühten, die Fahrscheine der Fahrgäste zu ergattern. Denn sobald die Busreisenden auf ihren Sitzen saßen, brauchten sie ihr Busticket nicht mehr, das erst am Abend des Fahrtages seine Gültigkeit verlor. Und wenn die Zeitungsjungs durch die Busfenster hindurch ihre Zeitungen verkauften, wurden sie mit den noch gültigen Fahrscheinen bezahlt. Das war für beide Seiten ein Geschäft. Denn die Zeitungsjungs bekamen für ihre Zeitungen zwei Pesos, konnten die Fahrscheine aber zu drei Pesos an die wartenden Fahrgäste weiterverkaufen. Und die Käufer sparten wiederum zwei Pesos, da der Schalterpreis der Tickets bei fünf Pesos lag.

Y en la esquina más cercana *oirás gritar los muchachos* *con este gran dicharacho.*	Und an der nächsten Straßenecke hörst du, wie die Zeitungsjungs diesen allseits bekannten Refrain ausrufen.
Regálame el ticket mayor,	Schenken Sie mir das Ticket,

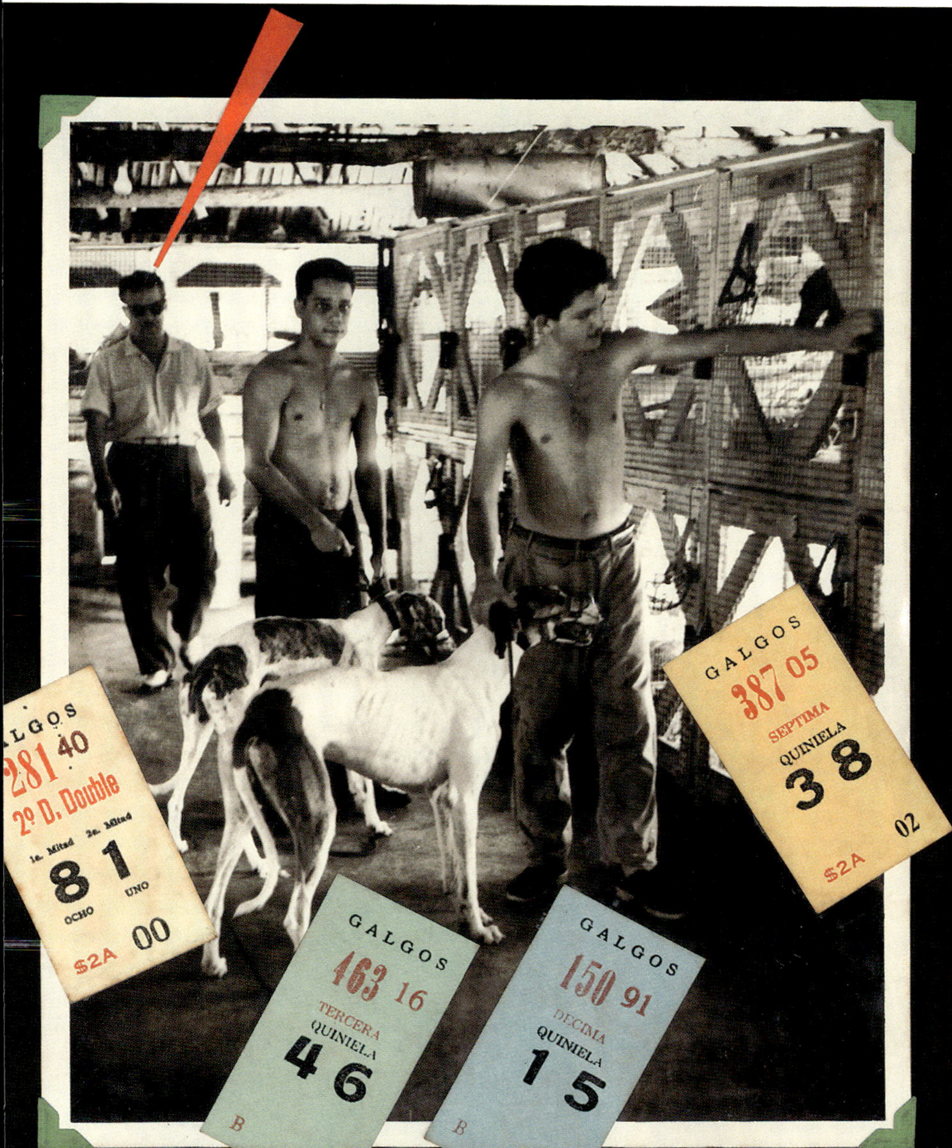

39 Campoamor *(roter Pfeil)* in seinem Element! Die Hunderennen waren neben den Pferderennen in Havanna der letzte Schrei. Pflichtprogramm für den Starreporter, der es sich nicht nehmen ließ, selbst ein paar Pesos auf die Favoriten zu setzen. (Blatt aus Campoamors Erinnerungsalbum)

40 Klassisches Ballett und afrikanische Rhythmen: Ramiro Guerra, der Gründer des Modern Dance auf Kuba, war der Erste, der beides zusammenbrachte!

41 Auf dem Balkon seiner Wohnung – Ramiro Guerra über Havanna: »Täuschend echt! Wie eine Hollywood-Kulisse oder eine alternde Diva, die zu dick aufträgt.« Der gebürtige Habanero formuliert die Kritik an seiner Stadt als Liebesbekenntnis.

42–43 Rita Montaner – la Única, Rita de Cuba, Rita del Mundo. Die einzigartige Rita war Kubas beliebtester Star. Eine unverwüstliche Vollblutschauspielerin. In den Zwanzigerjahren, der Blütezeit des Theaters, stand sie auf allen großen Bühnen der Stadt und sang Zarzuelas. Und als das Kino den Theatern den Rang ablief, war Rita Montaner erneut der Kassenschlager!

44–45 Wenn Havanna von einer Leidenschaft besessen war, dann von der Suche nach der richtigen Melodie, die den Alltag zum Klingen brachte. Hier schien sich fast jeder zum Musiker berufen zu fühlen. Zum Beispiel die Gruppe *Los Hermanos Toll* *(unten)*. In ihrer Jugend vertrauten sie darauf, irgendwann aus der Schar begnadeter, aber unbekannter Musiker in ruhmvolle Höhen aufzusteigen, wo sie Beny Moré *(rechts)*, den Rhythmus-Barbaren, treffen würden. Doch während die *Hermanos Toll* im orchestralen Alltag der Metropole stets nur im Hintergrund zu hören waren, eroberte Beny Moré die kubanischen Charts.

46 Freddy: was für eine Stimme! Die zu früh verstorbene singende Köchin, deren Stern am musikalischen Himmel nur für kurze Zeit hell leuchtete. Guillermo Cabrera Infante verewigte sie in seinem Roman *Drei traurige Tiger* in der Figur der Estrella.

47–49 Götter des Showhimmels. Die Stimme Rolando Laseries *(oben links)* verzauberte Ava Gardner eine lange Nacht hindurch. Marlon Brando *(oben rechts)* setzte sich in Miami in den Flieger, um sich eine Trommel zu kaufen, wo das Herz der Batá schlägt. Der Pianist und Sänger Ignacio Villa *(unten)* machte als *Bola de Nieve* – Schneeball – Karriere; ein Spitzname, den ihm seine Partnerin Rita Montaner verpasst hatte.

50 *(oben)* Das *Orquesta Aragón* ist Havannas berühmteste Musikgruppe. In den Fünfzigerjahren produzierten sie Hits am Fließband, die alle aus der Feder des Flötisten und Komponisten Richard Egües *(in der ersten Reihe sitzend, links)* stammten. Sein bekanntestes Lied *El Bodeguero* verzauberte in der Interpretation von Nat King Cole die Welt.

51 Die Bilder der kubanischen Malerin Amelia Pélaez schöpfen aus dem Universum Havannas. Wie viele ihrer kubanischen Kollegen reiste die Künstlerin nach Paris, um dort die formale Sprache zu finden, in der sich die Farben und Sujets ihrer Heimat auf die Leinwand transformieren ließen.

regálame el ticket.	schenken Sie mir das Ticket.
Que le compro ese ticket señor.	Ich kaufe Ihnen das Ticket ab, mein Herr.
Le cambio ese ticket.	Ich wechsle Ihnen das Ticket.

Jedes Lied der *Matamoros* erzählt seine kleine Geschichte. Und da Miguel über zweihundert Lieder komponierte, sammelten sich eine Menge Anekdoten an. Doch nicht nur mit ihren eigenen Kompositionen lieferten die *Matamoros* den Stoff, aus dem kubanische Mythen entstanden. Die drei großen Soneros entdeckten Anfang der Vierzigerjahre einen Straßenmusiker, der Großmeister des Son werden sollte. Zu jener Zeit zog der Sänger mit der außergewöhnlichen Stimme allerdings noch bettelarm durch die Tavernen Havannas, wo man ihn für seine Darbietungen mit ein paar Gläsern Rum entlohnte. Miguel Matamoros engagierte ihn von der Straße weg. Bei ihrer nächsten Tournee begleitete er sie nach Mexiko, wo die Leute von seiner Stimme ebenso begeistert waren wie die *Matamoros*. So blieb das verkannte Genie zunächst in diesem gastfreundlichen Land, wo er den kubanischen Mambo-König Perez Prado traf, mit ihm mehrere Stücke aufnahm und die Anerkennung erhielt, die ihm seine Heimat bislang verweigert hatte. Die *Matamoros* wünschten ihrem jungen, talentierten Sänger viel Glück und gaben ihm einen guten Rat mit auf den Weg. Er solle seinen Namen ändern, denn »Bartolo« hießen in Mexiko nur die Esel. Der junge Mann nahm sich ihre Worte zu Herzen und gab sich einen neuen Namen: Beny, Beny Moré. *El Bárbaro del Ritmo* sollten ihn später seine Landsleute nennen – der Rhythmus-Barbar. Wie Rita Montaner und Bola de Nieve wurde er zum Inbegriff der *cubanía*, des kubanischen Lebensgefühls.

Der leise Abschied des Danzón

In Beny Morés Stimme entfaltete sich das Selbstbewusstsein einer Musik, die einst in den Sklavenbaracken das Licht der Welt erblickt hatte und nun dabei war, in den exklusiven Tanzsalons der Insel die schüchtern gewordenen Melodien anderer traditioneller Genres zu verdrängen.

Mit dem Son waren plötzlich neue, nicht minder rebellische Töne zu hören: Mambos und Cha-Cha-Chas. Wo früher zu längeren, bedächtigeren Melodien zurückhaltend getanzt wurde, bewegten sich die Paare nun mit gewagten und verruchten Schrittkombinationen über das Parkett. Die jungen Habaneros verabschiedeten sich von den Melodien ihrer Eltern.

Mit den neuen Rhythmen änderten sich auch die Sitten. Und die Älteren schüttelten den Kopf. Der Mambo ist die Degeneration der kubanischen Musik, entrüsteten sich die konservativen Zeitungen. »Er ist der Zeitvertreib einer völlig verrückten Generation. Die Frau verunstaltet sich, sie verliert ihre Weiblichkeit. Sie übernimmt nicht mehr den weiblichen Tanzpart, sondern verwandelt sich in einen erschöpften und ausgemergelten Sportsfreund. Spätestens nach dem fünften Mambo muss auch die süßeste Frau wie ein Sparring-Partner riechen. Der Mambo ist kubanisches Herzjagen.«

Nostalgisch zeichneten die älteren Tänzer das Bild vergangener Tage, als dem Son und seinen wilden Freunden der Eintritt in die Tanzsalons der Stadt noch verboten wurde. Damals war der Danzón in Mode, zu dem man sich bewegte, als ob man auf einem Ziegelstein tanzte, mit kleinen Schrittchen und dezenten Bewegungen von der Hüfte abwärts. Die Tänzer litten in den Zeiten ohne Klimaanlage schweigend in ihren engen Anzügen, sie litten mit trockenem Mund und einem Knoten im Hals. Der schüchterne Tänzer schwieg, er drehte sich, wenn sich die anderen Paare drehten, und kam verlegen auf die Hitze zu sprechen, bevor er wieder in Schweigen verfiel und nach einer weiteren Pause die geniale Idee hatte, die Stille mit einem Gespräch über das Parfüm seiner Tanzpartnerin zu füllen. Bevor der Tanz zu Ende ging, entschuldigte er sich für seine Ungeschicklichkeit – sie widersprach natürlich sofort. Und dann führte er seine Tanzpartnerin in den Kreis ihrer Familie zurück, zückte sein blütenweißes Taschentuch und betupfte sich die Stirn, während die junge Frau ihren Fächer öffnete, um sich in gespielter Erschöpfung frischen Wind zuzufächern. Vor lauter Verlegenheit lud der schüchterne Tänzer die gesamte Familie zu einem Erfrischungsgetränk ein und verabschiedete sich anschließend im Stil der Epoche: »Entschuldigen Sie mich, Señorita …« – »Aber nicht doch … ich habe einen ganz entzückenden Augenblick verbracht.« Der Tänzer verbeugte sich, knöpfte sein Jackett zu, korrigierte den Sitz der Krawatte und entschwand, bevor die nächste Melodie erklang – ein Walzer, Paso doble oder eine Habanera.

Auf den Tanzflächen, so die nostalgischen Tänzer, habe damals noch Anstand und Moral geherrscht. Welche Aufregung, als der erste Foxtrott ertönte. Er löste einen kleinen Aufruhr aus, da er das traditionelle Tanzprogramm durcheinander wirbelte. Er verdrängte den Walzer und die Habanera und bereitete die Beine der Tänzer auf die Ankunft des Son vor. Der leise Abschied des bedächtigen Danzón ging in der atemlosen Folge aus Foxtrotts und Sons völlig unter. Anfang der Fünfzigerjahre fragte die Zeitschrift *Bohemia* ihre Leser, wann sie zum letzten Mal den einstigen kubanischen Nationaltanz gehört hätten? »Um diese Frage zu beantworten, müssen Sie lange nachdenken. Denn weder in den Theatersälen noch bei Wohltätigkeitsbällen oder großen Familienfesten war in den letzten Jahren auch nur ein einziger Danzón zu hören. Die aktuellen Programme bestehen aus Foxtrotts, Mambos, Boleros und sogar Congas. Aber Danzones? Kein einziger!« (*Bohemia,* 1953)

Grund genug für Fernando Campoamor, auf der ersten Seite des *El Nacional* eine kleine Totenmesse zum ehrenden Andenken an den einstigen Nationaltanz der Kubaner zu halten, ein stilles Requiem für den Danzón.

»Der Danzón ist ein Kind des schwarzen Komponisten Miguel Faílde aus Matanzas und erblickte bei der Vorführung von *Las Alturas de Simpson* das Licht der Welt. Der Titel ist der Name eines Stadtviertels von Matanzas, doch uraufgeführt wurde dieser erste Danzón 1879 im gutbürgerlichen kreolischen Salon des städtischen Lyzeums. Der Danzón ist zweifellos ein direkter Abkömmling des Tanzes: *de la danza, danzón*, darüber hinaus verwandt mit der Habanera, nur freier. Er hat sich in seiner Form weiterentwickelt, ohne sich von den klassischen Bewegungen loszusagen: Allegro – Andante – Allegro.

Wir hören den Danzón, und vor unseren Augen zieht eine vergangene Welt herauf. Wir sehen uns selbst in fernen Zeiten, als wir unsere ersten Schritte im Zweivierteltakt übten. Aus weiter Ferne hören wir die Melodie der flinken, akrobatischen Klarinette. Sie leitete die Stücke ein und wurde später durch die Flöte der Charanga ersetzt. Unvermeidlich taucht das Bild *el Cojos* aus der Vergangenheit auf. El Cojo, der selbstbewusste Flötist aus dem Orchester von Yiyo Gómez, der mit seinen Zweiunddreißigstelnoten und seinen Vierundsechzigstelnoten die Guajiro*s* auf ihren fröhlichen Landfesten förmlich hypnotisierte. Nach einer Weile setzte die Violine ein, die einen langsamen, bedächtigen Kontrast aufbaute, eine Art Andante, was wir natürlich sofort ausnutzten, um das Ohr unserer Begleiterin mit kleinen Komplimenten zu besprengen. Und dann wiederholte sich die Einleitung, bis das Kornett einen lauten, lang gezogenen Ton ausstieß. Eine spitze Note, deren filigrane Variationen durch die Posaune unterstützt wurden und in den Claves und Güiros, hohlen Kalebassen-Instrumenten, ihre unglaubliche Ergänzung fanden. Alles zusammen ließ uns vergessen, dass auch der Danzón auf einem Notensystem aufbaut. Wir spürten nur seine Sinnlichkeit. Es waren die Zeiten von Felipe Valdés und Félix Cruz, deren *orquestas típicas* über ein halbes Jahrhundert lang in den Salons der Stadt zum Tanz aufspielten. Sie verschafften dem Danzón gesellschaftliches Ansehen, aber erst in den Händen von Antonio María Romeu stieg er in die musikalische Meisterklasse auf. Er erlebte einen Höhepunkt, der zugleich Abschluss war. Unter den magischen Fingern des Maestro Romeu bündelte der Danzón ein letztes Mal seine Lebenskräfte und bäumte sich zu voller Stärke auf.

Aber Antonio Romeu ist vor kurzem gestorben, und das Gebäude, in dem sich mit dem *Recreo de Medina* der Saal befand, in welchem zwei Generationen die sonntäglichen Tanzmatineen mit Danzones eröffnet haben, wurde abgerissen. So ist meine Kolumne eine Totenmesse für einen Freund, der unbemerkt gestorben ist.« (*El Nacional,* 1956)

Campoamor hat ein ungewöhnlich stilles kubanisches Requiem geschrieben. Melancholisch wendet er sich um und erinnert die älteren Habaneros daran, wie schnell die Jahre vergangen waren und wie sehr sich die Dinge geändert hatten. Als Rückzugsbereich der kubanischen Seele forderte der Danzón ein würdiges Memorial ein. Aber mehr als einen Blick zurück konnte ihm der Chronist des Tagesgeschehens nicht geben, denn: »Romeus Piano mahnt wie ein Verletzter, der verblutend protestiert. Jede Zeit hat ihre Geschichte, und die Musik ist dabei keine Ausnahme. Wenn ich auf meinem täglichen Heimweg von der Arbeit in die Rampa auf der 23. Straße im Vedado einbiege, lande ich in einer Welt der Neonlichter, Ampeln, Fernsehantennen und der dreispurigen Fahrwege. Vor dem Fortschritt der Technik und der Zeit hat nichts Bestand. Es ist völlig sinnlos, mehr als bloße Erinnerungen einzufordern. Das Kuba des Danzón wurde von der Geschichte archiviert, und der Fluss der populären Musik trieb weiter vom Son zum Mambo und dem Cha-Cha-Cha. Das Saxofon gewann die Partie gegen die Flöte, und das Schlaginstrument verdrängte die traditionellen Pailas. Der Fox drängte in die Tanzsalons, und später folgte ihm der Jazz.«

Für einen Peso – filin

Treffpunkt der Jazzer war der *Club 1900* in Havanna. Jeden Sonntag standen die Jazzliebhaber Schlange, um für einen Peso sechs Stunden lang den besten Jazzmusikern bei ihrer Jamsession zuzuhören. Aus Zuhörern wurden im Verlauf der Session Akteure, die klatschend, fingerschnippend und singend die musikalischen Einlagen der Profis begleiteten. Die Jazzer flogen jeden Sonntag aus Miami ein, wo sie während der Woche und am Abend in den Tanzsalons der mondänen Luxushotels spielten.

Ihre Gage bestand aus dem Flugticket Miami – Havanna – Miami und aus dem frenetischen Beifall, mit dem die Habaneros die kunstvollen musikalischen Einlagen zwischen mittäglichem Hinflug und abendlichem Rückflug würdigten. Wenn sie am gleichen Abend wieder in Floridas Strandhotels spielten, hallte ihnen noch der warme karibische Applaus nach, dank dem ihre Musik noch eine ganze Weile über dem harten Boden der Wirklichkeit swingte.

Für Campoamor war Jazz der humanste Exportartikel made in USA. »Kuba absorbiert jede musikalische Nachricht aus dem Ausland. Und der Jazz steckte im Blut der Sklaven, die von den Antillen aus zu den nordamerikanischen Häfen verfrachtet wurden.« In Havanna stieß der

Jazz auf die Trova und den Bolero. Zu dieser Begegnung kam es Mitte der Vierzigerjahre, im Haus von Angel Díaz in der Callejón de Hammel Nr. 1108.

Angel Díaz erbte das Haus von seinem Vater Tirso, einem alten Trova-Musiker, der einmal die Woche seine Musiker- und Sängerfreunde zu Serenadenabenden einzuladen pflegte. Bei diesen musikalischen Soireen wurden außer den Kompositionen des Hausherrn vor allem die Stücke des ersten Trova-Sängers Pepe Sánchez gesungen und die seines Schülers Sindo Garay. Angel Díaz und sein Bruder hörten den alten Herren zu, wenn diese mit ihren brüchigen Stimmen von Leidenschaft und Vergänglichkeit sangen. Die beiden wuchsen in dieser gefühlvollen, intimen Atmosphäre der Trova auf. Angel Díaz erzählt, wie sein Vater um alles in der Welt zu verhindern versuchte, dass seine Söhne ebenfalls als *trovadore* enden. Denn Trova-Sänger waren Straßenmusiker wie Beny Moré. Sie spielten in Bars und Parkanlagen, bei Familienfesten und für Liebespärchen und verdienten, was die Leute zu geben bereit waren. »Mein Vater vergaß, dass er selbst es war, der uns mit der Welt der Trovadore vertraut gemacht hatte. Als ich älter wurde, setzte ich nur fort, was mein Vater begonnen hatte. Ich lernte Sänger wie José Antonio Mendéz, Portillo de la Luz, Omara Portuondo, Elena Burke, Niño Rivera und Ñico Rojas kennen. Wir begannen uns regelmäßig bei mir zu Hause zu treffen und zu singen. Dabei zeigte sich, dass uns zwei musikalische Traditionen beeinflussten. Einerseits die Trova und der einfühlsame kubanische Bolero. Andererseits der Jazz, der die gleiche Sehnsucht in sich trug wie die kubanische Musik. Als wir unsere eigenen Stücke zu spielen begannen, mischten sich darin Trova, Bolero und Jazz. Wir gaben dieser Mischung den Namen *feeling*. Wir hispanisierten das Wort und schrieben es *filin*. Die Lieder entstanden aus dem Moment heraus, sie umschreiben einen Zustand und erzählen Liebesgeschichten. Unsere allabendlichen Treffen gestalteten sich nach einem bestimmten Ritual. Einer von uns stürzte zur Tür rein und rief aufgeregt: ›Hört euch mal an, was mir gestern eingefallen ist!‹ Antonio Méndez sagte eines Tages: ›Das Lied habe ich meiner Freundin geschrieben: *Novia mía*.‹ Und dann kam der Nächste: ›Ich konnte heute Nacht nicht schlafen. Hört euch mal an, was dabei herausgekommen ist: *Noche cubana.*‹ Auch ich hatte mein kleines persönliches Liebesdrama in ein Lied verwandelt: *Rosa mustia.* Das Lied handelte von der unglücklichen Liebe zwischen mir und einer älteren Freundin. Es wurde zu unserer Erkennungsmelodie.

In den Fünfzigerjahren begann man, unsere Stücke auch außerhalb der Wände des Hauses in der Callejón de Hammel zu hören. José Antonio Méndez und César Portillo de la Luz waren die Ersten, die sich für die professionelle Musikerlaufbahn entschieden. José Antonios Stücke wurden von der mexikanischen Sängerin Tonia, la Negra, interpretiert. Sie nahm in Mexiko *La Gloria eres tú* auf und machte das Lied international bekannt. Auch César schaffte mit seinem *Contigo en la distancia* früh den Durchbruch. Bei mir dauerte alles ein bisschen länger. Ich arbeitete in einer Anwaltskanzlei. Eines Tages starrte ich den gewaltigen Berg Unterlagen an, der auf dem Tisch vor mir lag und noch bearbeitet werden musste. In diesem Augenblick wusste ich, dass ich hier nichts verloren hatte. Mein Werkzeug war nicht das Gesetz, sondern die Gitarre. Das war im Jahr 1959. Bei meinen ersten Fernsehauftritten erzählte ich die Geschichte meiner Lieder. Ich verwendete immer wieder das Wort *feeling*, bis sich die Zuschauer fragten: ›Aber wer ist das denn? Und wovon redet er überhaupt?‹«

Für die *Muchachos del filin*, die sich täglich in der Callejón de Hammel trafen, waren die Lieder, zu denen sie sich selbst auf der Gitarre begleiteten, Musik gewordenes Gefühl. Sie drückten Sehnsucht aus, Emotion, Intimität. Es ging um die Liebe, manchmal eine glückliche, meist jedoch eine unglückliche Liebe. Der Kreis um Angel Díaz setzte die Tradition des kubanischen Bolero fort, der melodramatischsten Musik, die Kuba zu bieten hat. Doch die Sänger und Komponisten des *feeling* wichen mit ihrer Stimme und mit ihrer Musik in den stillen Winkel größter Intimität zurück, um dem Gefühl möglichst viel Raum einzuräumen, während der Bolero keine Hemmungen kennt, die emotionale Sprache mit üppig barockem Pathos vorzutragen.

Die Sängerin Freddy García verkörperte in den Fünfzigerjahren diese Seite des kubanischen Sentiments: eine dicke Köchin, die für eine Saison zum Star am Bolero-Himmel aufstieg. Fernando Campoamor hat sie für die Leser von *O Cruzeiro* entdeckt:

Freddy – eine dreihundert Pfund schwere Stimme

»Als Freddys Star-Auftritt in der Show des Hotels *Capri* angekündigt wird, richten sich die Scheinwerfer auf die mächtige Silhouette der Sängerin. Und nachdem eine Stunde später ihr letztes Lied verklungen ist und der Saal allmählich aus dem Halbdunkel erwacht, bleiben die Lichtkegel auf der riesigen Lampe in der Saalmitte haften, wo sich ihr Licht tausendfach in den Kristallen des Lüsters widerspiegelt, der über dem Kopf der Sängerin wie das Symbol ihres Triumphes schwebt.

Freddy erzählt von ihrer bescheidenen Kindheit auf einer Zuckerfinca in der Provinz Camagüey, wo sie mit dem beißenden Rauch grünen Holzes aufwuchs, weil ihre Familie zu arm war, Kohle zu kaufen. Aber der Wille, aus dieser Lage herauszukommen, kräftigte eine Stimme, die das Feuer unter dem Wasserkessel zum Entzünden brachte.

Freddy ging nach Havanna und erhielt eine Stelle als Köchin im Privathaushalt des bekannten Profi-Baseballspielers Arturo Bengochea. Von nun an hatte sie es mit einem elektrischen Ofen zu tun, mit Schnellkochtöpfen, mit Entsaftergeräten und dutzenden moderner Apparate. Sie war für eine Vorratskammer und einen gewaltigen Kühlschrank verantwortlich, in dem sie all die Nahrungsmittel verstaute, die aus Kochen eine Kunst machen. Freddy kam mit einer Gabe zur Welt: Sie konnte gut kochen. Der kulinarische Erfolg, den sie mit ihren fein zubereiteten Speisen erntete, stimulierte sie dazu, bei ihrer Arbeit zu singen. Außer einem ausgeprägten Geschmackssinn entwickelte sie ein außergewöhnliches Gespür für Harmonie. Auch wenn sie begeistert ihrer neuen Leidenschaft frönte, vergaß sie nie den Satz, den ihr die Großmutter mit auf den Weg gab: ›Werde Köchin, bloß nicht Nonne!‹

Vor nicht allzu langer Zeit – ihr Ruhm ist noch ganz frisch – schloss sich die unbekannte Sängerin den Künstlern an, die ihr Können in ungezwungener Form an den Tischen der Celeste-Bar vortrugen. Ihre Stimme war tief, rund und mächtig. Sie war eine außergewöhnliche Entdeckung. Von den Tischen der Bohème gelangte sie direkt und ohne Umwege auf die Bühne in einem der luxuriösen Säle der Stadt.

Der Sprung in die erste Riege gelang mit der Unterstützung eines Bewunderers, der aus eigener Tasche die Saalmiete vorauszahlte, weil der Vermieter nicht an Wunder glaubte. Aber das Wunder geschah: Havanna liegt ihr jede Nacht zu Füßen.«

Trotzdem schien die extravagante Erscheinung einer dicken, singenden Köchin in Havannas Musikszene nur eine Laune der kapriziösen Hauptstadt gewesen zu sein. Freddys Stern erlosch, wie er zu glühen begann – über Nacht.

Sie wagte den Sprung ins Ausland. Und vielleicht hätte ihr Mexiko genauso viel Glück gebracht wie Beny Moré, Rosita Fornés oder José Antonio Méndez, wenn ihr massiger Körper nicht das Herz überlastet hätte. Freddy starb, der Ruhm war zu kurz, als dass sich nach fünfzig Jahren in Havanna noch jemand an sie erinnern könnte. Nur Cabrera Infante scheint das gewaltige Stimm- und Körpervolumen so beeindruckt zu haben, dass er dem Star des *Capri* ein literarisches Denkmal gesetzt hat. Bei der Ausarbeitung der Bolero-Sängerin im Roman *Drei traurige Tiger* dachte er an die singende Köchin aus Camagüey:

Und ohne Musik, ich meine, ohne Band, ohne Begleitung begann sie, ein unbekanntes, neues Lied zu singen, das aus ihrer Brust, aus ihren riesigen Eutern, aus ihrer Walzenwampe emporstieg, und nur einen kurzen Augenblick dachte ich an die Geschichte vom Wal, der in der Oper sang, denn sie legte mehr in das Lied als das falsche, zuckersüße, sentimentale, geheuchelte Gefühl, nichts von diesem dümmlichen Schmalz, von diesem kommerziell fabrizierten *feeling*, sondern wirkliches Gefühl, und ihre Stimme klang sanft, schmelzend, flüssig, leicht ölig jetzt, eine kolloidale Stimme, die wie das Plasma ihrer Stimme ihrem ganzen Körper entströmte …

Cabrera Infantes Star braucht keine Musik zum Singen, weil sie sie selbst im Blut hat. Mehr als das – sie *weigert* sich, zur Musik zu singen wie die Bolero-Sängerin aus dem echten Leben, die ebenfalls ihre Probleme mit der instrumentalen Begleitung hatte. Bei den Proben im Studio von CMQ für die populäre Sendung *Jueves de Partagás* – die Donnerstage von Partagás –, in der auch Maurice Chevalier seinen Auftritt hatte, hörte Freddy mitten im Stück auf zu singen. González Mántici, der Dirigent, fragte sie überrascht, ob es ein Problem gebe. Und Freddy, die singende Köchin, antwortete ihm geradeheraus: »Das Orchester klingt nicht gut.« Während es im Orchester zu raunen begann und einige der fünfundzwanzig Musiker die Köpfe schüttelten und meinten, dass es sich wohl um eine Verrückte handele, lächelte der Orchesterleiter und wandte sich an den Mann am Schlagzeug: »Sehen Sie! Ich hab Ihnen doch schon gesagt, dass Sie nicht im Takt bleiben.« Freddy ließ sich nicht von den Profis einschüchtern, sie schwieg stur, sobald die Musik außer Takt geriet. Freddy heißt bei Cabrera Infante La Estrella:

… kaum hat La Estrella Franemilio gesehen, macht sie einen Satz rückwärts und wirft mir ihre in Alkohol eingelegten Lieblingswörter an den Kopf: Verdammt, du hast mich beschissen, du Scheißkerl, und ich verstand überhaupt nicht, was los war, und sagte, warum, und sie sagte, weil Fran da ist, und der ist bestimmt zum Klavierspielen gekommen, und mit Musik sing ich nicht, haste kapiert, da sing ich einfach nicht, und Franemilio hörte sie, und bevor ich etwas sagen oder bei mir denken konnte (…), sagte er mit seiner sanften Stimme: Komm rein, Estrella, hier bringst *du* die Musik mit, und sie lächelte und bat um Aufmerksamkeit und sagte, es solle jemand den Plattenspieler abstellen …

Klassiker in Havanna

»Um sieben Uhr morgens weckt Sie auf der Frequenz 920 Kilohertz das Symphonieorchester der NBC mit einer unübertrefflichen Interpretation von Ignacio Cervantes' *Tanz Nr. 2.* Sobald der letzte Ton verklungen ist, werden Sie wie immer am Morgen mit kubanischen Früchten aus der Welt der Klassik frühstücken können. So beginnt der Tag bei der CMBF, der musikalischen Radiowelle des Senders CMQ.« (*El Nacional,* 1956)

Der Klassik-Radiosender ging seit dem Jahr 1948 mit täglich fünfzig Programmen auf Sendung. Havanna war die Klassikmetropole Lateinamerikas. Seit 1919 kehrte Arthur Rubinstein jedes Jahr wieder, um seine Konzerte zu geben. Andrés Segovia und Pablo Casals spielten im ehemaligen Nationaltheater.

Die Oberschicht der reichen Zuckermetropole konnte es sich leisten, die berühmtesten Stimmen des Belcanto auf ihre Insel zu holen. Aber sie war auch ehrgeizig genug, eigenen Nachwuchs aufzubauen. Zur Jahrhundertwende unterstützte sie die Gründung von Konservatorien, Musikschulen und Musikgesellschaften. Zur gleichen Zeit wurde endlich die Verwendung von afrikanischen Trommeln bei öffentlichen Konzerten genehmigt. Damit war der Weg frei für eine neue Generation kubanischer Musiker. Rodrigo Prats, Gonzalo Roig und Ernesto Lecuona schrieben unzählig viele romantisch angehauchte Lieder, die Alejo Carpentier einmal als »halbpopuläre« Musik bezeichnete. Die Namen der kubanischen Komponisten, zu denen auch Jorge Anckermann und Amadeo Roldán hinzuzufügen wären, stehen für das Genre der kubanischen Zarzuela. In Titeln wie *Amalia Batista, Maria la O, Cecilia Valdés* oder *El Cafetal* klingt durch, was künstlerisch erarbeitet wurde – eine musikalische Annäherung an die kubanische Identität. Aber klarer noch als die Zarzuela zeigen die Tänze der Komponisten, wohin sich die kubanische Salonmusik im frühen 20. Jahrhundert entwickelte. In Stücken wie *Danza Lucumí* oder *El Mambí* schlägt in romantischen Partituren eine afrokubanische Seele.

Die Gesellschaft *Pro Arte Musical* stellte den kubanischen Komponisten ein neues Bühnenhaus zur Verfügung, das mit Mitgliedsbeiträgen erbaut worden war: das *Auditorium*, das heutige *Teatro Amadeo Roldán*. Im *Auditorium* fand das Philharmonische Orchester sein Stammhaus. Chefdirigent der Philharmonie wurde Erich Kleiber, der ehemalige Generalmusikdirektor der Berliner Staatsoper Unter den Linden. 1934 verließ der erbitterte Nazi-Gegner Deutschland, nachdem ihm untersagt wurde, Alban Bergs Oper *Lulu* zur Uraufführung zu bringen. Neun Jahre früher hatte er bereits Bergs *Wozzeck* an der Berliner Oper herausgebracht und neben Kompositionen von Mendelssohn ins feste Repertoire aufgenommen, das er weiter spielen ließ, nachdem es Goebbels längst verboten hatte. Nach einer Odyssee durch Europa, mit Gastorchesterleitungen in Amsterdam, Mailand und Moskau, landete er 1937 schließlich in Südamerika. Am *Teatro Colón* in Buenos Aires leitete er bis 1949 die Aufführungen deutscher Opern, nahm dazwischen einige Gastdirigate an, unter anderem eines in Havanna. Als Chef des Philharmonischen Orchesters hat Kleiber achtzig Konzerte dirigiert. Er lud Yehudi Menuhin ein und förderte einheimische Talente. Der Dirigent führte ein Hoteldasein, er wusste, dass er nicht allzu lange bleiben würde. Vom Hotel *Presidente* im Stadtteil Vedado bis zu seinem Arbeitsplatz im Orchestergraben des Auditoriums hatte er nur ein paar hundert Meter weit zu gehen. Und als er die Inselmetropole 1947 nach drei Jahren verließ, musste er nur wenige Koffer packen.

Erich Kleiber kehrte später noch einmal nach Kuba zurück. 1954 dirigierte er in Havanna fünf Konzerte – Werke von Beethoven, Tschaikowsky, Dvořák, Schubert und Strauß –, bevor er in Berlin wieder die Direktion an der Ostberliner Oper übernahm, die er 1934 aufgeben musste. Sein Aufenthalt dort sollte sich jedoch noch kürzer als der in Havanna erweisen. Bereits im nächsten Jahr löste er endgültig die Bindung an die Staatsoper. Als Begründung nannte er seine Empörung darüber, dass sich die Politik und Propaganda wieder in künstlerische Belange einmischten. In dem neu aufgebauten Gebäude sollte die Inschrift »Fridericus Rex Apollini et Musis« – Friedrich, König der schönen Künste – entfernt werden. Kleiber ging. Ein Jahr später starb er.

Fernando Campoamor bat seinen Kollegen Alejo Carpentier, in seiner Kolumne im *El Nacional* einen Nachruf auf den Dirigenten zu schreiben, da ihn der Schriftsteller persönlich gekannt hatte. Carpentier kam dieser Bitte gerne nach, denn Kleiber hatte sich, wenn er das Werk eines kubanischen Nachwuchskomponisten aufführte, immer so »liebevoll und ernsthaft mit dessen Partitur auseinandergesetzt, als ob es eine neue Schöpfung Strawinskys wäre«. Zur Zusammenarbeit mit dem Philharmonischen Orchester bemerkte Kleiber, dass es immer als Zeichen der Reife eines Orchesters gedeutet werden könne, wenn es diesem gelinge, die Partitur von Strawinskys *Le Sacre du Printemps* fehlerfrei zu spielen: »Und hier konnten wir sie in Kürze dem Publikum präsentieren.« Einmal fragte Kleiber Carpentier: »Wissen Sie, wie oft ich die *Neunte Symphonie* dirigiert habe? Hundertachtundneunzig Mal, aber ich glaube, dass ich sie erst seit wenigen Jahren wirklich gut dirigiere. Zuvor war ich zu sehr in die Partitur verliebt, als dass ich sie hätte beherrschen können. Jetzt behalte ich einen klaren Kopf und kühles Blut, ich kann sie ›objektiv‹ dirigieren. Das ist das Geheimnis der Kunst eines Dirigenten.«

Ein anderes Mal erzählte Kleiber von seiner ersten Begegnung mit dem Komponisten Alban Berg: »Ich war gerade zum Musikdirektor der Berliner Oper ernannt worden, als mich ein Bekannter im Büro aufsuchte. Er warnte mich davor, dass mich ein gewisser Alban Berg ansprechen werde. – ›Und wer, bitteschön, ist Alban Berg?‹, fragte ich. – ›Ein Verrückter! Er macht Musik, die keiner versteht. Seit Monaten zieht er mit seiner Partitur unter dem Arm durch die Stadt und belästigt jeden damit.‹

Das reichte aus, um mich neugierig zu machen. Als ich ihn ins Zimmer kommen sah, mit seinem abwesenden Blick, mit seinen Augen, die etwas zu betrachten schienen, das jenseits der Realität lag, da war er mir auf Anhieb sympathisch. Er brachte seine Partitur mit, wie mir angekündigt worden war. Es war der *Wozzeck*. Ich brauchte nur wenige Seiten lesen, um zu wissen, dass mich das Werk interessierte. Ich bat darum, mir die Partitur ausleihen zu dürfen. Nach zwei Tagen gab ich Alban Berg Bescheid, dass ich fest entschlossen war, sein Werk zur Aufführung zu bringen.«

Während seines Aufenthalts in Havanna besuchte Kleiber regelmäßig die Konzerte der einheimischen Nachwuchskomponisten. Einmal fragte er eine Gruppe junger Musiker, was der Grund dafür wäre, dass ihre Werke so offensichtliche stilistische Gemeinsamkeiten aufwiesen. Sie antworteten ihm, dass sie die kubanische Musik von den Übeln befreien wollten, die der Romantizismus hinterlassen hätte.

Kleiber blickte die jungen Komponisten erstaunt an. »Warum«, so zitiert Carpentier den Dirigenten, »möchten Sie ein Erbe ablehnen, das Ihnen aufgrund unvermeidlicher Gesetzmäßigkeit zufällt? Die zeitgenössische Musik geht aus der Vereinigung der Klassik mit der Romantik hervor. Warum wollen Sie diese Frucht der Liebe durch einen Homunkulus ersetzen, der im Labor irgendeines neoklassizistischen Fausts geboren wurde? Gott sei Dank sind Sie noch jung. Ihnen bleibt genügend Zeit, sich von dem musikalischen Snobismus, der Sie befallen hat, zu befreien.«

Den Romantizismus-Vorwurf bekam auch der kubanische Komponist Ernesto Lecuona von der jüngeren Generation zu hören. Seine Musik sei rückständig und dem 19. Jahrhundert verhaftet, warfen ihm seine Kritiker vor. Der kubanische Pianist Huberal Herrera, der einen großen Teil seines künstlerischen Schaffens dem musikalischen Vermächtnis Lecuonas widmet, verteidigt den Maestro. Die musikalische Umgebung, in der Lecuona aufwuchs, sei nun mal von der Romantik durchdrungen gewesen. »Chopin, Liszt und Tschaikowsky sind Lecuonas Musik näher als Ravel und Debussy.«

Den besten Lecuona-Interpreten Kubas plagt ein anderes Problem. »Ernesto Lecuona hat viele seiner Stücke gespielt und aufgenommen, ohne sie niederzuschreiben. Ein Teil seiner Kompositionen droht deshalb der Nachwelt verloren zu gehen. Ich versuche, jene frühen Aufnahmen des Meisters, von denen es keine Partituren gibt, ausfindig zu machen und sie auf Papier zu übertragen. Die Plattenaufnahmen sind zum Teil verschollen. Glücklicherweise habe ich sie Lecuona persönlich spielen hören. Und deshalb weiß ich, dass es sie gibt. Ich schreibe auf, wozu Lecuona in der Fülle seiner kreativen Kraft nicht die Zeit fand. Ich versuche, die Lieder im Geist ihres Schöpfers für das heutige Publikum zu interpretieren.«

Der Boom, den Kubas populäre Musik erlebt, hat seine Kehrseite. Vermarktet wird nur, was im Ausland Absatz findet. Kubanische Klassik gehört nicht zu den Exportschlagern und landet folglich auch kaum in den Regalen der Plattengeschäfte. Der kubanische Pianist Huberal Herrera hat trotzdem vor kurzem eine Anthologie der Tänze von Ernesto Lecuona aufnehmen können – allerdings nicht in den Tonstudios der staatlichen kubanischen Plattenfirma Egrem, sondern im Tonstudio einer spanischen Plattenfirma in Madrid.

Kubanische Spitzenschuhe

In der Gesellschaft *Pro Arte Musical*, die von den Damen der Oberschicht gegründet wurde, versammelte sich in den Jahrzehnten vor der Revolution Havannas Konzertelite. *Pro Arte Musical* präsentierte, was in der nationalen und internationalen Klassikszene Rang und Namen hatte. Die Gesellschaft wurde in wenigen Jahren zur festen Institution in der Kulturlandschaft der kubanischen Hauptstadt. Aber auch sie spürte die Folgen der Wirtschaftskrise, die Anfang der Dreißigerjahre unter Machado einsetzte. Ihre Mitglieder stammten hauptsächlich aus der gebildeten Mittelschicht. Ihnen fiel es zunehmend schwerer, die monatlichen Beiträge aufzubringen. *Pro Arte* musste sich etwas einfallen lassen, um die Beitragszahler trotz der finanziellen Nöte zu halten. Der Verein musste sein kulturelles Angebot um eine extravagante Attraktion erweitern. Eine der Gründerinnen hatte den zündenden Einfall: »Warum bieten wir nicht Ballettstunden an?« Heute klingt dieser Satz wenig skandalös. In aller Welt gibt es Ballettschulen mit begabten Tänzern und Tänzerinnen. Damals war es anders. Man konnte sich nicht vorstellen, dass ein Fräulein aus gutem Hause, ein wohl behütetes Mädchen aus einer der vornehmen Familien Havannas, tatsächlich von dem Wunsch beseelt sein könnte, Tänzerin oder Schauspielerin zu werden. Man brachte auch kein Verständnis dafür auf, dass sie ihre Zeit damit verbringen wollte, Schauspiel- oder Ballettunterricht zu nehmen. Deshalb war das Angebot von *Pro Arte Musical* gewagt. Zwar trat die Pavlova bereits 1918 im Nationaltheater auf und zeigte ihren sterbenden Schwan. *Pro Arte Musical* präsentierte auch Isadora Duncan, die amerikanische Tänzerin, die ebenso spektakulär starb, wie sie tanzte: Sie wurde durch ihren langen Seidenschal erdrosselt, der sich bei der Fahrt im offenen Cabriolet in den Radspeichen verheddert hatte.

Wen immer *Pro Arte* bisher präsentiert hatte, letztlich handelte es sich doch um die Darbietungen von Künstlern, die zwar bewundert wurden – aber eben nur aus der Ferne. Privat hatte man nichts mit ihnen zu tun. Zwar existierte in Havanna schon einmal eine kleine private Ballettschule, die aber bald wieder geschlossen werden musste, weil sie keine Schüler hatte. Ballett war in den Zwanzigerjahren immer noch etwas Gefährliches, Gewagtes, Verwegenes. Und bevor man der Idee, eine Ballettschule zu gründen, zustimmen konnte, musste der Vereinsvorstand lang und breit darüber diskutieren, ob es die Angehörigen von Havannas Bildungsschicht tatsächlich begrüßen würden, wenn *Pro Arte Musical* ihre Töchter dazu verführte, die Laufbahn einer

Tänzerin einzuschlagen. Sollte man Ballett wirklich salonfähig machen? Doch nichts auf der Welt ist so mächtig wie eine Idee, deren Zeit reif geworden ist. Ende 1931 lud das Ballett von *Pro Arte* zu seiner ersten Vorstellung ein.

Auch der junge Fernando Campoamor sparte nicht mit Beifall, als der klassische Tanz auf Kuba mit der Aufführung von Mendelssohns *Walpurgisnacht* seine Geburtsstunde erlebte. Was den Tänzern an Technik fehlte, glichen sie durch ungezwungene Improvisation aus. Der Applaus war ihnen sicher. Denn die Zuschauer blickten großzügig über alle Fehler und Mängel hinweg, wohnten sie doch der Premiere einer weiteren Extravaganz ihrer Hauptstadt bei.

Eine Schule braucht einen Lehrer. Und Havannas erste große Ballettschule fand ihn in dem russischen Tänzer Nicolai Jaworskij, einem »Korsar auf der Flucht vor der bolschewikischen Revolution« – wie er sich selbst beschrieb.

Der Sohn einer vornehmen Moskauer Familie hatte in Moskau Ballett studiert, tanzte in der Russischen Oper und sang dort auch im Chor, bevor er zum unsteten Wanderer wurde. Als Tänzer schlug er sich zunächst in Europa durch, bevor er nach Südamerika auswanderte und auf Kuba landete, wo er für immer bleiben sollte. Als sich sein Ensemble auflöste, befand er sich in der Situation des klassischen Einwanderers. Er nahm jede Arbeit an, um zu überleben. Er verkaufte im *Teatro Payret* Karamelbonbons und tingelte mit dem Zirkus durch die kubanische Provinz, bis sich das Blatt doch noch einmal wendete und er den Posten des ersten Direktors der Ballettschule von *Pro Arte* angeboten bekam.

Im Juni 1930 begann er mit seinem ersten Kurs, und im darauf folgenden Jahr stand bereits Tschaikowskys *Dornröschen*, angelehnt an die erprobte Choreografie des kaiserlichen russischen Balletts, auf dem Programm.

Nicolai Jaworskij war ein Abenteurer und Pionier. Er regierte seine kleine Schule mit eiserner Hand und kritisierte seine Schüler unbarmherzig. Wenn er mit seinem spanischen Wortschatz nicht mehr weiterkam, schleuderte er ihnen seine Flüche auf Russisch entgegen. Aber er war auch ein großer Lehrer. Und wenn er während der Stunde hartherzig erschien, lud er seine Schüler nach dem Unterricht zu einer Erfrischung ein, als wollte er sich für seine Strenge entschuldigen. In weniger als einem Jahrzehnt formte er aus seinen Schülern ein homogenes Ensemble.

Aus seiner Schule gingen drei Tänzer hervor, ohne die das kubanische Ballett heute undenkbar wäre: Alberto und Fernando Alonso sowie Alicia Martínez. Aus Alicia Martínez wurde nach der Heirat mit Fernando die kubanische Primaballerina Alicia Alonso. Auf sie setzte Jaworskij seine Hoffnungen, seit sie als Mädchen im weiß-goldenen Tutu im Ballettstück *Der Zirkus* debütierte. Als sie anschließend die Hauptrolle in Léo Delibes' *Coppelia* erhielt, war sie noch keine fünfzehn Jahre alt. In diesem russisch-französischen Ballett entfaltete die junge Alicia zum ersten Mal ihre tänzerischen Fähigkeiten. Sie erntete tosenden Applaus. Nach ihrem Auftritt in *Coppelia* wusste Alicia Alonso, dass es in ihrem Leben nichts anderes geben würde als den Tanz.

Von Anfang an begleiteten Anekdoten und Legenden ihre Karriere, durch die sie nicht nur auf der Bühne wie eine Figur aus einem Märchen wirkte, sondern auch im richtigen Leben. Einmal brachte Jaworskij ein Paar Spitzenschuhe zu den Proben von *Coppelia* mit. Irgendjemand hatte sie ihm geschenkt. Eine seiner Schülerinnen probierte sie an und konnte nichts mit ihnen anfangen. So zog eine Tänzerin nach der anderen die Spitzenschuhe an. Allen waren sie entweder zu klein oder zu eng. Als Letzte kam Alicia an die Reihe. Natürlich passten ihr die Schuhe.

Alicia Alonso legte schnell die Rolle des Aschenputtels ab. Sie gründete ihr eigenes Ballett und eroberte Amerika. *Hacer la América!* Niemand erntete auf einer einzigen Tournee so viele Lorbeeren wie die junge kubanische Tänzerin, die zur ungekrönten Königin der lateinamerikanischen Ballettszene aufstieg. »Das Genie in kubanischen Spitzenschuhen«, begeisterte sich Campoamor in einer Fotoreportage für den *O Cruzeiro*.

Bis heute herrscht die Primaballerina assoluta mit ungeminderter Autorität über das Reich des klassischen Tanzes auf Kuba. *Coppelia* brachte der Tänzerin Glück und machte ihre Beine populärer als die der Tropicana-Tänzerinnen. Havannas berühmteste Eisdiele trägt den Namen jenes Balletts, mit dem sich die junge Alicia die Sympathien ihrer Landsleute ertanzte. Am Abend leuchten ihre Beine – das Markenzeichen des *Coppelia* – den Habaneros den Weg in den Eistempel, der im Lauf der Zeit einen ähnlichen Kultstatus erreichte, wie ihn der Name der Grande Dame des kubanischen Tanzes bereits seit über einem halben Jahrhundert hat.

Eine Göttin duldet keine anderen Göttinnen neben sich. Von männlicher Seite hatte Alicia Alonso im Ensemble Jaworskijs keine Mitregentschaft zu befürchten. Jahrelang betreute der russische Lehrer nur einen einzigen Schüler: Alberto Alonso, der glücklicherweise ebenso begabt wie ehrgeizig war und später die Stelle seines einstigen Mentors übernehmen sollte. *Pro Arte Musical* suchte händeringend männliche Tänzer. Man umging den ständigen Engpass, indem man Tänzer des Russischen Balletts engagierte.

Martha Graham und ihr Ensemble traten im *Auditorium* auf, Ted Shawn mit seinen Tänzern sowie der deutsche Choreograf und Tänzer Harald Kreutzberg, der den New German Dance verkörperte und mit Sologastspielen die ganze Welt bereiste. Mit den Auftritten internationaler Stars und mit der Einrichtung jährlicher Tanzfestivals wollte *Pro Arte Musical* vor allem um männliche Nachwuchstänzer werben.

Alberto Alonso studierte in Paris bei Pierre Vladimiroff Choreografie. Bis er 1941 die Nachfolge seines einstigen Lehrmeisters antrat, konnte er bereits mit einem festen Stamm professioneller Tänzer arbeiten. Sein Bruder Fernando war seit einigen Jahren der Partner von Alicia – auf der Bühne und im privaten Leben. Alicia war inzwischen »Frau Alonso« und stand damit auch im Alphabet immer an erster Stelle. Außerdem gab es eine Gruppe junger Tänzer, auf die die Schule ihre künstlerischen Hoffnungen setzte. Unter ihnen Ramiro Guerra.

Von den abenteuerlichen Anfängen eines besessenen Tänzers

Ramiro Guerra wollte tanzen. Allerdings nicht als Statist und Adjutant einer elfengleichen Ballerina im weiß-goldenen Tutu. »Ich wollte etwas Neues einführen und künstlerische Themen erarbeiten, die Kuba näher waren als das klassische Repertoire.« Ramiro Guerra gehörte zwar nicht mehr zur Pioniergeneration des Balletts auf Kuba. Er kreierte den Tanz trotzdem völlig neu.

Wenn schon eine Tänzerin die gesellschaftlichen Vorurteile spürte, um wie viel schwerer hatte es da ein männlicher Balletttänzer in einem Land, das bekannt für seinen Machismo war? Ramiro Guerra wollte sich nicht hinter einer Partnerin verstecken: »Was ich vorhatte, kam einem Sakrileg gleich. Ich wollte auf der Bühne die Figur des männlichen Tänzers einführen. Nicht nur als Mann, auch als Figur, die gesellschaftlich eher ein Außenseiter war, als afrokubanischen Tänzer. Bis dahin existierte die Rolle des Afrokubaners nur auf der Bühne des Volkstheaters und des Varietés. Schwarzer Tanz tauchte nie im Kulturteil der Zeitung auf, er war pure Unterhaltung. Im Tropicana-Cabaret setzte man die Batá-Trommeln auf der Bühne ein, als sie noch die heiligen Instrumente der religiösen Riten waren, die sich in der Santería-Religion niederschlugen. Ich wollte diese afrokubanischen Elemente auf die Ballettbühne bringen und sie mit dem zeitgenössischen Tanz mischen. Aber davor musste es mir gelingen, mich als *Mann* auf der kubanischen Tanzbühne zu etablieren. Um nichts anderes ging es am Anfang. Ich musste mir als männlicher Solotänzer Autorität verschaffen.«

Heute kann der mittlerweile siebzigjährige Ramiro Guerra mit Humor auf das schwierigste und entscheidendste Kapitel in seiner Karriere zurückblicken, als er gegen familiäres Unverständnis und gesellschaftliche Vorurteile ankämpfte. Er wählte dafür die Waffen eines Künstlers. Er begab sich auf die Bühne und stellte sich der Kritik. Zwar zitterte er heftig aus Angst vor Spott und Hohn, aber umgekehrt wäre er deshalb nie:

»Bevor ich zu tanzen anfing, hatte ich Jura an der Universität von Havanna studiert. Ich bereitete mich gemeinsam mit einem Studienkollegen, dessen Schwester Mitglied bei *Pro Arte Musical* war, auf die Stunden vor. Jedes Mal, wenn die Schwester eine Ballettvorstellung besucht hatte, machte sie sich mit ihren Freundinnen über die männlichen Tänzer lustig. Und ich dachte bei mir nur: ›Mein Gott! Diese gleichen spitzen Zungen werden eines Tages auch dich treffen.‹ Ich trieb mich ebenfalls im *Auditorium* herum, um die Gastauftritte einiger nordamerikanischer Tanzensembles zu sehen. Sie faszinierten mich derart, dass ich beschloss, selbst tanzen zu lernen. Da der Ballettschule von *Pro Arte* ständig männliche Tänzer fehlten, schickten sie mich sehr schnell auf die Bühne. Das war ein Sprung ins kalte Wasser. Meine größte Sorge galt den Mädchen. Was würden die wohl sagen, sobald sie mich auf der Bühne erkannten?

Ich ergriff einige Schutzmaßnahmen. Zunächst nahm ich ein Pseudonym an. Da mein vollständiger Name Pedro Ramiro Guerra Suarez lautet, stellte ich mich im Programmheft einfach als Pedro Suarez vor. Dann zerzauste ich meine Haare und schminkte mich furchtbar stark. So trat ich auf die Bühne.

Am nächsten Tag kamen die üblichen spitzen Bemerkungen, doch zum Glück hatte mich keines der Mädchen in meiner Maskerade erkannt. Ich hütete mich natürlich, ihnen von meinem Doppelleben zu erzählen.«

Ramiro Guerra lacht bei dem Gedanken an seinen ersten öffentlichen Auftritt im *Auditorium*. Seine Teilnahme am Unterricht der Ballettschule von *Pro Arte Musical* war nur von kurzer Dauer. Nicht die spitzen Zungen der Schwestern seiner Freunde vertrieben ihn, sondern die blassen Charaktere, die dort die männlichen Tänzer einnahmen.

In der russischen Tänzerin Nina Werchinina fand der junge Tänzer seine neue Lehrerin. Sie vertrat die Ansicht, dass Praxis die beste Übung sei, packte ihre fünf Schüler und zog mit ihnen durch die Kinosäle der Stadt, wo sie kleine Proben ihres Könnens gaben: »Für eine Aufführung brauchte ich dringend eine kurze Hose. Ich bat eine meiner Tanten darum, sie mir zu nähen. Natürlich rückte ich nicht mit der Wahrheit heraus, sondern erfand irgendeine Räuberpistole, nur um ihr nicht sagen zu müssen, dass ihr Neffe als Tänzer auftrat. Ich konnte doch nicht ahnen, dass sie mit ihrem Mann unter den Zuschauern sitzen würde. Mitten in der Vorstellung schreckte sie auf: ›Hör mal, Carlos, ist das nicht Ramirito?‹ Und mein Onkel: ›Aber wie kommst du denn darauf, María Luisa. Ramirito ist ein ernsthafter junger Mann. Er würde nie so einen Unsinn machen.‹ Und am nächsten Tag fragte mich meine Tante: ›Ramirito, gestern war ich im *Cine América*, und da trat ein Tänzer auf, der dir sehr ähnelte. Er hatte auch deine Hose an. Wie kann das sein?‹ Ich war wie gelähmt und log, dass sich die Balken bogen. Ich erzählte eine irrwitzige Geschichte von einem Freund, der sich nicht traute, seiner Familie zu sagen, dass er heimlich Ballett tanzte, und als er für die Vorstellung dringend diese Hose brauchte, hätte er eben mich um Hilfe gebeten. Meine Tante beruhigte sich. Ich konnte den Skandal noch einmal abwenden. Aber mir wurde klar, dass ich nicht auf Dauer unerkannt bleiben würde.

Ich beendete ordentlich mein Jurastudium, das ich meinem Vater zuliebe begonnen hatte. Doch sobald ich mein letztes Examen abgelegt hatte, schloss ich mich einer Tanzgruppe an und – weg war ich! Ich zog mit dem Ensemble durch Südamerika, schlug mich anschließend allein nach New York durch und studierte Modern Dance bei Martha Graham. Als ich wieder nach Havanna zurückkehrte, wollte ich nichts anderes tun als tanzen, tanzen, tanzen. Diesmal unter meinem richtigen Namen. Inzwischen war die ganze Familie darüber informiert, was ich tat. Als mein Vater erfuhr, dass ich den Tanz einer bürgerlichen Laufbahn vorzog, wäre er zunächst fast gestorben. Doch bis ich wieder im Land weilte, hatten sich die Wogen gelegt. Mein Vater gewöhnte sich allmählich an den Gedanken, einen Balletttänzer zum Sohne zu haben.

Um mich zu etablieren, bot ich meine Dienste als Tanzlehrer zunächst unentgeltlich an. Wer modernen Tanz lernen wollte, kam einfach zu mir. Es gab damals eine bekannte Gruppe, die sich *Las mulatas de fuego* nannte und aus Omara Portuondo, Elena Burke, Haydée Portuondo und Vilma Valle bestand. Sie nahmen bei mir Unterricht, ebenso die Tänzer des *Tropicana*. Zum ersten Mal erhielten auf Kuba Tänzer des Unterhaltungsgenres eine technische Ausbildung. Aber da mich niemand für meine Lehrtätigkeit bezahlte, musste ich mich mit allen möglichen Auftritten über Wasser halten. Eines Tages tauchte ein spanischer Geschäftsmann bei mir auf, der in der Osterwoche ein besinnliches Stück auf die Bühne des *Cine Astral* bringen wollte. Er hatte bereits von mir gehört und fragte mich, ob ich Chopins *Nocturno* tanzen würde.

Das *Astral* lag im Studentenviertel, ganz in der Nähe der Universität. Hier wohnten die Studenten aus der Provinz bei Familien, die Untermieter aufnahmen. Und mir schien es, als ob sich am Abend meiner

Vorstellung die ganze Provinz im Saal versammelt hätte. Ich begann meinen Tanz, allein auf der Bühne, mit nacktem Oberkörper, und spürte, wie aus Ablehnung und Missfallen wachsende Aggression wurde. Die Zuschauer wurden immer unruhiger. Ich hörte vereinzelte Buhrufe. Aber ich tanzte weiter bis zum Ende. Es war ein Wunder, dass die Leute mich nicht schon während der Vorführung von der Bühne zerrten, sondern bis zum Schluss ausharrten, um mich mit den unflätigsten Ausdrücken zu beschimpfen. Ich stieg von der Bühne runter, als jemand erschrocken ausrief: ›Aber, das ist ja Blut!‹ Als ich an mir herabblickte, sah ich zu meinem Entsetzen, dass mein Fuß blutüberströmt war. Offenbar war ich während des Tanzes auf eine Glasscherbe getreten, hatte aber in meiner Anspannung nichts bemerkt.

Am nächsten Tag war mein Auftritt aus dem Programmheft gestrichen. Aber jetzt war ich bereit, aufs Ganze zu gehen. Wenn ich mit dem Tanzen aufhören sollte, mussten sie mich schon umbringen. Leicht wollte ich es ihnen nicht machen! Sollten sie mich doch umbringen, dann ginge ich zumindest als Märtyrer in die Geschichte des Tanzes ein. Als die Kulturgruppe *Nuestro Tiempo* bei mir anfragte, ob ich bereit wäre, in der Aula Magna der Universität aufzutreten, sagte ich zu. Mich konnte nichts erschüttern, da ich das Schlimmste erwartete.

Am Abend meines Auftritts war die Stimmung unter den Zuschauern angespannt. Im Parkett saßen Leute, die mich schon im *Cine Astral* erlebt hatten. Ausgerüstet mit Papierfliegern und Papierkügelchen hatten sie sich auf meinen neuerlichen Auftritt vorbereitet. Doch davon hörte ich erst Jahre später, denn die Papierflieger sollten an jenem Abend gar nicht zum Einsatz kommen. Zum ersten Mal gelang es mir, die Leute auf meine Seite zu ziehen, sie für das, was sie auf der Bühne zu sehen bekamen, einzunehmen. Ich hörte den Applaus. Die erste Schlacht war gewonnen. Die zweite wartete bereits.

Ich war in ständigen Geldnöten. Mit fehlte Geld für Kostüme, für die Saalmiete, für die Musiker. Also stellte ich einen Plattenspieler hinter dem Vorhang auf. Ich legte den Plattenarm auf den Plattenteller, zog den Vorhang auf, machte das Licht an, ging auf die Bühne und begann zu tanzen. Wenn das Stück zu Ende war, verbeugte ich mich, zog den Vorhang zu und wechselte die Platte. Es war eine Katastrophe! Ich hatte einen völlig veralteten Plattenspieler. Wenn ich auf der Bühne zu energisch hochsprang, hüpfte auch die Plattennadel hoch und die Musik setzte an einer ganz anderen Stelle wieder ein. Einmal fiel der Plattenspieler in hohem Bogen auf die Bühne.

Im Lauf der Zeit zeichnete sich mein festes Repertoire ab. Dazu gehörten die Musik iberoamerikanischer Komponisten, die Tänze von Ignacio Cervantes und die Kompositionen von Heitor Villa-Lobos. Ich arbeitete mit Schauspielern und ließ sie Texte rezitieren. Zum Beispiel: *Sensemayá* von Nicolás Guillén, ein Schlangenbeschwörungsritual, das ich mit zwei Schülern tanzte.«

Sensemayá
Canto para matar una culebra

¡Mayombe-bombe-mayombé!
¡Mayombe-bombe-mayombé!
¡Mayombe-bombe-mayombé!

La culebra tiene los ojos de vidrio;
La culebra viene y se enreda en un palo;
con sus ojos de vidrio, en un palo,
con sus ojos de vidrio.

La culebra camina sin patas;
la culebra se esconde en la yerba;
caminando se esconde en la yerba,
caminando sin patas.

¡Mayombe-bombe-mayombé!
¡Mayombe-bombe-mayombé!
¡Mayombe-bombe-mayombé!

Sensemayá
Lied, um eine Schlange zu töten

Mayombe-bombe-mayombé!
Mayombe-bombe-mayombé!
Mayombe-bombe-mayombé!

Die Schlange hat Augen aus Glas.
Die Schlange ist da und sie ringelt sich um den Pfahl,
mit den Augen aus Glas um den Pfahl,
mit den Augen aus Glas.

Die Schlange kriecht ohne Pfoten,
die Schlange versteckt sich im Gras,
versteckt sich kriechend im Gras,
kriecht ohne Pfoten.

Mayombe-bombe-mayombé!
Mayombe-bombe-mayombé!
Mayombe-bombe-mayombé!

Tú le das con el hacha, y se muere:
¡dale ya!
¡No le des con el pie, que te muerde,
no le des con el pie, que se va!

Sensemayá, la culebra,
sensemayá.
Sensemayá, con sus ojos,
sensemayá.
Sensemyá con su lengua,
sensemayá.
Sensemayá, con su boca,
sensemayá.

La culebra muerta no puede comer;
la culebra muerta no puede silbar;
no puede caminar,
no puede correr.
La culebra muerta no puede mirar;
la culebra muerta no puede beber;
no puede respirar,
no puede morder.

¡Mayombe-bombe-mayombé!
Sensemayá, la culebra …
¡Mayombe-bombe-mayombé!
Sensemayá, no se mueve …
¡Mayombe-bombe-mayombé!
Sensemayá, la culebra …

Schlag sie tot mit der Axt schlag sie tot!
Schlag sie tot!
Aber nicht mit dem Fuß, denn sie beißt,
Aber nicht mit dem Fuß, denn sie weicht.

Sensemayá, die Schlange,
Sensemayá.
Sensemayá mit den Augen,
Sensemayá.
Sensemayá mit der Zunge,
Sensemayá.
Sensemayá mit dem Maul,
Sensemayá.

Die tote Schlange frisst nichts mehr,
die tote Schlange zischt nicht mehr,
kriecht nicht mehr,
läuft nicht mehr.
Die tote Schlange schaut nicht mehr,
die tote Schlange säuft nicht mehr,
haucht nicht mehr,
beißt nicht mehr!

Mayombe-bombe-mayombé!
Sensemayá, die Schlange …
Mayombe-bombe-mayombé!
Sensemayá rührt sich nicht …
Mayombe-bombe-mayombé!
Sensemayá, die Schlange …

¡Mayombe-bombe-mayombé!
Sensemayá, se murió!

Mayombe-bombe-mayombé!
Sensemayá ist tot!

»Ich trat regelmäßig bei den Veranstaltungen der Gesellschaft *Nuestro Tiempo* auf. Harold Gramatges gründete *Nuestro Tiempo* Anfang der Fünfzigerjahre mit der Idee, der künstlerischen Avantgarde auf Kuba ein Forum zu schaffen. In *Nuestro Tiempo* trafen sich kubanische Maler, Schriftsteller, Musiker und Tänzer. Gramatges mietete eine ausgediente Radiostation an, in der die verschiedenen Kunstsparten ihren Sitz hatten. Nur wenn eine Veranstaltung stattfand, wurde ein Theatersaal angemietet. Da *Nuestro Tiempo* mit der Kommunistischen Partei in Verbindung gebracht wurde, nahmen Batistas Leute ihre Aktivitäten genau unter die Lupe. Ich erinnere mich, dass wir im Lyzeum einmal einen Tanz aufführten, dem wir den Titel *Son für Touristen* gaben. Der Text basierte auch dieses Mal wieder auf einem Gedicht von Nicolás Guillén, *El son entero*:

(…)
Un marino americano,
bien,
en el restaurant del puerto,
bien,
un marino americano,
me quiso dar con la mano,
me quiso dar con la mano,
pero allí se quedó muerto,
bien,
pero allí se quedo muerto,
bien,
pero allí se quedó muerto
el marino americano
que en el restaurant del puerto
me quiso dar con la mano,
¡bien! (…)

Ein amerikanischer Matrose,
gut so,
ist in der Kneipe am Hafen,
gut so,
ein amerikanischer Matrose
wollte mir's mit der Faust geben,
wollte mir's mit der Faust geben,
aber er blieb dort als Toter zurück,
gut so,
aber er blieb dort als Toter zurück,
gut so,
aber er blieb dort als Toter zurück.
Der amerikanische Matrose,
der mir's in der Kneipe am Hafen
mit der Faust geben wollte.
Gut so!

Die Musik hatte Juan Blanco komponiert. In der Geschichte, die wir auf die Bühne brachten, ging es um einen Jungen, der an Touristen Kürbisrasseln verkauft. Zwei betrunkene Matrosen torkeln auf die Bühne. Sie nehmen dem armen Jungen die Maracas weg, schlagen und treten ihn.

Das war eine sehr gefühlsgeladene, patriotische Geschichte, die als Reaktion auf einen aktuellen Skandal geschrieben wurde. Zu der Zeit nämlich empörte sich die ganze Nation über einen Zwischenfall, den einige betrunkene Marines verursachten. Sie urinierten auf den Sockel der Martí-Statue im Parque Central.

Während der Vorstellung, kurz vor der Tanzszene mit den sich prügelnden Matrosen, tauchte Gramatges hinter der Bühne auf. Er hatte Männer des SIM – Batistas Geheimpolizei – im Publikum entdeckt. Sollten wir das Stück wie geplant spielen, würden wir alle im Gefängnis landen. Also tanzten wir den Son, ohne die Schlägerei der Matrosen in Szene zu setzen.«

Nichts außer einigen Fotografien ist von Ramiro Guerras bahnbrechenden Choreografien übrig geblieben. Von seinen Proben und Auftritten wurden weder Film- noch Videomitschnitte gemacht. Und da sich Ramiro Guerra hartnäckig weigert, seine damaligen Tänze noch einmal zu choreografieren, weil – wie er meint – Tanz etwas Lebendiges ist, das sich ständig weiterentwickelt, lebt die Erinnerung an seine Arbeit ausschließlich in den Anekdoten weiter, die er erzählt, und in seiner persönlichen Biografie.

Weggehen, um anzukommen

Mi patria es dulce por fuera,	Mein Vaterland ist lieblich von außen
y muy amarga por dentro,	und bitter im Inneren,
mi patría es dulce por fuera,	mein Vaterland ist lieblich von außen,
con su verde primavera,	mit seinem grünen Frühling,
con su verde primavera,	mit seinem grünen Frühling,

y un sol de hiel en el centro.	und einer Sonne aus Galle im Zentrum.
¡Qué cielo de azul callado	Welch Himmel aus schweigendem Blau
mira impasible tu duelo!	blickt gefühllos auf deine Trauer!
¡Qué cielo de azul callado,	Welch Himmel aus schweigendem Blau,
(…)	ay, Kuba, was hat Gott dir gegeben, ay, Kuba, was hat Gott dir gegeben, mit dem satten Blau deines Himmels! (…)

El son entero (Nicolás Guillén)

Vom Fenster aus blickt Ramiro Guerra über die Stadt, die ihm im Blau der Karibik und in ihrer morbiden Schönheit zu Füßen liegt. »Täuschend echt. Wie eine Hollywood-Kulisse«, meint er. Er kennt die zwiespältigen Gefühle, die diese Stadt provoziert. Dann möchte man ihr und der ganzen Insel den Rücken zukehren und weggehen.

»Der Drang, einfach wegzugehen, liegt vielleicht in unserem Wesen. Wir sind Inselbewohner. Schon die spanischen Eroberer kamen von einer Insel, sie waren Kanaren. Wir Inselmenschen müssen reisen, um nicht von der Enge unserer Heimat erdrückt zu werden. Denn bei jedem schleicht sich irgendwann das Gefühl ein, ihre ganzen Geheimnisse ergründet zu haben. Ich zum Beispiel bin nach Paris gereist. Doch nachdem ich in der französischen Hauptstadt alles entdeckt hatte, was es für mich zu entdecken gab, befiel mich auch dort eine Depression. Die Kälte, die Feuchtigkeit und die abweisende Art der Bewohner setzten mir zu. Ich brauchte blauen Himmel und Sonne, Wärme, den Süden und beschloss, weiter nach Spanien zu ziehen. Dort regierte Franco. In diesem Franco-Spanien war man in kulturellen Belangen rückständiger als auf Kuba. Was den modernen Tanz betraf, so hatte ich keine Überraschungen zu erwarten. Und trotzdem lernte ich in Spanien etwas. Ich fing an, unsere Mentalität zu verstehen. Ich stieß bei den jungen Leuten, mit denen ich zusammen arbeitete, auf unsere eigenen Charakterzüge: auf Unpünktlichkeit, Narzissmus, Großzügigkeit und Gastfreundlichkeit. In Spanien entdeckte ich Kuba neu. Erst in der Ferne fing ich wieder an, mich für meine Heimat zu interessieren.«

»Dieses verfluchte Dasein, Wasser um uns, überall«, beginnt Virgilio Piñera sein Gedicht *Die schwebende Insel.* Jeden trieb es irgendwann fort, um reumütig zurückzukehren.

Der wohl bekannteste Wanderer zwischen zwei Welten, dem alten und dem neuen Kontinent, war Alejo Carpentier. Während des Machado-Regimes verbrachte er einige Monate im Gefängnis und ging anschließend ins Exil nach Europa. Aus dem erzwungenen Aufenthalt in der Ferne wurde bei Carpentier eine existenzielle Herausforderung. Seine Heimkehr nach Kuba nach elf Jahren Abwesenheit inszenierte er literarisch aus dem Blickwinkel eines Touristen.

»Jetzt, als Tourist im eigenen Land, beginne ich Havanna mit einer Ehrfurcht zu betrachten, der das persönliche, intime Gefühl der Zuneigung fremd ist. Ich staune angesichts seiner Vielfältigkeit, der bunt gemischten Bevölkerung und seines wirklich malerischen Charakters. Und auf dem Weg der Assoziation suche ich spaßeshalber nach authentischen Analogien zu Winkeln von Europa, die mir besonders aufgefallen waren.«

Carpentier sollte der ewige Tourist Havannas werden. Jedes Mal liebevoll von seinen Freunden aufgenommen, literarisch sein Zwitterstadium auskostend, schuf er die »wunderbare Wirklichkeit« Kubas beziehungsweise ganz Lateinamerikas, vielleicht gerade darum, weil er das geschafft hatte, wovon auch Kleiber im Zusammenhang mit der Kunst des Dirigierens sprach. Er hatte den richtigen Abstand gewonnen, um auch das scheinbar Selbstverständliche wie ein Wunder anzunehmen. Er konnte jetzt Havanna mit seiner Feder »objektiv« dirigieren.

Carpentiers Heimkehr nach Havanna entpuppte sich als Zwischenetappe. Er arbeitete zunächst als stellvertretender Direktor des Rundfunks in Havanna und ging dann als Journalist nach Caracas. Paris sah er nach der Revolution als Kulturattaché der kubanischen Regierung wieder.

Die Rolle des Grenzgängers spielte er auch in seinem Freundeskreis. Fremdsein drückte sich bei Carpentier immer schon in seiner Sprache aus. Vielleicht setzte sich bei ihm die französische Abstammung mütterlicherseits durch: Wenn er spanisch sprach, rollte er das »R« nicht wie die Spanier, sondern sprach es im Rachen aus wie die Franzosen. Bei Guillén und Campoamor machte ein Witz die Runde: Eine französische Delegation drückte nach einer Tischrede Carpentiers ihr Erstaunen darüber aus, wie gut der Kubaner Französisch spreche. Daraufhin entgegnete Guillén trocken: »Wir wundern uns auch, wie gut er Spanisch spricht.«

Fernando Campoamor fand seinen Platz in Havanna, ohne wegzugehen. In dieser Hinsicht war er im Freundeskreis eine Ausnahme. Als Kind lebte er mit seiner Familie zwei Jahre in Madrid. Doch später wurde die kubanische Metropole sein Lebensmittelpunkt. Vielleicht drängte es ihn nie, die Heimat aufzugeben, weil ihn seine Arbeit kurzzeitig immer wieder außer Landes führte.

Campoamor stand am Hafen, um Freunde zu verabschieden oder zu empfangen, wenn sie nach mehr oder weniger freiwilligen Auslandsaufenthalten wieder auf der Insel eintrafen. Als sich der junge Journalist nach dem Ende des Machado-Regimes in Havanna niederließ, kehrten gerade die kubanischen Intellektuellen aus ihrer Gefangenschaft auf der Isla de Pinos – heute Isla de la Juventud – oder aus ihrem Exil in Mexiko und New York zurück.

Juan Marinello, der Gründer der Kommunistischen Partei Kubas, kam mit der Asche des in Mexiko ermordeten Studentenführers Julio Antonio Mella an. Conrado Massaguer, Karikaturist, Herausgeber der Zeitschrift *Social* und Mitglied des Intellektuellenzirkels der *Minoristas*, kehrte aus dem New Yorker Exil zurück. Ebenso der bekannte Hochschulprofessor und spätere Außenminister Raúl Roa, der Dichter Ramón Guiráo und der Journalist Pablo de la Torriente Brau, der im Spanischen Bürgerkrieg fallen sollte.

Die Mehrzahl der Künstler zog es – wie Carpentier – nach Europa. Paris hieß der magische Ort. Sie folgten den Spuren des kubanischen

Malers Wifredo Lam, der im französischen Surrealismus die Sprache entdeckt hatte, mit der sich die afrokubanische Spiritualität seiner Heimat in Bildern ausdrücken ließ. Andere fanden im Kubismus einen Formenreichtum, welcher der Poesie ihrer Insel näher war als der in den eleganten Salons der Stadt vorherrschende Akademismus. Zu ihnen gehörte auch Amelia Peláez, die wohl kubanischste aller Malerinnen, die in ihren Bildern die Buntfenster, schmiedeeisernen Gitter und Formen Havannas lebendig werden ließ. Ihre Bilder wirken, als hätte sie Havanna nie verlassen, als hätte sie, um ihren künstlerischen Kosmos zu finden, nicht einmal durch das Gartentor ihres romantischen Hauses im Stadtteil La Víbora treten müssen. Der »Schmetterling der kubanischen Farben« – so nannte Campoamor die Malerin – kultivierte im verwunschenen Innenhof ihres Hauses das ländliche Ambiente ihres Geburtsortes in der kubanischen Provinz, was Campoamor dazu brachte, sich zu fragen, ob es nicht wirklich der Garten war, der ihrem Werk die starke und sinnliche Note lieferte: »Amelia sät, gießt, schneidet und topft um, was sie lächelnd ›mein Unkraut‹ nennt. Rote, rosafarbene und weiße Begonien, Nelken mit haarigen Blütenrändern, langstänglige Lilien in Form von Fackeln oder Säbeln, zehn verschiedene Sorten Farne, Säulenkakteen, Orchideen, Aronstabgewächse und Feigenbäumchen. In ihrem Garten, der vor Blumen- und Pflanzentöpfen überquillt, verströmen, inmitten eines Mysteriums aus Blumenzwiebeln, Blumenkelchen, Ähren und Blütenblättern, die Blätter einen feuchten Duft. Was auffällt, sind die Farben und Farbschattierungen. An jeder Ecke ihres Labyrinths gibt es Spuren von Amelias Blau: im bläulich schimmernden Steingarten, im samtigen Dunkelviolett der afrikanischen Veilchen, in den Blüten ihrer Kräuter.

Der Garten ist Amelias Erfindung, er ist der Mittelpunkt ihrer Geometrie, in der Probleme malend gelöst werden. Die Früchte, der Patio und das Haus sind die immer wiederkehrenden Themen ihres Werkes.«

Doch um die richtige Form zu finden, in der sie diese in sich geschlossene Welt, in der rhythmische und konzentrische Linien dominieren, auf die Leinwand bringen kann, hat auch Amelia die Insel verlassen. Nach ihrer ersten Ausstellung fährt die junge Malerin zunächst nach New York, wo sie nicht findet, was sie sucht. Mit einem Stipendium im Gepäck landet auch sie 1927 in Paris, der Stadt, die damals das heftig schlagende Herz der internationalen Künstlergemeinschaft war. Die kubanische Malerin lernt bei Picasso, Braque, Matisse. Sie kopiert keinen der drei, aber sie integriert sie in ihren kreativen Prozess. In Paris fand sie, was sie in Havanna suchte: Ihre Linien wurden dicker und kräftiger. Und dann fuhr sie wieder nach Kuba zurück, zu ihrem Haus, ihrem Lieblingsmodell. »Denn«, schrieb Campoamor, »angefangen bei den Kapitellen der Säulen ihres Hausportals bis hin zu den Käfigen ihrer Vögel gibt es eine Grundkonstante in ihrer plastischen Sprache, deren Elemente in der kreolischen Architektur zu finden sind: Fenster, Paravents, Buntglas, Gänge, Hibiskusblüten und immer wieder feuchte, süße Früchte. Die Früchte inspirieren Amelia bei der Farbwahl und bringen die abstrakten Formen ihrer Bilder zum Leuchten: das Rot der Mamey-Frucht, avocadogrün, mandarinengelb, weiß wie Guanábana und blau. Auf all ihren Bildern sticht das Blau des Himmels und des Horizontes heraus und zeigt, wessen Kind die Malerin ist: Das Blau ihrer Bilder löst sich im Blau der Antillen auf. Sie versucht das Licht Kubas einzufangen und ist«, fügte Fernando Campoamor hinzu, »zugleich selbst vom Licht gefangen.«

Havanna und die Maler

… eine schwierige Beziehung. Der Industrielle Julio Lobo ließ weltweit Bilder für seine Napoleon-Sammlung aufkaufen, die Reichen im Stadtteil Vedado schmückten ihre Villen mit französischer Salonkunst und italienischer Renaissance. »Unsere Zuckerbarone sind keine Kunstliebhaber, sondern Wertanlage-Spezialisten«, lautete deshalb das Urteil der einheimischen Künstler. »Was sind wir wert, wo sich unsere Bilder noch nicht in Geld verwandelt haben? Nichts!« Havannas Maler verzweifelten. Einer veröffentlichte einen zornentbrannten Aufschrei in der Presse: »Amelia Peláez, Víctor Manuel, Ravenet und ich, Carlos Enríquez – allesamt Parias der vorherrschenden Kunstbürokratie – haben eine Ausstellung im *Lyceum* organisiert, bei der wieder einmal nur diejenigen erschienen sind, die nie den Verführungen der Kunst widerstehen können. Die übliche kleine Gruppe aus dreißig oder vierzig Besuchern. Die Presse hingegen – immer danach gierend zu erfahren, was die Öffentlichkeit beschäftigt – konnte aus diesem Grund bei der Vernissage leider nicht anwesend sein. Sie hat zu wenig Bürger interessiert. Wir möchten deshalb auf diese Weise bekannt geben, dass wir eine Gruppe Künstler sind, die mehr oder weniger anonym darum kämpft, die Kunst voranzubringen.« (*Bohemia,* 1936)

»Der Prophet ist im eigenen Land nichts wert«, seufzten die frustrierten Künstler. Auch Carlos Enríquez ging den Umweg über Europa, bevor ihn das eigene Land als Maler wahrnahm. Und als es endlich so weit war, kam die Anerkennung für ihn zu spät. Er starb im Alter von sechsundfünfzig Jahren in seinem Haus in Havanna, dem er den Namen *El hurón azul* – Blaues Frettchen – gegeben hatte. Carlos Enríquez hatte sein Leben so verbracht, wie es ihm gefiel: mit seinem Strohhut auf dem Kopf, eingehüllt in den Stoff seines *Guayabera*-Hemdes und mit einem Glas Rum in der Hand.

»Zu jedem Menschen gehört eine innere und eine äußere Landschaft. Sie müssen nicht unbedingt mit der Landschaft der wirklichen Welt übereinstimmen. Der Mensch kann den Ort wechseln, aber er kann sich nicht von den Landschaften lösen, in die er eingebettet ist«, erklärte Carlos Enríquez seine Bilder, die Campoamor als Akte beschreibt, auf denen »langsam die Landschaft entkleidet wird«.

Enríquez fand seine persönlichen Landschaften in seinem kleinen Holzhaus. Hier verbrachte er die letzten achtundzwanzig Jahre seines Lebens und malte seine geraubten Mulattinnen und kreolischen Szenarien, die Grassteppen und Gebirgsrücken, auf denen Fohlen weiden. Dort besuchte ihn Fernando Campoamor. Er erinnert sich, dass von der Küche, dem eigentlichen Salon des Hauses, eine Treppe nach oben ins Schlafzimmer führte. Die Treppenstufen glänzten schwarz wie ein Piano. »Carlos tauchte seine Füße in einen Eimer mit weißer Farbe und stieg vorsichtig Stufe für Stufe die Treppe nach oben. Auf dem Schwarz blieben seine weißen Fußspuren zurück, die sich auf dem oberen Treppenabsatz verloren. Ich fragte ihn, wie er wieder hinuntergekommen war. Und er zeigte auf ein kleines Fenster oberhalb der letzten Treppenstufe.«

In dem Gebäude der nationalen Schriftsteller- und Künstlervereinigung UNEAC ist ein kleines staatliches Restaurant untergebracht, das den Namen *Hurón azul* trägt. Die Gerichte haben die Namen von Künstlern und ihren Werken. Nur das Lieblingsgericht von Carlos Enríquez fehlt auf der Speisekarte. Der Koch konnte es noch nicht in Erfahrung bringen. »Kein Wunder«, brummt der alte Campoamor, »Carlos war es völlig egal, was er aß. Er lebte vom Rum.«

In Havanna gab es bis Mitte der Fünfzigerjahre keine einzige Kunstgalerie. Die Schriftsteller konnten sich zur Not mit Auftragsarbeiten für die zahlreichen Tageszeitungen der Hauptstadt ihren Lebensunterhalt verdienen. Sie wurden für ihre Artikel relativ gut bezahlt. Die Maler hingegen waren schon froh, wenn sie ihre Bilder an Freunde verschenken konnten und diese sich zumindest die Mühe machten, sie in einen ordentlichen Rahmen zu hängen. Brotlose Kunst. Dieser Begriff schien auf Kuba erfunden worden zu sein. Vergeblich warteten die Künstler darauf, dass in Havanna – architektonische Perle und Kulturmetropole! – endlich eine Kunstgalerie ihre Pforten öffnete. Einmal schien es so, als würde sich die Stadt ihrer verkannten Talente erbarmen. An einer Ecke des Paseo del Prado befand sich das Restaurant *El Patio*. Eines Nachmittags prangte über seinen Türen der Schriftzug *Galería del Prado*. Sie luden zu einer Dauerausstellung kubanischer Kunst ein. Aber die Ausstellungsmacher konnten sich bei dem Experiment nicht auf die Besucher verlassen. Die nämlich blieben aus. Immerhin erinnerte sich mit dem Journalisten Fernando Campoamor ein Kenner der Szene noch Jahre später an jenen gut gemeinten Versuch, was allein schon viel versprechend und ermutigend war. Denn man unternahm einen zweiten Anlauf, den reichen Bürgern der Stadt die Werke der zeitgenössischen kubanischen Maler näher zu bringen. Mitte der Fünfzigerjahre eröffnete im Kunstkino *La Rampa* die *Galería Habana*. Mittlerweile hatte es sich herumgesprochen, dass die Arbeiten der einheimischen Künstler internationaler waren als das Kunstbewusstsein ihrer Stadt. »Ein guter Grund, optimistisch zu sein«, wandte sich Campoamor augenzwinkernd an die Leser seiner Rubrik. Denn bisher war Kunst in Havanna das Privileg der Oberschicht, die ihre Ölgemälde und Marmorstatuen wie antike Möbel und kostbaren Familienschmuck sammelte. Was man sich darunter vorzustellen hatte, erzählt Fernando Campoamor in der Geschichte über seinen ebenso reichen wie scheuen Nachbarn, die er für die Mittwochskolumne vom 15. Mai 1957 des *Diario Nacional* reserviert hat:

Die durchsichtigen Wände

Ich hatte einen Nachbarn, den ich nie grüßen konnte, weil er zwischen sich und seiner Umgebung eine riesige Mauer hochgezogen hatte. Eine dicke, uneinsichtige, wie aus Blei gegossene Mauer, die sich über die Länge eines ganzen Straßenzuges unseres ruhigen Stadtteils Vedado erstreckte.

Dahinter verbarg sich mein unsichtbarer Nachbar, genau zwei Häuserblocks von meinem Haus entfernt. Sein Leben beschränkte sich auf den Raum hinter der Trennwand aus Stein und Zement, und er erlaubte uns kaum, einen Blick durch die fein gearbeiteten schmiedeeisernen kreolischen Tore auf seinen Garten zu werfen. Hinter vorgehaltener Hand wurde getuschelt, dass sich hinter diesen uneinsehbaren Mauern kostbarste Ölgemälde befinden, feinstes Porzellan, wunderbare Wandteppiche, Säulen aus Lapislazuli und preisgekrönte Bronzearbeiten. Eine Welt aus Kunst im Herzen unseres Wohnviertels. Aber zwischen uns und diesen Verheißungen stand die Trennwand.

So sah die Lage bis gestern aus. Denn gestern erfuhren wir, dass unser Nachbar in der Einsamkeit seiner Museumswelt verstorben war. Jetzt durften wir fleißigen Reporter uns seinem Sarg nähern, der, flankiert von Bediensteten in Uniform und von seinen wenigen engen Freunden, in der Mitte der bombastischen Eingangshalle aufgebahrt war. Uns trieb der menschliche Respekt vor dem Tod und natürlich auch die berufsbedingte Schaulust. Deshalb warteten wir nicht die Einladung zu seinem Begräbnis ab, das am Morgen des Muttertagssonntags stattfinden sollte, sondern zogen uns den besten Anzug an und schritten durch die Tür des gerüchteumwobenen Anwesens. Mit offenen Augen näherten wir uns dem Sarg und grüßten zum ersten Mal unseren Nachbarn, leise, ohne die Stille zu entweihen. Wir grüßten ihn im Namen einer jahrelangen Nachbarschaft.

Er hieß Oscar Cintas und wuchs bis zu seinem einundzwanzigsten Lebensjahr in England auf. Mit einundzwanzig Jahren ist man ein reifer Mann, bei dem sich bereits zukünftige lebenslange Gewohnheiten abzuzeichnen beginnen. Und bei Oscar begannen sich europäische Spleens abzuzeichnen. Er kehrte als Europäer in die Heimat zurück (als Europäer geht man Hand in Hand mit der Zivilisation, und wenn es das Geld erlaubt, eignet man sich auch etwas von dieser Zivilisation für den Hausgebrauch an). Er kam fest entschlossen zurück, auch in seinem kubanischen Umfeld nicht das kultivierte, europäische Ambiente aufzugeben. Weil es das Leben gut mit ihm meinte, begann er, Kunst zu sammeln. Auf diese Weise wollte er die wohl temperierten Emotionen der Jugend in seinem kubanischen Haus am Leben erhalten. Als Verwalter von Eisenbahnen und Zuckerfabriken konnte er ausreichend Geld zur Seite schaffen, das ihm dazu diente, die Werke all jener Bildhauer, Maler, Porzellanhersteller und Kunstschmiede zusammenzutragen, die ihn an seine Jugend in England erinnerten.

Umgeben von Werken eines El Greco, Delacroix, Romney, Corot und Hals, hatte er stets die besten Pinsel des Abendlandes vor Augen. Und als er in New York spürte, dass sich sein Ende näherte, ließ er sich in die künstlerische Kartause nach Havanna bringen, damit sein Körper in einem Schlafzimmer zur Ruhe kommen kann, das mild im Licht der Ölgemälde Sorollas erstrahlt. Joaquín Sorolla, der mediterrane Maler der Sonne und der Fröhlichkeit.

Cintas' intime und geschlossene Welt war die Welt einer Biene, die ihre Wabe versorgt, damit sie diese prall gefüllt ihrem Volk übergeben kann. Wir kennen nicht den genauen Wortlaut seines Testaments, aber wir kennen seinen Willen: Oscar Cintas wird alles, was er während seines Lebens gesammelt und ausgewählt hat, dem kubanischen Volk vermachen. Das Haus soll der Öffentlichkeit zugänglich sein.

Endlich erfahren sogar die dicken, hohen Mauern eine neue, versöhnliche Sinndeutung. Sie isolierten keinen Menschen vor der Außenwelt, sondern hüteten und beschützten einen Schatz, der Kuba anvertraut werden sollte. In Wirklichkeit waren die Mauern transparent, durchscheinend wie die Kunst und klar wie das Licht von Sorolla.

Campoamor, der Romantiker

Fernando Campoamor war mit kubanischen Intellektuellen befreundet, die in den unruhigen Jahren nach der Gründung der kubanischen Republik gesellschaftlich fortschrittliche Positionen bezogen. Sie bildeten eine Minderheit und nannten sich deshalb *Minoristas*. Die Gruppe der *Minoristas* – Literaten, Bildhauer, Historiker, Journalisten – verlangte angesichts der politischen Korruption und Klientelwirtschaft in ihrem Land gesellschaftliches Engagement. Es ging bei ihren Diskussionen immer um Kubas Geschichte und seine Zukunft. Dabei rückten die Schriften von José Martí in den Mittelpunkt. »Denn vergessen Sie nicht«, erinnert uns Alejo Carpentier, ebenfalls Mitglied der *Minoristas*, »dass die Ausgaben von Martí bis zum Jahr 1925 abscheulich waren, unvollständig und verstümmelt.« Erst nach 1925 begann die wirkliche Beschäftigung mit dem kubanischen Nationalhelden, der 1853 in Havanna als Sohn einer armen Familie geboren wurde. Von frühester Jugend an setzte er sich für die Sache der Unabhängigkeit ein und ging dafür ins Exil – zuerst nach Spanien, später in verschiedene lateinamerikanische Länder, schließlich nach New York. Seine Erfahrungen verarbeitete er in politischen und literarischen Schriften. José Martí war der geistige Urheber des zweiten kubanischen Unabhängigkeitskriegs von 1895 bis 1898, doch das Land musste bereits in den ersten Kriegstagen um den Dichter und Politiker trauern, der es in die Unabhängigkeit hätte führen können. José Martí fiel mit einundvierzig Jahren in der Schlacht von Dos Ríos.

Die *Minoristas* arbeiteten ein Manifest aus. Sie bezogen Position: für die Förderung der einheimischen Kunst, für die Reform des öffentlichen Bildungswesens, gegen das Klientelsystem bei der Vergabe von Lehrstühlen und gegen die wirtschaftliche Abhängigkeit Kubas. Sie appellierten an die Solidarität lateinamerikanischer Staaten und plädierten für die lateinamerikanische Einheit.

Fernando Campoamor war mit der Gruppe der *Minoristas* nur indirekt verbunden. Als sie ihr Manifest verfassten, war er noch zu jung, um seine Unterschrift darunter zu setzen. Er fand jedoch in Juan Marinello, einem anderen Mitglied des Zirkels, einen väterlichen Freund, der ihn mit den Schriften Martís vertraut machte. Fernando Campoamor gehörte damals zu Kubas jungen literarischen Talenten. In seinem preisgekrönten Essay *Dass sein Schrei in uns brennt* wagte er eine Annäherung an das Idol Martí. Heute ist der Name des kubanischen Nationalhelden beinahe sakral. Mit ihm wird im Kampf Kubas gegen den kapitalistischen Rest der Welt die innere Einheit beschworen. Mit dem Bezug auf Martí versichern sich Politik und staatliche Medien auch ihren Anspruch auf den Exklusivbesitz ideologischer Wahrheit und sozialer Gerechtigkeit. Während heute Martís Antiimperialismus und seine Verurteilung des Hegemoniestrebens der Vereinigten Staaten im Zentrum seiner Auslegung stehen, interessierten sich die jungen Intellektuellen der Dreißigerjahre gleichermaßen für den Einfluss der Schriften ihres Vorbilds bei der Herausbildung eines pan-nationalen lateinamerikanischen Bewusstseins: Kuba – Amerika – die Welt! Das Kuba von José Martí erscheint eingebunden in einen größeren Organismus – Lateinamerika. Martís groß angelegter Essay *Unser Amerika* widmet sich diesem übernationalen Vaterland, in dem Kuba eine besondere Rolle zukommt, da es die »Schwelle zur Freiheit« in einem ganz anderen historischen und gesellschaftlichen Zustand überschritten habe als die übrigen lateinamerikanischen Völker.

Der literarische Martí ist ein Romantiker und hat mit seiner Mischung aus Pathos, Moral, Patriotismus, politischer Analyse und poetisch bildmächtiger Sprache eine ganze Generation kubanischer Schriftsteller beeinflusst. Seine Schriften prägten auch die literarische Diskussion und machten aus ihr die kubanische Variante der lateinamerikanischen Debatte, in deren Mittelpunkt in den Zwanziger- und Dreißigerjahren der eigene Kontinent stand. Von den Autoren der Zeit wurde auch die Auseinandersetzung mit der gesellschaftlichen und politischen Wirklichkeit eingefordert. Die Literatur entdeckte den ausgebeuteten Indio.

Die kubanischen Martí-Rezensenten mischten sich in die lateinamerikanische Diskussion ein. Aus Havanna ertönte die Stimme Campoamors, der im venezolanischen *Heraldo* seine in die Literatur gesetzten Erwartungen und Hoffnungen zu einer »optimistischen Glosse« zusammenfasste und damit die Stimmung der Zeit in Kuba und anderen lateinamerikanischen Ländern wiedergab – das Bestreben, einen Weg zu gehen, der auf der eigenen Kultur und Geschichte aufbaut, ohne sich den europäischen und nordamerikanischen Vorgaben zu unterwerfen:

»Die Stimme Amerikas erklingt in Madrid mit Pariser Akzent. Und deshalb bittet Gabriela Mistral: ›Sei nicht trunken vor Europa, trunken von der Ferne, der fremden Ferne, die noch dazu altersschwach, von wunderbarer schicksalhafter Gebrechlichkeit ist.‹

Pagen, Fächer und Versailler Frivolitäten sind die Antithese zu unserem Kontinent. Die amerikanistische Literatur lässt sich nicht mit den Instrumenten des Modernismus erarbeiten. Man muss sich auf die Sprachen der Chibcha und Inka einlassen, auf den Beitrag der indianischen Rassen, auf das Profil des argentinischen Gaucho und die beunruhigende Seele der Maya. Mit anderen Worten: Man muss das Indianische suchen.

Wenn unsere Leser den Grund der Silberbergminen berühren und ihre Hände dort unten Stoffe ertasten, die von der Erde und den Adern Amerikas gewebt wurden, werden wir der literarischen Rolle Amerikas gerecht. Wenn unsere Literatur es schafft, die glatte literarische Oberfläche zu durchdringen und über das wirkliche Leben wirklicher Menschen unseres Kontinents zu schreiben, leisten wir einen Beitrag für die Weltliteratur. Unvermeidlich stolpern wir über eine Tatsache: Literatur ist dazu da, Fundamente freizulegen und zu untersuchen. Und an diesen haften nun mal die Brutalität und die Laster einer grotesken gesellschaftlichen Wirklichkeit.

Ich kann Keyserling nicht zustimmen, wenn er sagt, dass er an unserer Zukunft zweifelt. Auch nicht José Vasconcelos, wenn er meint, dass wir auf einem Kontinent leben, der nicht hören will, wenn das Schicksal an die Tür klopft. Amerika ist die Zukunft. Und unsere Glosse glaubt an Amerika. Sie ist optimistisch!«

Fernando Campoamor – Amerikaner, Kubaner und unbelehrbarer Romantiker. Er glaubt an die Solidarität zwischen den iberoamerikanischen Brudervölkern und nimmt an ihrem Schicksal Anteil, auch wenn es im Gewand der Tragödie erscheint.

Spanien, dem die junge, in keiner Weise nachtragende Nation durch die historische Verwandtschaft in Zuneigung verbunden bleibt, wird vom Bürgerkrieg erschüttert. Campoamor, der edle Ritter, rüstet sich zum Kampf. Er spitzt die Feder, glättet das Papier, öffnet das Tintenfass und reitet über die Seiten und Spalten lateinamerikanischer Zeitungen auf der Seite des republikanischen Spanien. Campoamor nimmt Spaniens Schmerz in sich auf und infiziert seine Leser. Auf den Seiten des *Pueblo* wirft er sich für die Sache der Freiheit in das Schlachtgetümmel.

Campoamor – durch Genealogie zugleich Spanier und Kubaner – ist ein Caballero, der die Worte des Journalisten und Schriftstellers dazu einsetzt, die Waffen für ein freies Spanien zum Glühen zu bringen, und dazu, die Herrschaft des Guten zu errichten. In seinem Kulturkreis *Proa* sammelte er Gleichgesinnte um sich – Schriftsteller, Wissenschaftler, Journalisten, Bildhauer und Maler –, denen wie ihm die Tragödie der Spanier zu Herzen ging. Sie veröffentlichten Manifeste, Gedichte, Essays und Artikel, in denen sie der grotesken politischen und gesellschaftlichen Realität – wie in der literarischen Glosse eingefordert! – Widerstand boten. Campoamor hielt Vorträge, er fuhr von Artemisa im Westen nach Manzanillo im Osten, wo ihn die Kulturvereinigung *Orto* einlud, und die gesamte geistige Elite Kubas reiste mit an. Für die Spanier war es vor allem die Stimme des Journalisten aus Artemisa, die nicht zu überhören war.

Er schrieb in argentinischen, brasilianischen und mexikanischen Zeitungen unermüdlich über das Drama, das sich im fernen Südwesten Europas abspielte, dem ehemaligen Mutterland der spanischen Kolonien: »Amerika reicht Spanien die Hand, von Gleich zu Gleich. Denn die Tragödie besitzt hier wie dort dieselbe menschliche Dimension.«

Die spanische Republik ehrte den engagierten Journalisten. Sie sah in ihm die Verkörperung des erwachsen gewordenen Amerika, einen Lateinamerikaner aus Leidenschaft, der mit den Stimmen von Bolívar, Martí und Rubén Darío spricht, seine geistigen Wurzeln allerdings in Spanien hat.

Und welche Worte wählte Fernando Campoamor, um Spanien zu beschreiben?

»Weites, nächtliches Spanien. Nördliches Land, dort, wo das Meer wie ein eifersüchtiger Damhirsch röhrt. Es ist eine würdevolle Hochebene, fast hochmütig in der Höhe von Avíla, der Stadt, in der die sinnliche Nonne Teresa de Cepeda geboren wurde. Spanien wird ein milder Abhang an der Küste und steinig in den Pyrenäen. Das Land ist ästhetisch und tiefgründig, fanatisch und volkstümlich. Eine Rasse ohne Rassismus, die aus Tradition und Temperament hoch hinauf in den Himmel Don Quijotes blickt.«

Ein Name allerdings taucht nie in den Artikeln und Glossen des Fernando Campoamor auf: José Lezama Lima. Der Verfasser des Romans *Paradíso* – ein Buch, das zu den Standardwerken lateinamerikanischer Literatur gehört und von Generationen von Schülern gelesen wird – war ein Einzelgänger. Ein schwer zugänglicher Eigenbrötler, der sein Amt, das Schreiben, »wie ein Magier versah«, wie es Reinaldo Arenas anmerkt, auf dessen Biografie *Bevor es Nacht wird* man zurückgreifen muss, wenn man etwas über den Literaten erfahren möchte. Als Werk eines gläubigen Katholiken und homosexuellen Schriftstellers unterlag seine Arbeit nach 1959 der Zensur. Und obwohl Lezama Limas *Paradíso* mittlerweile auch in Kuba wieder verlegt wird, ist es still geblieben um den Meister, dessen Werk dem Ideal der Schönheit unterworfen ist.

Der Regisseur Tomás Gutiérrez Alea verwendet die Figur Lezama Limas in seinem Film *Erdbeer und Schokolade* als Metapher, um den Moment im Entwicklungsprozess des filmischen Protagonisten David zu erfassen, wenn dessen ideologisch untermauerte Unempfindlichkeit gegenüber allem wahrhaftig Schönen zu bröckeln beginnt.

Der Begründer der Literaturzeitschrift *Orígenes* blieb in seinem Land immer der große Unbekannte. Lezamas Lebensmittelpunkt bildete sein Haus in der Trocadero-Straße Nr. 164, der Lebensmittelpunkt der übrigen Schriftsteller waren die literarischen Zirkel in den Cafés, Bars und Bodegas von Havanna. Dort war auch Campoamor zuhause. »Lezama pflegte kaum Kontakte«, beantwortet er die Frage, warum er, der mit den Literaten Lateinamerikas verkehrte, nie den Autor von *Paradíso* kennen gelernt hat. »Er hielt sich nicht an den Orten auf, an denen ich mich mit Freunden traf, um ein Bier zu trinken oder zu reden. Lezama war nicht volksnah. Ich weiß gar nicht, mit wem er überhaupt befreundet war. Er war kein Mensch der direkten menschlichen Kommunikation.« Vielleicht meint Campoamor damit, dass Lezama Lima nicht die »kreolische Gabe des Lachens und des Tratschens« besaß. Arenas zeichnet da ein anderes Bild des wortgewandten Großmeisters, bei dem er – ganz in dieser kreolischen Tradition des Klatsches und Tratsches – allerdings auch Vertraulichkeiten aus dessen Privatsphäre verrät, mit denen sich der menschenscheue Literat selbst bestimmt nie seinen Lesern offenbart hätte. Lezamas Leben in seinem schon etwas baufälligen Haus symbolisierte für Arenas das »Ende einer Epoche, eines Lebensstils, einer Art, die Wirklichkeit zu sehen und sie zu überwinden – im künstlerischen Schaffen und durch eine allen Verhältnissen trotzende Treue zum Kunstwerk«.

HAVANNA *Feelings*

MÄNNERFREUNDSCHAFTEN

Ein Malerleben

Spanien ist Campoamors *cubanía* näher als Afrika. Eine Behauptung, gegen die er gerne heftig protestierte, wenn ihn nicht seine lebenslangen Gewohnheiten und – vor allem – die Wahl seiner Freunde als Gallego entlarvten, als Kubaner spanischer Abstammung.

Wieder ein Hochhaus. Ein funktionaler Bau hinter dem Hotel *Habana Libre*. Eine gigantische Wabe, mit kleinen Wohnparzellen hinter Fenstern, deren Glasscheiben zersprungen sind. Die Hurrikans verlangen ihren jährlichen Tribut. Fenster, die dem Druck der Stürme nicht standhalten, gehen kaputt und können nicht ersetzt werden, denn Glas ist Luxusware.

In der achtzehnten Etage wohnt Fernandos Jugendfreund, der Maler Julio Girona. Er sitzt im Wohnzimmer seines Appartements und zeichnet langsam und bedächtig einen Frauentorso auf seinen Skizzenblock. Im gemütlichen Durcheinander der kleinen Wohnung, in der überall Ölbilder herumstehen und sich auf dem Sofa und den Stühlen Skizzen und Zeichenmappen stapeln, wirkt der kalte, heruntergekommene Plattenbau beinahe freundlich. Das Fenster ist weit geöffnet. Der Blick geht aufs Meer hinaus; tiefblaues Wasser, so weit das Auge reicht. Ein Dampfer gleitet durch den Fensterausschnitt und fährt in Richtung Morro, der Festung, die seit vielen Jahrhunderten über die Hafeneinfahrt Havannas wacht. Ein malerischer, magischer Anblick, der völlig vergessen lässt, dass man sich in einem der hässlichsten Gebäude der Stadt befindet. Das Telefon läutet. Girona legt den Bleistift beiseite und hebt ab. Der Chefredakteur der Kunstzeitschrift *Gaceta* meldet sich am anderen Ende der Leitung. Er erkundigt sich, ob der Maler zufällig einen Artikel für die nächste Ausgabe der Zeitschrift zur Verfügung stellen könnte. Der alte Mann fragt spitzbübisch: »Willst du einen Artikel des Malers Girona oder des Schriftstellers Girona? Es ist nämlich fünf vor zwölf. Wenn du den Autor sprechen willst, musst du fünf Minuten warten. Jetzt bin ich noch dabei zu zeichnen.«

Der sanfte Julio wurde noch nicht von der Welt vergessen wie sein Freund Fernando. Die beiden haben sich in den Dreißigerjahren kennen gelernt, als Campoamor einer Einladung von *Orto* nach Manzanillo folgte und dort über die Vorgänge in Spanien und über die moralische Pflicht der Kubaner sprach. Julio – Manzanillero und Mitglied von *Orto* – hörte ihm zu. Als sich Julio und Fernando später im Atelier des Bildhauers Juan José Sicre wieder trafen, war das der Beginn einer Freundschaft, die von der ständigen Abwesenheit des einen gezeichnet sein sollte. Julio Girona verbrachte mehr Zeit außerhalb des Landes als auf der Insel. Er war deshalb aber nicht weniger typisch für Kuba als so mancher Habanero, der nie aus seinem Viertel im Nuevo Vedado oder Cerro herauskam. Julio Girona lebte das Leben eines kubanischen Bohemien. Und Fernando kam die Aufgabe zu, dafür zu sorgen, dass der Name des Freundes in der Heimat nicht in Vergessenheit geriet: »Wieder einmal taucht Julio Girona in Havanna auf. Der Weltenbummler, der in Manzanillo das Licht der Welt erblickt hat und sich, seitdem sein Name vor Jahren zum ersten Mal auf den Seiten der Zeitschrift *Social* erschien, zum reifen Maler entwickelt hat, wird eine Auswahl seiner Bilder im *Lyceum* vorstellen«, schreibt Campoamor über seinen Freund in der Wochenchronik der *Bohemia*.

Als Girona noch in Manzanillo lebte, verbrachte er die Sommer in Havanna im Haus seiner Großeltern, die in der Zanja-Straße im chinesischen Viertel wohnten. Seine Familie zog 1929 in die Hauptstadt, und der vierzehnjährige Julito stellte sich dem Bildhauer Juan José Sicre vor. »Er war klein, rund, liebenswürdig und hatte rote Pausbacken. Er zeigte mir seine Klasse und lud mich ein, sein Schüler zu werden, obwohl ich gar nicht an der Schule eingeschrieben war.«

Mit Campoamor verbindet den Maler die Lust am Fabulieren. Girona ist ein begnadeter Geschichtenerzähler. Der 1915 geborene Maler spricht in Form kleiner Anekdoten über sein Leben. Vor einiger Zeit hat er den bunten Bilderbogen humorvoller Erinnerungen als *Memoiren ohne Titel* veröffentlicht. Julio Girona schreibt so, wie er malt und wie er mit seiner leisen, angenehmen Stimme erzählt: einfach und anschaulich, naiv und liebenswert.

»In Kuba gehen die Dinge entweder ganz schwer oder ganz leicht. Unter dem Regime Machados musste die Schule *San Alejandro*, in der Sicre unterrichtete, schließen. Daraufhin durfte ich im Atelier des

Bildhauers weiterarbeiten. Meine Eltern wohnten damals am Ende der Carlos-Tercero-Straße. Ich ging die ganze Strecke bis zu Sicres Studio zu Fuß. Ich ging die Carlos Tercero hinunter, dann die Reina entlang, bis ich zur Galiano kam, bog in die San Rafael ein, durchquerte den Parque Central, ging am Präsidentenpalast vorbei, die Chacón hinunter bis zur Antigua Maestranza, wo Sicres Atelier lag. Manchmal ging ich auch den Prado entlang bis zum Malecón. Dort gab es das Café *El Lucero*, wo ich mich mit Freunden traf, mit Nando Campoamor, mit Nicolás Guillén und drei oder vier anderen. Ich trank eine Tasse Kaffee zu fünf Centavos. Für mehr reichte das Geld nicht. Das alles spielte sich in der Zeit ab, in welcher der letzte Teilabschnitt des Malecón gebaut wurde.

Damals fertigte Sicre eine Serie Büsten von kubanischen Patrioten an. Martís Kopf wurde am bekanntesten. Nach dem Sturz von Machado bekam er viel zu tun. Er modellierte die Köpfe der Intellektuellen, die nun freigelassen wurden oder aus dem Exil zurückkehrten.

Juan Marinello, Raúl Roa und Ramón Guirao trafen sich jeden Nachmittag im Atelier des Bildhauers, wo auch Emilio Roig de Leuchsenring und Pablo de la Torriente aus- und eingingen.

Eines Nachmittags – ich half dem Meister, Marinellos Kopf zu modellieren – kam Raúl Roa wütend ins Atelier. Er erzählte, dass die Regierung von Mendieta fünfzig Europa-Stipendien an revoltierende Studenten vergab. Die Unruhestifter waren in das Bandentum auf dem Uni-Gelände verwickelt und bereiteten der Regierung ziemliches Kopfzerbrechen. Um sie elegant loszuwerden, kam man auf die Idee mit den Auslandsstipendien. Raúl Roa ärgerte sich und meinte, dass ich der Einzige sei, der dieses Stipendium wirklich verdiente. Ich hatte natürlich nichts dagegen einzuwenden. Das Problem war nur, dass ich weder Gangster noch Universitätsstudent war. Ich war nur ein einfacher Bildhauer und machte niemandem Probleme. Mit dieser Vita hatte ich keine Chance, in den auserwählten Kreis derer aufgenommen zu werden, die auf Kosten des Staates durch die Welt reisen durften. Als Roa am nächsten Tag zur gewohnten Stunde im Atelier erschien, überreichte er mir mit einem strahlenden, geheimnisvollen Blick ein Kuvert. Ich öffnete es und zog ein Dokument heraus, auf dem mir schwarz auf weiß bestätigt wurde, dass auch ich von der Regierung ein Stipendium erhalte, um mich in Paris verstärkt den Studien der Kunst widmen zu können. Wie angenehm und kurz der Nachhauseweg an diesem Tag war! Zu Hause saß meine ganze Familie beim Essen. Ich wünschte einen guten Appetit und fragte meine Mutter beiläufig, ob wir einen großen Koffer hätten.

›Wozu brauchst du ihn?‹, entgegnete sie. ›Willst du nach Manzanillo fahren?‹ – ›Nein, nach Paris.‹ Meine Mutter blickte nur kurz von ihrem Teller auf: ›Hör auf, dummes Zeug zu reden. Setz dich endlich hin, und iss die Suppe, bevor sie kalt wird.‹ Also hielt ich ihr das Stipendium unter die Nase. Sie begriff, dass die ganze Geschichte stimmte, und fing zu weinen an. Sie war davon überzeugt, dass ich für immer aus ihrem Leben verschwinden würde. Ich versicherte ihr, dass ich selbstverständlich wiederkäme und ihr bis dahin jede Woche schreiben würde.

Als mein Schiff den Hafen verließ, standen meine Eltern und fünf Schwestern, Campoamor, Marinello, Roa und Sicre am Kai und winkten. Roa schrie mir hinterher: ›Werde berühmt, damit ich über dich schreiben kann und ein saftiges Honorar bekomme!‹«

Julio Gironas Mutter schätzte den Abenteuergeist ihres Sohnes richtig ein. Es war tatsächlich ein Abschied aus Kuba für lange Zeit, beinahe für ein ganzes Menschenleben.

Pinsel und Malblock immer im Gepäck, so zog Girona durch Europa und – an Deck eines Frachtschiffs – weiter nach Kleinasien und Afrika. Er sah die Pyramiden, das Nil-Delta und die Berge des Maghreb. Nach achtzehn Monaten war das Stipendium verbraucht, doch anstatt nach Havanna zurückzukehren, schiffte sich der kubanische Weltenbummler nach New York ein. Er suchte dort Arbeit und hatte Glück. Die Zeitung *La Voz* brauchte einen Zeichner. Girona lieferte jeden Tag eine Karikatur ab und wurde in Dollar bezahlt. Drei Jahre blieb er in New York. Dann winkte das nächste Abenteuer in Mexiko.

Julio rechnete sich aus, wie viel Geld er für das Reiseticket in das Land von Orozco, Siqueiros und Rivera bräuchte. Er legte eine Liste mit den Namen seiner Freunde an und sammelte von jedem zwei Pesos ein. Jetzt hatte er genug, um sich den Fahrschein zu kaufen. Bei der

52 In der Stadt der Weiblichkeit pflegte der Journalist Fernando Campoamor *(vorne halblinks)* ausgesprochen lateinamerikanische Männerfreundschaften.

53 *Sloppy Joe's* – die Bar mit der längsten Theke in der Stadt

54–56 *Coctel* war die Zeitschrift der professionellen Barkeeper und der *aficionados*. Natürlich durften die Artikel Campoamors darin nicht fehlen. Er machte sich als Rum-Spezialist einen Namen – und als Freund Hemingways. 1956 organisierte Campoamor zu dessen Literaturnobelpreis ein Festbankett als ein »Treffen unter Freunden«. Die Einladung zierte eine Originalgrafik *(rechts)*. Hemingway dankte es ihm mit einer ungewohnten Geste der Rührung: Er überreichte ihm seine Nobelpreismedaille.

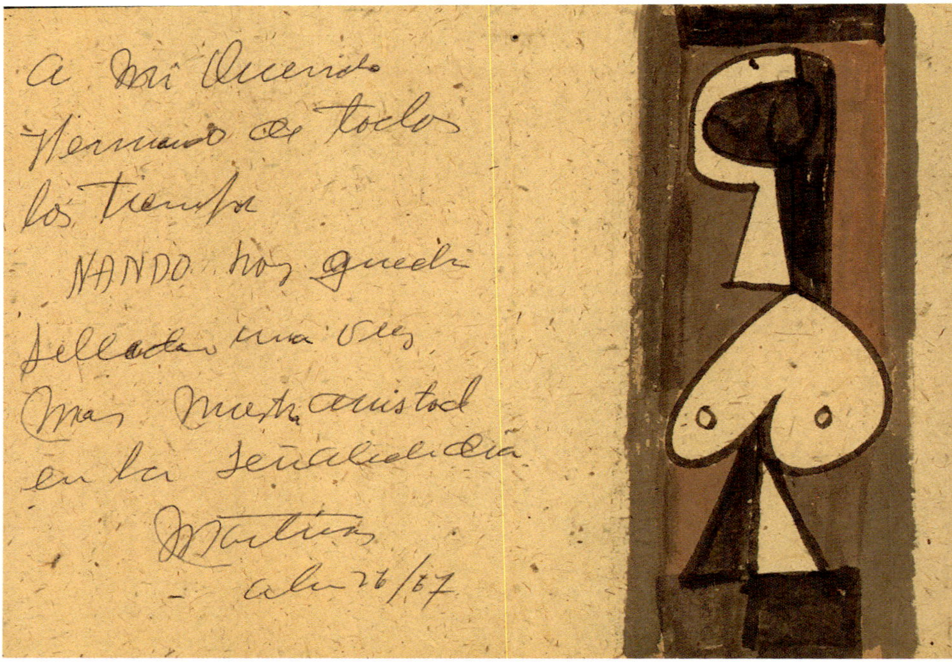

57 Fernando Campoamor gehörte zur kubanischen Bohème. Seine Bekannten waren Maler und Kneipenwirte. Angel Martínez, der Besitzer der berühmten *Bodeguita del Medio*, widmete seinem alten Stammgast die vielbesungenen »kreolischen Früchte« mit einer Originalgrafik.

58–59 Der Maler Julio Girona gehört zu Campoamors Freunden aus frühesten Tagen. Ein Künstlernomade, den Campoamor als »Charlie Chaplin der Landstraße« beschrieb.

60–61 Eis aus Boston war Anfang des 19. Jahrhunderts ein extravaganter Luxus, der in Havannas Bars und Bodegas in Form gekühlter Fruchtsäfte seither reißenden Absatz findet. In Eichenholzfässern aus Nordamerika reift Zuckerrohrschnaps zum berühmten kubanischen Rum.

Überfahrt lernte er einen Matrosen kennen, der ihm ein Empfehlungsschreiben mitgab. Er wollte sich um eine Stelle als Zeichenlehrer bewerben. Doch »die Mexikaner sind so unzuverlässig, dass wir Kubaner neben ihnen wie Engländer wirken. Ich wurde ins *Café Paris* bestellt, und natürlich tauchte nie jemand auf. Stattdessen lernte ich den nordamerikanischen Maler Pablo O'Higgins kennen, der mit Diego Rivera zusammenarbeitete. Er war strohblond und trug seinen mexikanischen Sombrero tief ins Gesicht gezogen, weil er nicht wie ein Gringo, sondern wie ein Mexikaner aussehen wollte. Ich konnte bei ihm wohnen. ›Weißt du‹, fragte mich O'Higgins, ›dass Eisenstein in diesem Zimmer geschlafen hat, als er *Viva México* gedreht hat?‹ – ›Ah, was du nicht sagst! Und hast du Chabela, die Indianerin, kennen gelernt?‹ – ›Natürlich, sie kommt oft in unser Atelier.‹ Also lernte auch ich die Indianerin Chabela kennen.«

Gironas Begegnung mit der mexikanischen Kunst kulminiert in der Geschichte eines Brathähnchens. Er hatte gerade die Nacht mit einer unbekannten Frau verbracht. Frühmorgens, sie schlief noch, bekam er Hunger. Er ging auf Zehenspitzen in die Küche, öffnete den Kühlschrank, und da sah er dieses knusprig braun gebratene, riesengroße Hähnchen verführerisch im Kühlschrank liegen. Das Wasser lief ihm im Mund zusammen. Er riss sich ein dickes Stück vom Hähnchenschenkel ab und verschlang es heißhungrig. Während er kaute, musste er plötzlich an einen kubanischen Maler denken, den er vor kurzem kennen gelernt hatte. »Ringo ist noch schlechter dran als ich«, dachte sich Girona. »Immerhin bin ich ein geselliger Mensch und erhalte immer wieder Einladungen. Aber er?« Girona zog sich leise an, um seine Gastgeberin nicht zu wecken, packte das Hähnchen ein und verließ die Wohnung. Er ging geradewegs zu seinem Freund, der noch im Bett lag. Girona schob die Pinsel und Farben auf dem Tisch beiseite und packte das Hähnchen aus. Ringo wurde auf einen Schlag hellwach: »Und wie bist du um diese Uhrzeit zu einem Hähnchen gekommen? Was hast du dafür getan?« Eine Frage, die Girona mit einem Seufzer beantwortete: »Wenn du wüsstest, was ich getan habe, um dieses Hähnchen zu bekommen!«

Julio Girona scheint immer zur richtigen Zeit am richtigen Ort gewesen zu sein. Egal, wo er war – das Versprechen, das er seiner Mutter vor seiner Abreise nach Paris gegeben hatte, hielt er ein: Er schrieb ihr lange Briefe aus Paris, wo er im gleichen Hotel wie Carpentier wohnte und mit ihm und seiner Frau *picadillo* und *moros y cristianos* aß – Gehacktes und Reis mit schwarzen Bohnen. Er schrieb ihr Reiseberichte aus Italien, Prag und Deutschland, wohin er in den Sommermonaten flüchtete, weil dort das Leben billiger war als in Paris. Er schrieb ihr aus New York und Mexiko und erzählte ihr in seiner unterhaltsamen Art, dass er nach dem Mordanschlag auf Trotzki gemeinsam mit einundzwanzig anderen Malern einige Nächte im Gefängnis verbracht hatte. Und er schrieb ihr aus London, Brüssel und Reimes, wo er als Freiwilliger auf der Seite der Alliierten während des Zweiten Weltkriegs kämpfte.

Julio Girona war ein Gewohnheitsmensch. Dazu passt, dass er jedes Jahr für einige Wochen nach Havanna reiste. Seine alten Freunde hießen den verlorenen Sohn stets mit einem Festbankett willkommen. Kaum jemand hat sich so sehr von der Kunst und den Musen leiten lassen wie der »Maler mit dem traurig bescheidenen Blick, der Charlie Chaplin der Landstraße«, wie ihn Campoamor einmal nannte. Wenn es in Gironas Leben ein Leitmotiv gegeben hat, so waren es die Frauen. Wie leicht wäre es für ihn, seine Abenteuer im Tonfall eines erfolgreichen Jägers zu erzählen: Linda in Berlin, Juliette in Paris, Antoinette in Brüssel und Nancy in New York. Doch Julio Girona hatte wohl deshalb Glück beim weiblichen Geschlecht, weil er so jungenhaft schüchtern wirkte, so beschützenswert und unbeholfen.

»Als ich 1934 in Paris wohnte, lernte ich eine Frau aus Berlin kennen, Linda. Im Sommer besuchte ich sie in ihrer Stadt. Sie kümmerte sich darum, dass ich die Erlaubnis erhielt, im Atelier eines Kunstprofessors zu zeichnen. Dort war ich der einzige Mann unter lauter Frauen – falls nicht gerade der Professor zu einem kurzen Besuch ins Studio kam. Seine Schülerinnen waren alle zwischen achtzehn und fünfundzwanzig Jahre alt. Eines Nachmittags tauchte unser Nacktmodell nicht im Atelier auf. Sie ließ ausrichten, dass sie auch die nächsten zwei Wochen nicht kommen könne, weil ihre Mutter in Düsseldorf erkrankt sei. Was sollten wir tun? Eines der Mädchen hatte die Idee, dass wir alle, Frauen und Männer, der Reihe nach Modell stehen sollten.

Ich bekam den Plan ins Französische übersetzt und freute mich kolossal über die ungewöhnlichen Aussichten. Ich malte mir bereits in Gedanken aus, wie jede Einzelne von ihnen nackt aussehen würde.

Und wirklich stand vom nächsten Tag an abwechselnd jedes Mädchen Modell. Ich konnte, gut und sicher hinter meinem Zeichenblock versteckt, in aller Ruhe überprüfen, ob die Wirklichkeit mit meiner Fantasie übereinstimmte. Die eine erinnerte mich an ein Modell von Albrecht Dürer, mit kleinen runden Brüsten. Die Nächste hatte breite Hüften, einen großen Busen und schwarze Augen wie ein byzantinisches Mosaik.

Allmählich mischte sich allerdings Unbehagen in meine Neugier, als der Tag näher kam, an dem ich an der Reihe war, den anderen Modell zu stehen.

Als es so weit war, schaffte ich es nicht, die Stufen zum Atelier hinaufzusteigen. Ich fühlte mich so elend, als ob es der Weg zu meinem Richtplatz wäre. Mit jeder Stufe schrumpfte mein Körper ein Stückchen mehr, die Muskeln schwanden, der Brustkasten fiel in sich zusammen, ich wurde immer dünner und unattraktiver. ›Was für eine lächerliche Figur ich machen werde!‹, dachte ich bei mir. Nein, ich konnte da nicht hineingehen. Ich machte auf dem Absatz kehrt und schlich mich an den Häusern entlang davon. Ich setzte mich auf eine Bank in der Nähe des Tiergartens und haderte mit meinem Schicksal.

Am nächsten Tag täuschte ich Unwohlsein vor und hoffte auf Verständnis. Aber meine Studienkolleginnen waren unerbittlich. Ich wollte wenigstens meine Unterhose anbehalten, aber sie hielten mich unter großem Gejohle fest und zogen sie mir einfach aus. Schließlich stand ich da, wie Gott mich erschaffen hatte. Ich fügte mich in mein Schicksal. Sah ich nicht letzten Endes so aus wie jeder andere Mann – mehr oder minder?

Es klopfte an die Tür. Wer stand davor? Linda! Ausgerechnet Linda, die mich sonst nie im Atelier besuchte. Sie starrte mich von oben bis unten an und sagte verärgert: ›Zieh dir die Hose an! Hindenburg ist gestorben.‹«

Julio Girona wirkt in seinen Geschichten nicht wie der Verführer. Der schüchterne Mann ist der Verführte. Seine Bettabenteuer sind die Abziehbilder eines romantischen Künstlerhelden.

»Als der Zweite Weltkrieg vorbei war«, fährt der alte Frauenheld mit seinen Anekdoten fort, »hielt ich mich in Reimes auf. Die Einheit, der ich angehörte, campierte in einer Schule und langweilte sich den ganzen Tag. Wir spielten Poker, hörten Frank Sinatra oder Bing Crosby, und abends besuchten wir eine Bar. Mehr Abwechslung gab es nicht. Ich wollte wieder nach Paris. Nach langer Wartezeit wurde mir endlich die Erlaubnis erteilt. Jetzt musste ich nur noch meine Unterlagen in der Kaserne abholen, aber genau da lag das Problem. Die Dokumente waren verschwunden! Der Dienst habende Soldat, ein zierlicher Mann mit einer kleinen, runden Brille, suchte sicherheitshalber auch in der Kartei unter F – Fernández –, meinem zweiten Familiennamen. Auch Fehlanzeige. Er wandte sich ratlos an seinen Vorgesetzten, der trocken meinte, dass man mich unter den Toten suchen solle. Gott sei Dank war ich auch dort nicht zu finden. Ich wurde ungeduldig. Sollten diese zwei verdammten Jahre am Ende nicht mal meinen Namen wert gewesen sein? Der kleine Soldat vertröstete mich auf den nächsten Tag. Es bestünden Chancen, dass ich unter den Verschwundenen und Fahnenflüchtigen gelandet war.

Ich machte einen Spaziergang durch Reimes. Die Leute ließen gerade die Rollläden vor ihren Geschäften und Wohnungsfenstern herab. Das gab mir das Gefühl völliger Einsamkeit, als ob ich tatsächlich von allen Lebenden getrennt worden wäre. Ich suchte Geborgenheit in einem kleinen, etwas heruntergekommenen Café und bestellte mir einen Seelentröster. Dann dachte ich über meinen neuen Status nach. Ich gehörte also weder zu den Lebenden noch zu den Toten. Dieser Zustand hatte auch seine positiven Seiten. Wer oder was würde mich jetzt daran hindern, ein neues Leben zu beginnen? Ich könnte die Malerei aufgeben und endlich das machen, wovon ich immer geträumt hatte. Ich könnte Fischer in Alaska werden, mit einer japanischen Freundin an meiner Seite. Während ich wochenlang auf See unterwegs wäre, würde sie am Kai stehen und auf mich warten. Dann verwarf ich die Idee wieder. Alaska war zu kalt. Vielleicht sollte ich nach Tahiti segeln, quer über den Pazifik? Aber dann fiel mir ein, dass ich seekrank wurde. Mir war schon übel, wenn ich auf dem kleinen Boot die paar Meter über die Hafenbucht von Havanna nach Regla fuhr. Was würde dagegen sprechen, ein Künstlercafé in Havanna zu eröffnen? Ein verrauchtes Café im Pariser Stil, mit alten Filmplakaten an den Wänden, mit Marlene Dietrich als Lola im *Blauen Engel*, Greta Garbo als Spionin Mata Hari und mit Ingrid Bergman in dem Klassiker *Casablanca*. Mein Café würde ein Ort sein, an dem sich Liebespärchen treffen und – vor den gaffenden Blicken der Provinz geschützt – einander berühren und liebkosen könnten. Leider erinnerte ich mich rechtzeitig daran, dass meine lieben Malerfreunde in Kuba keinen Centavo in der Tasche hatten. Mir bliebe nichts anderes übrig, als ihnen ständig Kredit einzuräumen. Das wäre ein schlechtes Geschäft. Um nicht mehr an die Sache mit dem Café zu denken, trank ich noch einen Cognac. Da fiel mein Blick auf die Frau neben mir an der Bar. Sie hatte leuchtend rote Haare. Sie lächelte mir zu, und ich fasste Mut, sie zu fragen, ob ich sie zu einem Drink einladen dürfe. Sie nahm die Einladung an. Nach dem dritten Glas rückten wir näher zusammen. Sie sagte, dass sie ganz in der Nähe wohne. Wir gingen zu ihr. Sie hatte ein Zimmer im *Hotel du Nord*. Nachdem wir miteinander geschlafen hatten, fragte sie mich, woher ich käme: ›Du bist kein Amerikaner, denn du sprichst Französisch, und die Amerikaner sprechen keine andere Sprache als Englisch. Wer bist du also?‹ Ich erklärte ihr, dass ich ein Soldat sei, nach dem sie unter den Toten suchten. Ich lag in diesem Moment auf ihr. ›Du und tot?‹, lachte meine Bettgefährtin. ›Ich konnte mich doch gerade davon überzeugen, wie lebendig du bist.‹«

Julio Girona liebte die Frauen. Sein Glück fand er allerdings weder in Berlin noch in Paris. Sein Glück fand er in Havanna. Ilse, die Tochter des deutschen Botschafters – ebenfalls Schülerin des Bildhauers Sicre –, war die Frau seines Lebens.

Als Ilse Erythropel an einem schönen Tropenmorgen an Deck des Schiffes stand, das sie mit ihren Eltern nach Kuba bringen sollte, und sie zum ersten Mal die Silhouette von Havanna am Horizont sah, warnte die Mutter ihre Tochter: »Und dass du mir jetzt nicht auf die Idee kommst, dich in einen Kubaner zu verlieben.« Als sie zwei Jahre später mit ihrer Familie wieder nach Deutschland zurückkehrte, nahm sie den nächsten Zug nach Paris und traf dort Julio Girona. Die beiden fuhren gemeinsam nach New York, mieteten sich ein Zimmer in Brooklyn und heirateten. Als ihre Töchter auf die Welt kamen, zogen sie nach New Jersey. Dort lebten sie dreißig Jahre, Ilse als Bildhauerin und Comic-Texterin, ihr Mann als Maler und Karikaturist.

Julio Girona hat auch im Alter nichts von seiner jungenhaften Art verloren. Aber die Zeiten des künstlerischen Nomadentums liegen hinter ihm. Der alte Mann ist sesshaft geworden. Seit dem Tod seiner Frau lebt er wieder in Havanna. Sein Bewegungsradius beschränkt sich allerdings auf die wenigen Quadratmeter in seiner Wohnung. Denn wie Campoamor ist auch er an den Stuhl gefesselt. Da der Aufzug im Haus nie funktioniert, ist die Chance gering, dass sich die alte Freundschaft mit neuem Leben füllen lässt. Fernando Campoamor lässt sich jeden Tag mehr vom Strom der Vergangenheit dahintreiben, während Julio Girona noch ganz der Gegenwart verbunden ist. Die Vergangenheit bündelt er zu humorvollen Anekdoten, die er schwungvoll niederschreibt. Auch Havanna – die Stadt, die er einmal als eine Art Prag in den Tropen bezeichnete – hat er sich in seine Wohnung geholt: Girona sitzt vor den weit geöffneten Fenstern mit Blick auf den Horizont und malt Frauenkörper in den Pastelltönen der Altstadt, zartbraun, rosa, hellgrün.

Eine letzte Anekdote, die von der Freundschaft handelt, die beide Männer verbindet, erzählen die Briefe von Julio Girona, die er vor mehr als einem halben Jahrhundert an seinen Freund Campoamor geschrieben hat. Sie haben in einer der verstaubten Schachteln von Campoamors Archiv die Zeit überdauert. Ein herzhafter Gruß aus der Vergangenheit:

3. April 1948

Lieber Campoamor,

um dir zu schreiben, wollte ich warten, bis ein wenig Ruhe eingekehrt ist. In New York musste ich mich zunächst um *Dick Tracy* und *Ana, die kleine Waise*, kümmern. Ich war mit meinen Comic-Figuren die letzten Tage über sehr beschäftigt. Da ich heute etwas Zeit zur Verfügung habe, möchte ich den Tag nicht verstreichen lassen, ohne endlich mein schlechtes Gewissen zu erleichtern.

Ich habe folgendes Problem: Wie du dich erinnern wirst, hattest du mich darum gebeten, ein bestimmtes Bild für dich auf die Seite zu legen, nämlich die Landschaft mit den zerstörten Häusern. Also gut – ich habe das Bild verkauft. Lass mich kurz erklären, was bei mir los war, damit du meine Gründe dafür verstehen kannst.

Als meine Bilder im *Lyceum* hingen, hatte ich den Eindruck, dass mir die Ausstellung keinen Centavo einbringen würde. Mich entmutigte der Gedanke, dass die Anstrengungen von zwei Jahren Arbeit nichts gebracht haben sollten. Es ist nicht so, dass ich dem Geld hinterherjage. Aber es hat mich traurig gemacht, nicht einmal in der Lage zu sein, durch den Verkauf von ein paar Bildern wenigstens die Kosten der Ausstellung decken zu können. Du weißt, wie ich arbeite: Tagsüber zeichne ich meine Comic-Figuren, nachts male ich. Mein Leben gleicht dem Leben vieler anderer Maler, und trotzdem finde ich es manchmal erschütternd. Nun bot sich mir die Gelegenheit, deine Landschaft gegen Geld einzutauschen – was ich auch tat! Denn ich bekam für das Bild hundertfünfundzwanzig Pesos angeboten. Ich entschloss mich, es zu verkaufen, weil ich mir sicher war, dass ich dir später alles erklären kann.

Ich möchte dir ein anderes Bild schenken, ein Bild, das ich unter künstlerischen Gesichtspunkten sogar mehr schätze als die Landschaft. Bevor ich den Brief an dich begonnen habe, blätterte ich meine Zeichenmappe durch, um zu schauen, ob sich ein Bild darunter befindet, das ich dir als Erinnerung an die Familie Girona aus Brooklyn senden könnte. Ich entdeckte dabei den Torso einer nackten Frau mit Hahn. Ich werde dir dieses Bild gleich heute noch schicken. Wer weiß, vielleicht gefällt dir das Bild, vielleicht auch nicht. Meiner Meinung nach ist es viel besser als die Landschaft mit den zerstörten Häusern. Und sollte es dir nicht gelingen, dich in diese Frau mit dem Hahn zu verlieben, dann kannst du dir ein Bild deiner Wahl aussuchen, wenn du das nächste Mal in New York bist – das verspreche ich dir!

Vergiss nicht, mir zu schreiben, sobald du das Gemälde erhalten hast. Und sage mir, ob es dir gefällt. Um mein schlechtes Gewissen zu erleichtern, muss ich wissen, dass du nicht ganz und gar am Boden zerstört bist.

2. Mai 1948

Lieber Campoamor,

auf die Schnelle einige Zeilen, um dich zu bitten, noch etwas Geduld aufzubringen, bis die versprochene Gouache kommt. Es war doch zu kompliziert, das Bild mit der Post zu senden. Deshalb habe ich beschlossen, es meiner Schwester Rosita mitzugeben, wenn sie Ende des Monats nach Kuba fährt. Das wollte ich dir schon seit Tagen sagen, aber du kannst dir ja vorstellen, wie durcheinander ich bin, so kurz vor der Geburt unseres zweiten Kindes.

22. August 1948

Lieber Campoamor,

meine Schwester hat die beiden Bilder, die ich ihr Ende Mai mitgegeben hatte, miteinander verwechselt. Ich hatte ihr alles genau erklärt, aber scheinbar hörte sie mir nicht richtig zu. Die Zeichnung, die du nun erhalten hast, sollte sie Marquina geben, und das berühmte Gemälde mit Frau und Hahn war für dich gedacht, was ja bereits großartig von mir angekündigt worden war. Ich dachte nicht, dass man die Bilder verwechseln könnte. Deshalb hatte ich auf der Rückseite auch nicht vermerkt, an wen jedes einzelne Bild ging. Das war mein Fehler.

Als ich erfahren habe, was passiert ist, bekam ich einen Tobsuchtsanfall. Ich wusste nicht, was ich machen sollte. Was geschehen ist, tut mir sehr leid. Nun sende ich dir einen Clownskopf. Ich habe ihn dieses Jahr gemalt. Hoffentlich gefällt er dir. In der Hoffnung, dass dieses Mal endlich alles klappen wird …

Mit einer Umarmung von deinem Freund

Julio Girona

Das fröhliche Kind des Zuckerrohrs

»Unter meinen alten Freunden und Bekannten ist einer, der mir ein ganzes Leben lang die Treue gehalten hat. Er kam aus dem Oriente wie Julito und eroberte im Sturm die Herzen von uns Kneipengängern. Er ist das fröhliche Kind des Zuckerrohrs, und ich kenne diesen Freund, *el ron*, mittlerweile so gut, dass er mir nun auch seine Tante, *la ronera*, vorgestellt hat, wo ich für den Rest der mir noch verbleibenden Zeit Familienanschluss gefunden habe.« Fernando Campoamor ist in der Rolle seines Lebens. Er unterhält seine Gäste mit Wortspielen und kreolischen Pointen. Er ist aus seiner Alterslethargie erwacht und verstreut großzügig spritzige Redewendungen, Wortspiele und Satzeinschübe, mit denen er schon vor Jahrzehnten seine Gespräche würzte. In seiner Rechten hält er das Mittel, das einen nachdenklichen, abwesenden alten Mann in einen brillanten Gesprächspartner verwandelt: ein Glas, in dem goldbraun ausgereifter Rum schimmert. Mit *vergüenza o dinero* – Anstand oder Geld – wandelt er Chivas' Leitspruch in einen Trinkspruch um, rollt spitzbübisch die Augen, in denen plötzlich etwas von ihrem alten Feuer aufleuchtet, und schließt temperamentvoll mit einem Hoch auf die *Partido Liberal* seines erzkonservativen Großvaters, bevor er uns für die Dauer eines Drinks den Campoamor von gestern präsentiert: »Rum ist so etwas wie unser Rückgrat. Er hilft uns – auch im wirtschaftlichen Sinn. Aber das sagen wir besser nicht, denn sonst denkt man, wir sind ein Land der Trinker. Dabei trinken wir gar nicht so viel. Wir können es uns überhaupt nicht leisten. Aber damals, als der Rum noch zehn Centavos gekostet hat, da haben wir viel getrunken. Und daher stammen wohl auch die Millionen, die das Haus Bacardí verdiente.«

Fernando Campoamor, der Rum-Spezialist. Denjenigen, denen sein Name noch etwas sagt, ist er vor allem als Verfasser einer kleinen, poetischen Kulturgeschichte des Rums in Erinnerung geblieben. Auf hundertsechsundvierzig Seiten teilt er allen mit, die schon immer mehr über den karibischen Zuckerrohrschnaps wissen wollten, wodurch dieses Kind kubanischer Erde von Anfang an so schicksalhaft mit der Geschichte der krokodilförmigen Antilleninsel verbunden war. Er erzählt die Geschichte der Pflanze, die den Rohstoff für die Rumherstellung liefert, und spannt den Bogen von den frühen Tagen bis zur Gegenwart. Die Siedler, die hier im Gefolge der großen Entdecker an Land gingen, brachten das Zuckerrohr mit, weil sie erkannten, dass das Klima ideal war, um diese Pflanze zu kultivieren. Er beschreibt, was in technologischer, wirtschaftlicher und soziologischer Hinsicht passieren musste, damit aus dem Getränk, das zunächst als *taifa* das Licht der Welt erblickte und nichts anderes als ein wilder und rauer Piratenschnaps war, ein destillierter, fassgelagerter und gereifter Blend werden konnte, der zunehmend die Sache von Spezialisten wurde, den modernen Alchemisten in der schattig-feuchten Welt der Rumherstellung. Campoamor verließ den gewohnten Pfad der Alltagschronik eines Zeitungsmachers und wälzte in alten Dokumenten, um dem kubanischen Rum kulturell den Platz einzuräumen, den er bei Kennern längst besaß.

In den ältesten Dokumenten Havannas aus der Zeit zwischen 1550 und 1560 entdeckte er Hinweise darauf, dass außerhalb des Stadtgrabens bereits das erste Zuckerrohr angepflanzt worden war.

Zucker wurde in Tonkrügen aufbewahrt, in denen er granulierte, damit sich Bakterienkulturen entwickelten. Damit lieferte die Zuckerproduktion von Anfang an Alkohol. Campoamors kubanische Zuckergeschichte ist auch eine Chronik des Sklavenhandels. Rum war Tauschgut im Geschäft mit der menschlichen Ware. Die Sklavenhändler nahmen ihn bei ihren Fahrten nach Afrika mit, um damit für Sklaven zu zahlen, die als Arbeitskräfte auf kubanischen Zuckerplantagen landeten. Ein geschlossener Kreislauf.

»Es gibt auf Kuba eine üppige Bibliografie über die Geschichte des Zuckers, des Tabaks und des Kaffees. Doch über die Geschichte des Rums konnte ich kein einziges Buch finden, nicht einmal eine Broschüre! Nur in der Werbung und in der leichten Unterhaltungskost zum Thema Cocktails tauchte der Rum auf. Aber niemand hatte sich die Mühe gemacht, ernsthaft seine Kulturgeschichte zu untersuchen. Deshalb«, erklärt Campoamor, »schrieb ich das Buch.«

Er erzählte, wo Rum im Alltag der Kubaner seine Spuren hinterlassen hat – in Liedern, Gedichten, Sprichwörtern, Spielen, in der Literatur und in der Barkultur des 20. Jahrhunderts. Und dann verließ Campoamor das Terrain des Historikers wieder und kehrte zu der Rolle des Chronisten zurück, des leidenschaftlichen Zeitzeugen und des Protagonisten, aus dem der *aficionado* spricht, der Rum-Liebhaber. »Als die Tavernen Mitte des 19. Jahrhunderts gesellschaftsfähig wurden, begann der Siegeszug des kubanischen Rums. Die ersten zuckerhaltigen Getränke waren so bunt gemischt wie das Land, in dem sie entstanden. Es war die Geburtsstunde des Cocktails.«

Symphonie aus Eis

In den Morgenstunden des 19. Jahrhunderts – ganz genau im Jahr 1801 – beantragte der erlauchte Vorsitzende der Vereinigung der Zuckerproduzenten, Don Francisco de Arango y Parreño, die Genehmigung, Eis aus dem Ausland in »das sehr reiche Havanna« zu importieren. Er meinte, dass Eis die richtige Erfrischung während der drückend heißen Sommermonate bieten würde. Um seine Argumente zu bekräftigen, fügte der Sprecher der Zuckererzeuger hinzu, dass bereits seit 1771 kleinere Mengen davon ins Land gelangten und dass »das Eis und die eishaltigen Getränke den Bauch sowie das Nerven- und Muskelsystem kräftigen«. Der Inselgouverneur, Marqués de Someruelos, genehmigte die Initiative als »medizinische Vorsorge gegen Krankheiten, die auf eine Verdünnung des Blutes zurückzuführen sind und in den warmen Klimazonen häufig vorkommen«.

In den ersten Monaten des Jahres 1805 tauchte im Hafen von Havanna der »König des Eises« auf, Fred Tudor aus Boston, der die spanischen Autoritäten endgültig überzeugen konnte und 1810 das Monopol für den Eisverkauf auf Kuba erhielt. Er brachte auf seiner Brigg zweihundertvierzig Tonnen natürliches Eis und baute ein spezielles Depot, erste Kühlräume, in denen seine begehrte Handelsware aufbewahrt werden konnte, ohne dass sich das Kapital in Wasser auflöste.

Gleichzeitig belebten sich die Cafés, in denen eine Auswahl an Früchten angeboten wurde, die, gepresst und zerkleinert, in Gestalt aromatisierter und gezuckerter Säfte verkauft wurden. Im heißen, tropischen Havanna wurde der Genuss von eisgekühlten Guanábana-, Mamey- und Ananassäften bald zur Gewohnheit. Es entstand eine Symphonie aus Eis, die ihren Höhepunkt in den Cocktailrezepten des 20. Jahrhunderts fand. In der Cocktailbar nimmt der gefrorene Longdrink einen Ehrenplatz ein. Frappiert, in Würfel- oder Zylinderform ist der gesunde Freund aus alten Tagen immer dabei. (*Coctel*, 1957)

Aus kleinen Ritualen, aus Sitten und Gebräuchen entwickelt Campoamor wie jeder andere Kubaner ein ganz persönliches Verhältnis zu seinem Lieblingsrum.

Wenn die Kellermeister neue Mischungen kreieren, versuchen sie, diese Vielfalt an individuellen Vorlieben in den neuen Rum mit einfließen zu lassen. Den Geschmack nach Melasse, das Tabakaroma, einen Hauch Kakao. »Rum ist wie ein Garten, in dem alle Gewürze Kubas zu duften scheinen. Und erst wenn der Rum in den Rachen fließt, entfaltet sich der scharfe Geschmack des Branntweins.« So also soll Rum sein, nach Meinung Campoamors und unzähliger anderer Rumgenießer – ein Garten voller Aromen, ein Paradies der Geschmacksnuancen.

Bis heute ist nicht klar, woraus sich das Wort »Rum« genau ableitet. Vielleicht aus dem englischen *rumbullion*, was so viel wie Krach und Poltern bedeutet, etwas Stürmisches, etwas, das die Sinne aufwirbelt.

Die Suche nach der wahren Bedeutung des Wortes Rum hat Campoamor sein Leben lang mit großer Gelassenheit geführt, warten doch in den ältesten Rumkellereien der Welt legendäre Fässer ausgereiften Rums darauf, verkostet zu werden. Und es ist nicht zu befürchten, dass der Vorrat bald zu Ende geht. Zwischenzeitlich klärt uns Campoamor über die Herkunft einiger weltberühmter Rumklassiker auf. Und bei seiner Genauigkeit und Pedanterie in Recherchefragen kann man davon ausgehen, dass man von ihm den Cocktail unverfälscht serviert bekommt:

Cuba libre

Sein Vor- und sein Nachname waren die Losung unserer Groß- und Urgroßväter im Freiheitskampf des vergangenen Jahrhunderts. Und mehr noch! *Cuba libre* war der Aufschrei des Vaterlandes, in dem die *cubanía* und der Sieg mitschwangen.

In unserer Zeit hat *Cuba libre* die Identität eines Cocktails angenommen. Sein Erfinder köpfte eine Flasche Rum, fischte mit der Zange einige Eiswürfel aus der Kühlbox und schnitt eine grüne Limone in zwei Hälften. Ein Freund, der dem Zeremoniell zusah, kommentierte das alles mit einer bei uns sehr geläufigen, humorvollen Redewendung: »*Eso traerá cola.* Das wird Folgen haben.«

Cola heißt in diesem Zusammenhang Folge, Konsequenz, und der unversehens zum Barmann aufgestiegene Erfinder verteidigte sein gelungenes Produkt mit der gleichen Heiterkeit: »Das wird Fröhlichkeit und Feststimmung zur Folge haben.« Er vervollständigte seinen zukünftigen Longdrink mit erfrischender Cola. Cola ist eine einheimische Pflanze. Aus ihrem Samen, der Kolanuss, lässt sich dieses erfrischende Getränk gewinnen, das medizinisch eingesetzt wird, in keiner Hausbar fehlt und auch in den Cafés der Stadt serviert wird, um auf die Freundschaft anzustoßen. Das ganze Geheimnis des Cuba libre liegt im Mengenverhältnis der einzelnen Zutaten. Ein Longdrinkglas, ein cl frischer Limonensaft, vier bis fünf cl Rum, zwei oder drei Eiswürfel – das ist der Schlüssel zum richtigen Gleichgewicht.

Der Cuba libre hat so viel Sympathien gewonnen, dass sich seine Erfinder, beides Reisende, die mehr als einmal unser Land besucht hatten, zur Vaterschaft dieses kreolischen Cocktails zu bekennen wagten. Sie beichteten unabhängig voneinander, jeder von ihnen an einem Ort, der tausende von Kilometern entfernt vom anderen lag. Der eine bekannte sich zu seiner Tat, als er an der chilenischen Küste in seinem Haus auf der Isla Verde mit Freunden beim Essen saß – das war der Dichter Pablo Neruda. Der andere, nämlich der Maler David Siqueiros, verriet seinen Beitrag zur Entstehung des bekanntesten kreolischen Drinks ebenfalls im Kreis seiner Freunde, tief im mexikanischen Landesinneren, in seinem Atelier in Cuernavaca. Die Geburt des Cuba libre war kein literarisches oder künstlerisches Produkt, sondern entsprang einer romantischen Liebesbeziehung. Der Cuba libre ist die Huldigung zweier unsterblicher Lateinamerikaner an die Insel Kuba. (*Coctel*, 1957)

Im Jahr 1924 wird in Havanna die Gesellschaft der Barkeeper gegründet, der *Club de cantineros,* der seinen Sitz auf dem Paseo del Prado hatte. Die Mitglieder definierten ihren Berufskodex auf der Grundlage einiger Regeln, die eingehalten werden müssen, um die Berufsbezeichnung Cantinero zu Recht tragen zu dürfen. Zum Beispiel sollte ein Barkeeper hundert Cocktailrezepte auf die Dosierung genau beherrschen. Der *Club de cantineros* feilte am sechsten Sinn der Barkeeper, die neben Diplomatie, psychologischem Gespür, philosophischem Umgang mit den Widersprüchen dieser Welt und vornehmer Diskretion auch die Fähigkeit entwickeln sollten, zu erkennen, welcher Gast zahlen und welcher am Ende einer langen Nacht seine Zeche schuldig bleiben wird.

Die ironische Lösung dieses Problems hat einer Bar von Havanna einen Namen eingebracht, dank dem sie erst so richtig berühmt wurde: das *Sloppy Joe's*, die Bar mit der längsten Theke der Stadt, deren Besuch in den Fünfzigerjahren auf dem Pflichtprogramm jedes amerikanischen Touristen stand. Obwohl hier teilweise mehr Englisch als Spanisch gesprochen wurde, war ihr Besitzer ein waschechter Gallego: José Alvear. Der geschäftstüchtige Wirt machte aus seiner Bodega in kürzester Zeit eine florierende Bar. Hilfe bekam er von unerwarteter Seite. Ein Journalist der *Havana Post* hatte in der neu eröffneten Bar keinen Kredit erhalten, und tief gekränkt veröffentlichte er daraufhin in seiner Zeitung eine vernichtende Kritik über die Kneipe, die er recht abwertend *Sloppy Joe* – Schmutziger Joe – betitelte. Aber damit bewirkte er genau das Gegenteil von dem, was er eigentlich beabsichtigt hatte. Mit dem unter Habaneros eigenen Sinn für Humor verwendete der Kneipenwirt den Verriss, um Werbung für sein Lokal zu machen. Er taufte die Bodega offiziell: *Sloppy Joe's*. Die Gäste blieben nicht aus, sie waren neugierig auf den Ort mit dem komischen Namen.

Von der berühmten Bar, die sich über die Länge eines Mietshauses zwischen den Straßen Animas und Agramonte erstreckte, ist nicht viel mehr als eine Ruine übrig geblieben. Seit den Siebzigerjahren ist das Lokal geschlossen. Die maurischen Azulejos-Kacheln, mit denen das Haus außen meterhoch verkleidet war, werden heimlich abgeschlagen und Touristen als nostalgische Souvenirs angeboten. Die Fenster sind mit Holzbrettern verbarrikadiert. Ein Blick durch die Ritzen zeigt, dass die legendäre Theke fehlt. Ein Teil von ihr steht mittlerweile, wieder auf Hochglanz poliert, in der Bar des Rum-Museums von Havanna.

Vor dem Eingang zur Bar ist noch der Schriftzug *Sloppy Joe's* zu erkennen, der in den Boden graviert wurde. Er erinnert an ein Grabmal: *Sloppy Joe's* – es ruhe in Frieden. Nicht mehr für lange Zeit, wenn alles nach den Plänen der *Oficina del historiador* verlaufen wird. Der Wiederaufbau der Traditionsbar steht nun in dicken, roten Lettern an oberster

Stelle auf der Liste der Altstadt-Gebäude, die das Büro von Eusebio Leal seit Jahren konsequent restauriert. Es sind in der Regel historisch bedeutsame und vom Einsturz bedrohte Häuser. Um mit dem Wiederaufbau beginnen zu können, wurden die Mietparteien, die in den oberen Etagen des baufälligen Hauses wohnten, ausquartiert und nach Alamar in den äußersten Ostteil Havannas umgesiedelt.

Die Archivare der Altstadt haben mit ihrer Suche nach den in alle Winde verstreuten Originalobjekten des *Sloppy Joe's* begonnen. Sie sollen zurück auf ihren angestammten Platz in der Traditionsbar, weil man die Bodega im nostalgischen Outfit möglichst schnell für die Touristen wieder eröffnen will, die für die Illusion des Unvergänglichen in Havanna mit Dollar zu zahlen bereit sind. Das Schicksal der benachbarten *Barra Bacardí* soll sich dabei nicht wiederholen. Nur wenige Besucher verirren sich in die etwas dunkel und leblos wirkende Bar im ersten Stock des ehemaligen Firmensitzes der Rumfirma, deren Fledermaus-Label immer noch die Turmspitze des Art-déco-Gebäudes ziert. Nicht immer funktioniert das Geschäft mit den Fünfzigerjahren so reibungslos und selbstverständlich wie im *Floridita* oder der *Bodeguita del Medio*.

»Bodeguita, du bleibst, ich gehe«

Fernando Campoamor verirrte sich seinerzeit ebenfalls höchst selten in die Bars im amerikanischen Dorf, dessen Herzstück das *Sloppy Joe's* war. Berufliche Kontakte pflegte er beim Smalltalk im Kreis der Reporter hinter dem Hotel *Plaza*, wo er in clubähnlicher Atmosphäre seinen Rum on the rocks mit Oliven und *chicharrones* – knusprig gebratenen Schweineschwarten – serviert bekam. Danach eilte er, ohne sich mit begehrlichen Seitenblicken auf die verführerischen Bars links und rechts vom Weg aufzuhalten, zu seiner Stammkneipe: der *Bodeguita del Medio*. Zusammen mit einer Gruppe von Freunden machte er diese Bodega in Havanna so bekannt, dass sie noch heute von dem Flair zehrt, das sie seinerzeit besaß. Wo längst den Touristen das Terrain überlassen wurde, traf sich einstmals die kubanische Bohème. Campoamor gehört zur legendären Generation der *fundadores* – der Gründer. »Fundador« betont Campoamor im stolzen Brustton desjenigen, der die Wirkung seiner Aussage genießen möchte. Seine Stimme wird fester: Zu den Gründern der *Bodeguita* zu gehören gleiche einer Auszeichnung, die mehr wert ist als all die Medaillen und Urkunden, die er in seinem Leben erhalten hat.

Welches Dach hätten die Dichter und Denker Havannas gehabt, wenn sich nicht ein Guajiro aus dem Dorf Vueltas in der alten Provinz Las Villas Mitte der Dreißigerjahre entschlossen hätte, sein Glück in Havanna zu versuchen? Angel Martínez kam als Tourist in die kubanische Hauptstadt. Aufmerksam sah er sich die Sehenswürdigkeiten an, doch aufmerksamer noch verglich er das Leben in der Stadt mit dem Leben auf dem Land und kam zu dem Schluss, dass es weitaus reizvoller war, den Überlebenskampf in der kubanischen Metropole aufzunehmen, als zwischen Kühen und Hühnern Regale aufzufüllen und Rum auszuschenken. Er war so tüchtig, dass sein Lohn im Lauf der Zeit von acht auf fünfunddreißig Pesos im Monat erhöht wurde. Nach sieben Jahren hatte er so viel beiseite legen können, um mit den Ersparnissen eine eigene kleine Bodega zu eröffnen. Der Besitzer der *Casa Martínez* konnte sich bald auf seine Stammkundschaft verlassen. Zum gastronomischen Phänomen wurde sein Laden allerdings erst, als ihn die Stammklientel 1950 auf den Namen *Bodeguita del Medio* umtaufte. Campoamor trug die Geschichte der kleinen Kneipe in die Welt hinaus:

»Wenn Sie im Telefonbuch nach der *Bodeguita del Medio* suchen, dann sehen Sie besser nicht unter B wie Bodega nach, denn mittlerweile ist die *Bodeguita* in die Kategorie der Restaurants aufgestiegen. Suchen Sie auf Seite hunderteinundneunzig unter den 15 Angel Martínez', die sie dort finden werden, nach dem Bodeguero Martínez. Er hat den Schlüssel zum Restaurant in der Straße Amargura mit der Hausnummer 207.

Und so begann die märchenhafte Geschichte: Es war einmal ein armer, aber wacher Guajiro, der immer einen Witz auf den Lippen hatte und nie dem kleinen Laster des Rauchens verfiel. Dieser Guajiro kam, niemand weiß wie, mit Frau und Koffer in Havanna an. Weil er mit offenen Augen und Ohren durch die Straßen Havannas spazierte, merkte er bald, dass die Hauptstadt seines Landes dabei war, die Gaumenfreuden der einheimischen Küche zu vergessen.

Er bemühte sich, – so schnell es eben ging –, selbst Besitzer einer kleinen Bodega, einer Bodeguita, zu werden, und unterteilte die beiden Räume seines neuen Eigentums in Ladenbereich und Schlafzimmer. Neben Bier und Rum verkaufte er Käse, Chicharrones, Sardinen, luftgetrockneten Schinken und viele andere kleine Leckereien.

Um seine Kunden nicht aus den Augen zu verlieren, stellte er den Mittagstisch neben der Theke auf. Und wie es seiner ländlichen Mentalität entsprach, blieb er dem Geschmack einfacher, echter Hausmannskost treu. An Sonn- und Feiertagen variierte er das Schweinefleisch mit Yucca oder Süßkartoffeln, *congrí* oder normalem weißem Reis sowie Kochbananen.

Von Geburt aus großzügig, lud Angel Martínez (das nämlich ist der Guajiro unserer Geschichte) eine Hand voll Freunde zu Tisch ein, die in der nahe gelegenen Buchdruckerei von Felito Ayón zu tun hatten. Weil diese Freunde – die alle Schriftsteller, Maler und Zeichner waren – ihre Essensattacken regelmäßig wiederholten, wurde in einer Art Klausurtagung beschlossen, für die Mitglieder der Gemeinde einen separaten Speiseraum einzurichten. So wurde am Mittwoch, dem 26. April 1950, im Zentrum Alt-Havannas das Restaurant der *Bodeguita del Medio* eröffnet.

Der Rest der Geschichte besteht aus Essen und Musik; die Musik kam allerdings erst nach den Getränken hinzu. Denn natürlich musste in der *Bodeguita* niemand an Durst leiden. Der Mojito, ein Cocktail aus Rum, Zitrone, Eis und Hierbabuena, erleichterte die Verdauung – den Nachtisch lieferte Carlos Puebla mit Liedern, die heute international bekannt sind.«

Félix Ayón, der Besitzer einer kleinen Druckerei, zwei Türen von der *Bodeguita* entfernt, sowie sein Grafiker Luis Alonso – von allen nur Felito und Plomito genannt – zogen die illustre Schar hinter sich her ins Restaurant. Fernando Campoamor tritt in der kleinen Chronik der *Bodeguita del Medio* in Begleitung der Journalisten Leandro García, Enrique Serpa und Mario Kuchilán auf. Die verbindende Qualität der kubanischen Musketiere bestand darin, dass sie einen Ron Collins perfekt von einem Tom Collins unterscheiden konnten.

Auf dem Gruppenbild der Fundadores strahlt unser edler Ritter im Kreis seiner Freunde Nicolás Guillén, Carlos Puebla, Juan David (der Karikaturist), Angel Martínez und Alejo Carpentier. Letzterer gehörte zu den Gründern der *Bodeguita*, obwohl er Milch statt Rum trank.

La Bodeguita del Medio – die kleine Bodega in der Mitte – erhielt ihren Namen, weil sie genau in der Mitte der Amargura-Straße zwischen den Straßen Cuba und San Ignacio lag. Blättert man in der Chronik der Bodega weiter, ändern sich die Gesichter der Gäste. Rita Montaner, Bola de Nieve und Alicia Alonso entdecken die Kneipe. Den einheimischen folgen lateinamerikanische Berühmtheiten. Noch heute hängen die vergilbten Fotos von Jorge Negrete und Carmen Miranda an den Wänden der Bodeguita. Dann mischen sich Errol Flynn, Jimmy Durante und Lou Costello unter die Gäste und wirbeln mit einem Hauch von Hollywood den kreolischen Kneipenduft auf.

Leandro García, früh verstorbener Journalist und Freund Campoamors, hatte Recht, als er an die Wand des Lokals schrieb: »Bodeguita, du bleibst, ich gehe.«

Fast alle sind mittlerweile gegangen: Martínez, Guillén, Carpentier, Puebla. Und Campoamor hat die Welt der Bars und Bodegas mit dem Mikrokosmos seiner kleinen Wohnung eingetauscht. Ein Einziger ist auf den harten Holzstühlen der Casa Martínez sitzen geblieben: der Journalist Ramón Guerra, der – niemand weiß, wann, von wem und warum – auf den Künstlernamen Mongo P. getauft wurde. Mongo P. macht sich noch immer auf den langen Weg von seinem Haus im Küstenörtchen Baracoa – im Westen weit hinter dem Jachthafen *Marina Hemingway* gelegen – in die Stadt, nur um seinen Stammplatz in der *Bodeguita* einzunehmen: »Für mich wird die *Bodeguita* immer bleiben, was sie war – der schönste Ort in Havanna. Ich blicke oft verwundert um mich und stelle fest, dass ich als einziger Kubaner unter lauter Touristen übrig geblieben bin. Das stört mich nicht. Im Gegenteil – zeigt es doch, wie bekannt heute unsere Bodega ist. Besucher aus aller Welt drängen sich an der Theke, nur um später sagen zu können, dass sie einen Mojito in der berühmten *Bodeguita del Medio* getrunken haben.

Das macht mich stolz.« Stolz ist Mongo P. auch auf seine kleine Medaille *Félix Elmuzo*, die er für alle sichtbar am Jackenrevers trägt, weil sie nur diejenigen erhalten, die in ihrer Arbeit journalistische Qualität mit lebenslanger Parteitreue verbunden haben. Mongo P., das Maskottchen der *Bodeguita del Medio*, schließt seine Geschichten aus alten Tagen mit dieser Erinnerung aus etwas neueren Tagen ab. Campoamor, der Rum-Spezialist, soll trotzdem das letzte Wort zur *Bodeguita del Medio* haben, wenn er uns die Geschichte der Mentha selvana, der Minze, erzählt, Insidern besser bekannt als *hierbabuena*, ohne die der Mojito kein Mojito ist.

Die älteste Notiz über die Hierbabuena in der Antillenregion findet sich bei Gonzalo Fernández de Oviedo: »Hiervabuena,« – schreibt er in seiner *Historia natural y general de las Indias* – »in manchen Regionen auch Minze genannt, wächst hier das ganze Jahr über sehr gut und muss nicht aus Kastilien eingeführt werden.« Diese Nachricht stammt aus dem Jahr 1535. Zwei Jahrhunderte später erfahren wir aus einer Broschüre, der ersten, die überhaupt in der kubanischen Hauptstadt gedruckt worden ist, dass das Pfund Hierbabuena zwei Reales kostet.

Es gibt Afrokubaner, die die Wirkung eines jeden einzelnen Blattes kennen. Sie sind wahre Autoritäten unter den Kräuterheilern und wissen jede Krankheit mit einem speziellen Heilmittel zu behandeln. In dem Wirrwarr aus bitteren Kräutern, aus starken Kräutern, aus Kaiman- und Lamantinkräutern, aus Kräutern gegen Nervosität und dünnes Blut wählt der Kräuterheiler je nach Fall eine bestimmte Menge aus, wobei er sich ganz auf seine scharfen Sinne verlassen kann: »Ich spüre die Kräuter wachsen«, sagt er und ruft sie mit tiefer Stimme bei ihren afrikanischen Namen: *owo, egbé, korikó*.

Unter den Rezepturen der Pflanzenapotheke gibt es auch einige Alkoholpräparate. Das heißt, die Kräuter werden in Alkohol eingelegt, ähnlich wie es der Barkeeper macht, wenn er die Stängel der Hierbabuena zerstampft, ohne ihre Blätter zu beschädigen, um dem Mojito Saft und Geschmack beizumengen. Unsere Urgroßmütter haben sich vergnüglich ein Erfrischungsgetränk zubereitet, das sie »Mischmasch« nannten. Sie vermengten Ananasstückchen, Limonensaft, Sprudel und Eis mit der anmutigen Hierbabuena. Das war ein beliebtes Getränk in den Bars früherer Tage. Unsere Großmütter legten in Rum eingelegte Duftzweiglein auf die schmerzenden Wunden ihrer Kinder und Enkelkinder. Und sie waren es auch, die eine wunderbare Fabel aus kolonialen Tagen an uns Enkel überlieferten, als die heilige Jungfrau Maria und die heilige Anna gemeinsam in die Berge gingen, um Kräuter zu suchen. Anna riss eine zarte Pflanze aus, roch an ihr, probierte sie und sagte: »Das ist *yerba buena* – ein gutes Kraut.« Aber Maria, die eine andere Pflanze entdeckt hatte, antwortete ihr: »Diese hier ist besser – *mejor*!« Und seitdem werden die beiden Kräuter Hierbabuena und Mejorana – Majoran – genannt.

Die kreolischen Alchemisten setzten die Hierbabuena gegen Unglück und gegen Durst ein. Und mit diesem Rezept »gegen Unglück und gegen Durst« warben die Kräutersammler für ihr Produkt, wenn sie mit ihren Karren durch Straßen und Märkte zogen. Mit dem gleichen Spruch verkauft auch Rafael Gil seine Hierbabuena nun schon seit dreißig Jahren an die Bars von Havanna, die damit ihre Cocktails zubereiten und dekorativ schmücken: den Ron Daisy, den Planter's Plunch, Bellomonte, Bowman, Caballíto, Varadero und den sensationellen Mojito, dessen Vorläufer der Draque war, ein Drink, den der berühmte Pirat Francis Drake persönlich erfunden haben soll.

Aus der heiligen Krypta der kubanischen Bohème wurde ein Mojito-Museum, in dem die Reliquien ihrer einstigen Stammgäste zu bewundern sind. Gleich links hinter dem Eingang zur Bar liegt in einem gläsernen Schaukasten das Gästebuch der *Bodeguita*. Natürlich ist die Seite aufgeschlagen, in der Hemingway seine berühmten Zeilen *Mi daiquirí en el Floridita, mi mojito en la Bodeguita* hinterlassen hat. Jeder Havanna-Besucher kennt die Zeilen, die, noch einmal vergrößert, fotokopiert und in Rahmen gefasst, über der Theke hängen. Wen die Neugier treibt, der liest sich möglicherweise auch die Einträge der übrigen Gäste durch, die gemeinsam mit Hemingway ihre Autografen hinterlassen haben. Direkt über dem Trinkspruch Hemingways – eine etwas verwirrte Hymne auf einen scheinbar schon sehr fortgeschrittenen feucht-fröhlichen Abend. Die Unterschrift verrät den Kalligrafen, es ist Fernando Campoamor. Datum: Dezember 1954. Vielleicht war der

Abend ja so anregend, dass man, beflügelt vom Rum und der guten Gesellschaft, gleich weiterdichtete. Denn bekanntlich soll Hemingways berühmter Spruch gar nicht aus der Feder des Nobelpreisträgers stammen. Campoamor selbst lüftet die Geschichte als einen schildbürgerähnlichen Werbefeldzug, von den Freunden der *Bodeguita* ersonnen und durchgeführt: »Hemingway hat nie gesagt oder geschrieben ›mein Mojito in der *Bodeguita* und mein Daiquirí im *Floridita*‹. Den Spruch haben wir Stammgäste erfunden. Irgendwann sagte ich im Scherz zu Martínez, das Einzige, was seinem Lokal noch fehle, um Legende zu werden, sei ein Spruch von Hemingway. Zum Beispiel eben ›*Mi daiquirí* …‹. Martínez ließ sich den Spruch von einem Freund, der Hemingways Schrift gut nachahmen konnte, ins Gästebuch eintragen.«

Ein Daiquirí für Hemingway

Für Campoamor gehört die Begegnung mit dem amerikanischen Nobelpreisträger zu einem der wichtigsten Ereignisse in seinem Leben. Er war blutjung, kaum älter als zwanzig, als er ihn in einer der Hafenkneipen, in denen Hemingway bei seinen ersten Kuba-Aufenthalten verkehrte, zufällig sah: »Da vorne stand tatsächlich Hemingway. Der berühmte Hemingway. In meiner jugendlichen Begeisterung stürmte ich auf ihn zu und umarmte ihn in typisch kubanischer Art. Er zuckte zurück und griff sich instinktiv an die Brusttasche. Er mochte diese Art von Vertraulichkeit nicht. Sie war ihm suspekt. Aber im Lauf der Zeit schlug sein anfängliches Misstrauen mir gegenüber in Freundschaft um. Und heute kann ich sagen, dass ich einer der Ersten war, mit denen sich Hemingway auf Kuba anfreundete. Das ist ein sehr persönliches Kapitel in meinen Lebenserinnerungen. Nenn es auch Stolz, wenn du willst, oder Eitelkeit. Aber ich war es, der Hemingway die schönsten Bars von Havanna gezeigt hat.«

Hemingway, der das Fest seines Lebens in Paris begann, hat es auf Kuba beendet. Hier schrieb er über das, was er am liebsten tat: Hochseefischen und Rumtrinken. Damit wurde er – obwohl Nordamerikaner – zum bekanntesten Exportartikel Kubas.

Die Novelle *Der alte Mann und das Meer* entstand im Fischerort Cojímar, wo Hemingways Jacht lag. Vorbild für den Fischer Santiago war Gregorio Fuentes, Kapitän auf der *Pilar*. Durch den Roman wird Gregorio selbst zur Legende, zum meistfotografierten Fischer auf Kuba.

Mit Gregorio ging der Schriftsteller fischen, mit Fernando Campoamor verband ihn die Lust auf guten Rum: »Hemingway ging immer in die Hafenkneipen. Dort, im Hafen, lag seine Jacht. Als er im Lauf der Jahre immer öfter nach Kuba kam, quartierte er sich im Hotel *Ambos Mundos* ein. Ich schleppte ihn in eine kleine Kneipe gegenüber. Und die Folge davon war, dass er nicht mehr herauskam. Die nächsten dreißig Jahre nicht.«

Hemingways Trinkgeschichten sind so populär wie sein Leben und sein Werk. Auch Campoamor hat ihn als trinkfesten Genießer kennen gelernt. Eine Chronik über Hemingways Lieblingsdrinks, schrieb er einmal, ließe sich in einem Schluck erzählen. Man benötigte dafür nur so lange, wie es dauert, ein Glas voll des gereiften Zuckerrohrschnapses zu leeren: »Mit der einem Schriftsteller eigenen Autorität in ästhetischen Fragen wusste Hemingway Esprit im wirklichen Leben so zu schätzen, wie er auch einen alten Wein am Bouquet erkannte. Hemingway war bewandert in der Kunst der Gastronomie, er wusste zu trinken und zu essen. Er wählte Champagner, Whisky, Cognac und Rum nicht nach dem Etikett auf der Flasche aus, sondern nach der Qualität ihres Inhalts. In seinen frühen Jahren in Europa schwärmte er noch vom Rum der Insel Martinique, erst während seiner Aufenthalte auf Bimini und Cayo Hueso kam er dazu, kubanischen Rum zu kosten. So richtig lernte er ihn bei seinen Streifzügen durch die Hafenkneipen Havannas kennen, wo er nach Stimmungsbildern für *Haben und Nichthaben* suchte, seinen Roman, der die brutale Geschichte des Alkohol- und Menschenschmuggels in den Jahren der Prohibition erzählt.

Auf der Terrasse des Hotels *Ambos Mundos* betrieb der liebenswürdige Manuel Asper einen kleinen Kiosk im Art-nouveau-Stil, und dort probierte Hemingway seine ersten kreolischen Highballs. Später ließ er sich im *Floridita* nieder, dem Bar-Restaurant, das von der Zeitschrift *Esquire* unter den zehn besten Bars der Welt aufgelistet wurde. Seinem Platz an der Theke des *Floridita* blieb er treu. Er konnte Ausflüge nach Cojímar machen, einen Abstecher nach Key West, um dort das *Sloppy Joe's* seines Freundes Joe Russell zu besuchen, er konnte kurz in die Clubs und Häuser seiner kubanischen Freunde reinschauen, aber das *Floridita* war und blieb sein ureigenstes Lokal. Unter dessen Dach vertiefte er sein Wissen über kubanischen Rum, indem er die Cocktailbar durchprobierte. Da konnte »Perico« Chicote – dessen Bar *Chicote* die bekannteste in Spanien war – einen Cocktail nach Hemingway benennen. Da konnten Don Fernando Gaviria oder die anderen Fabrikanten der Liga karibischer Marken einen neuen Rum auf den Markt bringen. Niemand verstand sein Geschäft so bewundernswert und gut wie Constante, der Besitzer des *Floridita*.«

Seiner Stammbar setzte Hemingway ein Denkmal. Mit Constante, dem Meister aller Barkeeper, kreierte er den Daiquirí Hemingway Special, den legendären Papa doble (4 cl weißen Rum, 1 Barlöffel Limettensaft, 1 Barlöffel Grapefruitsaft, 1 Barlöffel Maraschino, 4 Eiswürfel, gecruncht). Beide, den Meister und den Drink, verewigte er in seinem Roman *Inseln im Strom*:

»Er hatte doppelte Daiquiris getrunken, von den großen, die Constante in überfrorenen Gläsern servierte, sodass sie nicht nach Alkohol schmeckten, und wenn man sie runterkippte, schmeckten sie, als fahre man auf Skiern einen verschneiten Gletscher hinunter, und der sechste oder achte schmeckte, als fahre man einen Gletscher hinunter und wäre nicht angeseilt.«

Campoamors bekannteste Veröffentlichung ist – neben der kleinen Zeitreise durch die Kulturgeschichte des Rums – ein schmales Bändchen, das im *Floridita* verkauft wird: *Hemingways Floridita*, eine Sammlung ausgewählter Artikel zum Thema Havanna, Rum und *Floridita*, im Zentrum die beiden ewigen Altstars: Constante, der Lehrer der Barkeeper, ein Alchemist, der die Kunst des Mixens in eine fast religiöse Zeremonie verwandelte, in ein heiliges und würdevolles professionelles Ritual. Und Hemingway, der die internationale Prominenz in die kubanische Cocktailbar schleppte: die Windsors, Jean-Paul Sartre, Gary Cooper, den berühmten Stierkämpfer Luis Miguel Dominguín, Tennessee Williams, Spencer Tracy, Rocky Marciano und Ava Gardner, um nur einige zu nennen.

Wenn die *Bodeguita del Medio* die Krypta des Mojito war, so wurde das *Floridita* im Zusammentreffen von Constante und Hemingway zur Kathedrale des Daiquirí.

Das Wort Daiquirí leitet sich – nach Fernando Ortiz – von den Worten *baiquirí*, *baitiquirí* oder *bayaquitirí* ab, Worte aus dem Osten Kubas, die alle ungefähr das Gleiche bedeuten. Das Wort *quirí* heißt in der afrikanischen Tchi-Sprache »Erde« oder »Land«. Noch heute sagt man *aburoquirí*, Land der Weißen. Und wenn man weiß, dass *baire*, *bayate* oder *bayte* kreolische Ortsnamen sind, die sich wahrscheinlich von *bayate* ableiten – einem Baum unserer einheimischen Flora –, dann ist es nicht mehr schwer zu erraten, was Daiquirí wörtlich bedeutet. Denn wenn wir der Hypothese von Fernando Ortiz, die er in seinem afrokubanischen Glossar aufstellt, weiter folgen, hieß Daiquirí ursprünglich Baitiquirí.
Und als wir einmal nach einem gemeinsamen üppigen Mittagessen mit reichlich Schildkrötensuppe noch ein Weilchen zusammen sitzen blieben, verriet uns Don Fernando noch, dass der Cocktail, den alle Welt unter dem Namen Daiquirí kennt, seine Taufe im gleichnamigen Stadtviertel von Caney im Oriente Kubas erhielt und eine Folge des spanisch-kubanisch-amerikanischen Krieges war. Ein paar von Roosevelts Soldaten bekamen nämlich in ihrem Zeltlager Durst. Ein Rest weißer Rum, etwas Zucker mit Limone, das Ganze mit Eis vermischt, lieferte ihnen den improvisierten Drink. Von dort aus machte der neu erfundene Drink zunächst die Runde durch Santiago de Cuba, dann tauchte er auch in Havanna auf. Er kam in der Bar des Hotel *Plaza* in Mode, wo ihn Maragato, der unvergessene Barkeeper, zum Nationalgetränk machte. Internationalen Ruhm erhielt er jedoch im *Floridita*. Dort hat er seinen Stammplatz unter den zehn Großen – dem Old-Fashioned, Whisky Sour, Jack Rose, Manhattan, Stinger, Martini, Champagne Cocktail, Scotch on the rocks und dem Sherry Flip. (*Coctel*, 1957)

Seit 1820 hat die Bar ihre Türen geöffnet. Bis zur Jahrhundertwende hieß sie *La Piña de Plata*, dann *La Florida*, die Gäste tauften sie in *El Floridita* um, und unter diesem Namen hat sie Geschichte gemacht. 1988 sah es allerdings so aus, als hätte die Bar die besten Jahre weit hinter sich gelassen. Sie wurde geschlossen, und bald standen von Hemingways einstigem Stammlokal nur noch die Stützpfeiler. Die Wiedereröffnung der gastronomischen Touristenattraktion war von Anfang an geplant. Wegen der zähen und trägen Bürokratie verzögerte sich der Termin jedoch noch einmal um zwei Jahre, bis 1990 mit den Sanierungsarbeiten begonnen wurde. Wertvolle Zeit, in der sich die Bausubstanz nochmals drastisch verschlechterte. Den alten Stammgästen und Barkeepern tat es im Herzen weh, mit ansehen zu müssen, wie die Prachtbar in der Zwischenzeit zum Pissoir verkam. Sie fragten sich, warum es überhaupt so weit kommen musste. Das Lokal wurde schon einmal – Ende der Siebzigerjahre – von Grund auf restauriert. Wurde dabei so geschlampt, dass das Haus zehn Jahre später nicht mehr zu retten war?

Die Zeitung *Opiña* eröffnete eine Polemik, an der sich auch der alte Campoamor mit unermüdlicher Leidenschaft beteiligte. Wenn diese Architekten der Spitzhacke und des Zerstörungswahns in der Geschichte immer das letzte Wort gehabt hätten, schreibt er, dann könnte Athen heute nicht mehr stolz auf die Akropolis verweisen, und in Rom wäre das Colosseum bereits zum Schutthaufen zusammengefallen: »Man stelle sich diese neue Plage über Ägypten vor, die es schafft, jahrtausendealte Pyramiden in Wüstenstaub zu verwandeln.« Ein letztes Mal zeigt der alte Meister der Glosse seine spitze Feder, und als Antwort schlägt ihm der eisige Wind eines fantasie- und poesielosen Bürokratismus entgegen. Als Querulant wird er bezeichnet, als Dilettant, der sich in eine Arbeit einmischt, die von Fachleuten durchgeführt wird, die von Technikern und Abgeordneten des *Poder Popular* im vollen Bewusstsein ihrer Verantwortung verrichtet wird: »Mit einem Vers lässt sich kein korrodierter Balken ersetzen, mit nostalgischen Erinnerungen kein Fundament stärken und kein Dach richten, das einzustürzen droht. Um das zu können, muss man studieren, konsultieren, kalkulieren, Entscheidungen treffen und arbeiten – ja, arbeiten! Trotz der respektlosen Zwischenrufe einiger Verantwortungsloser, die meinen, dass sich mit leerem Gerede idyllische Gesellschaften errichten lassen.«

Das war eine ungleiche Auseinandersetzung. Sie wurde in zwei völlig verschiedenen Sprachen geführt: Ironie traf auf Humorlosigkeit,

Wortspielerei auf langweiligen Ernst und Leidenschaftlichkeit auf Mittelmäßigkeit. Die Bauleiterin der staatlichen Tourismusbehörde warf Campoamor vor, dass ihm »der Respekt vor allem fehle, was nicht so sei, wie er es sich einbilde, dass es sein müsse«, was immer sie mit ihren sibyllinischen Worten meinte. Dabei hatte Campoamor die Glosse gar nicht aus Gründen der Selbstdarstellung verfasst, und wenn er noch einmal auf die Vorwürfe antwortet, so nicht, weil er hofft, den Wortstreit zu gewinnen, sondern weil er weiß, dass er längst der Verlierer ist. Mit der ungebrochenen Würde eines melancholischen Schelms verteidigt er seine so genannte Respektlosigkeit: »Im Lexikon wird der Dilettant mit einem Laien verglichen, der sich aus Liebhaberei oder Leidenschaft einer Kunst oder Wissenschaft verschrieben hat, obwohl er darin kein diplomierter Fachmann ist. Und Martí urteilt: ›Der Leidenschaftliche ist von Gott erwählt.‹ Aber als dilettantisch wird auch jemand etikettiert, dem jegliche Fähigkeit abgeht, Kunst oder Wissenschaft zu betreiben, und der es dennoch tut. Diese Art Dilettantismus rührt an die Quintessenz meines Lebens, weil sie eine meiner Befürchtungen bestätigt, die jeden Tag größer wird: Je mehr ich studiere und forsche, desto mehr wächst das Wissen um mein schreckliches Unwissen, was doch paradox für jemanden ist, der stets danach strebte, den Grad seiner Unbildung zu senken.

Die Patina der Gewohnheit hinderte mich daran, alte Leidenschaften beiseite zu lassen, und deshalb geriet mein Artikel über das *Floridita* zum Plädoyer der Erinnerungen, die mich mit diesem Ort verbinden. Nun musste ich deshalb in Kauf nehmen, als verantwortungsloser *aficionado* bezeichnet zu werden, der sich einbildet, mit einem Vers einen zerfressenen Balken ersetzen zu können. Natürlich lässt sich Korrosion nicht durch Verse, sondern nur durch Instandhaltung verhindern. Und deshalb habe ich Architektur immer als Kunst begriffen, Gebäude zu planen, zu bauen und zu erhalten. Gedichte begleiten diese Kunst, oder im besten Falle unterstützen sie diese, sie ersetzen sie natürlich nicht. Paul Valéry, der literarische Star aus Frankreich, hat uns einen Satz hinterlassen, der für alles gilt: ›Die Dichtung ist eine Lüge, die Wahrheit sagt.‹« (*Opiña*, 1990)

Campoamor hat sich von seiner Bar verabschiedet. Zwar ist das neue *Floridita* eine Kopie des alten, das Mobiliar entspricht dem Originalinventar, die Dekoration ist eine Hymne an den berühmten Stammgast, aber die Zeit hat den alten Mann und seine Erinnerungen hinter sich gelassen – und er hat sich dieser Tatsache gefügt.

Treffen in La Vigía

Campoamor war Hemingways Bar-Guide, ein würdiger Begleiter. Zur Lust auf guten Rum gesellte sich beider Lust an guten Gesprächen. Campoamor gehörte weder zu Hemingways Fischern aus Cojímar noch zu den Jai-Alai-Spielern, Boxern, Sparring-Partnern, Fitness-Trainern oder zu den kubanischen Dauergästen, die – wie es Hemingways Kuba-Biografen immer wieder gerne skizzieren – die Finca Vigía mit ihrem lauten Spanisch erfüllten und den Schriftsteller bei seiner Arbeit störten. Campoamor gehörte zu der Spezies Mensch, in denen Hemingway eigentlich seinen erklärten Feind ausgemacht hatte: zu den Presseleuten, den Journalisten und Intellektuellen. Er war ein Ästhet und gebildet. Und trotzdem war die Freundschaft gegenseitig. Denn Campoamor war großzügig wie Hemingway und wie er auch zu absoluter Loyalität bereit. Er verkörperte Ritterlichkeit, Ehrgefühl und hatte Respekt vor den Frauen – Eigenschaften, die auch Hemingway zugeschrieben wurden. Der Journalist trank gerne, liebte es, in Gesellschaft zu sein, und bewunderte den nordamerikanischen Schriftsteller, auch wenn sein eigener Stil Martí und der amerikanistischen Strömung verpflichtet war. Hemingway vertraute ihm. Campoamor konnte in der Finca Vigía ein- und ausgehen, auch wenn sich der Hausherr auf Reisen befand. Für die Zeitschrift *O Cruzeiro* erhielt Campoamor das erste Exklusivinterview, das der amerikanische Nobelpreisträger einem lateinamerikanischen Journalisten gab. Das Gespräch, das die beiden in Hemingways Finca La Vigía in San Francisco de Paula, unweit von Havanna, führten, veröffentlichte Campoamor unter dem Titel *Der alte Mann und das Meer*.

Nach einem halben Jahrhundert Hemingway-Rezension lässt sich in dem Interview kein neues Geheimnis mehr entdecken, durch das sich das bekannte Bild des Nobelpreisträgers um einige unbekannte Nuancen ergänzen ließe. Spannender ist es, einen Blick auf die Kolumne zu werfen, die Campoamor zum *Treffen in La Vigía* geschrieben hat. Sie verrät, in welcher Atmosphäre das Gespräch stattfand, und erzählt damit auch etwas von der Beziehung der beiden Männer zueinander. Hemingway, der im Allgemeinen keinen Hehl aus seiner Abneigung gegen Interviews und Interviewer machte, erweist Campoamor hier einen Freundschaftsdienst. Entspannt und bereitwillig gibt er Auskunft. Der Rahmen ist vertraut, informell. Zur Begrüßung gibt es schottischen Whiskey on the rocks für die Gäste, Hemingway selbst trinkt Chianti. Der Hausherr sieht noch schnell die Korrespondenz durch, während Reporter und Fotograf mit ihren Gläsern in der Hand durchs Haus spazieren: »Wir fischen uns aus dem Regal einige Bücher heraus, denn in diesem Haus kann jeder Gast machen, wozu er Lust hat. Ernesto hat mehrere Ausgaben von *Der alte Mann und das Meer.* (An diesem Morgen wurden bei Warner übrigens einige Rollen des gleichnamigen Films gezeigt.)

Wir schlendern weiter durch die Zimmer, die Themen ergeben sich völlig ungezwungen. In seinem Privatzimmer liegt neben seiner kleinen tragbaren Schreibmaschine ein redigiertes Manuskriptblatt. Und dann halten wir, in einem intimen und ruhigen Moment, zum ersten Mal die Originalmanuskripte einiger Erzählungen in den Händen; Seiten, an denen er gerade arbeitet.

Er brachte uns ein Exemplar der *Tribune*, damit wir die Notiz über eine Samenbank lesen können, die er mit folgenden Worten kommentierte: ›Der Mensch verliert seine Zeugungsfähigkeit durch die Atomtests, die bereits das Klima verändert und den Verlauf der großen Meeresströmungen beeinflusst haben. Wir Fischer merken, dass die Fische nicht mehr so strömen wie früher …‹

Ich kann mich nicht mehr erinnern, was der Auslöser dafür war, dass er plötzlich das Gefühl hatte, seine Leidenschaft für das Meer rechtfertigen zu müssen: ›Die Zeit, die ich auf dem Meer vor den spanischen, afrikanischen und kubanischen Küsten verbracht habe, ist die einzige Zeit, die ich nicht verschwendet habe.‹ Aber da vergaß er die Zeit, die er in einer Stadt verbracht hat, der ebenfalls seine Liebe gilt. Einen

Moment später kommt er auf sie zu sprechen: ›Venedig.‹ Dann korrigiert er sich: ›Venedig im Winter, ohne Touristen.‹

Mary kam mit einer Menge Bohnen in den Händen vom Gemüsebeet zurück, und wir machten uns mit einer Menge Fotos in den Händen auf den Weg nach Havanna. Wir hatten allen Grund, euphorisch zu sein.« (*Diario Nacional*, 1957)

Wie die Nobelpreismedaille zur Caridad del Cobre *kam*

»Ein Treffen unter Freunden« sollte es werden, ein kreolisches Fest ohne konkreten Anlass – eine Hommage an Ernesto Hemingway. Seit langem fühlten sich ihm die Kubaner zu Dank verpflichtet. Denn der Nordamerikaner war seit Jahren als eine Art kubanischer Ehrenbotschafter tätig, der das Bild von Kuba weltweit verbesserte. In der kubanischen Presse wurde er deshalb als »Gauguin der Literatur« bezeichnet. Seit fünfzehn Jahren lebte er auf der Insel, nicht weil er hier Schiffbruch erlitten hatte, sondern weil er sie unter tausend anderen Orten der Welt zu seinem freiwilligen Paradies erwählt hatte. Hier schrieb er die Romane, in denen er Landschaft und Menschen der Insel literarisch verewigte. Mit einem kubanischen Thema gewann er den Nobelpreis. Das waren für die Kubaner Gründe genug, sich bei dem Weltautor zu bedanken. Wie aber einen Star ehren, der auf Kuba seine Ruhe haben möchte und wenig von öffentlichen Auftritten hält? Fernando Campoamor ließ sich etwas einfallen. In einfachem, ländlichem Rahmen – den Gärten der Wirtschaft *Modelo* in Havannas Vorort Cotorro – organisierte er das Festmahl für *papa* im Kreis seiner Freunde, den Fischern von Cojímar und weiteren zweihundert geladenen Gästen, die gesamte Bohème von Havanna, Journalisten, Künstler und einheimische Schriftsteller. Die ganze Mannschaft der *Bodeguita* war unter den Gästen: Angel Martínez, Carlos Puebla, Felito Ayón, außerdem der Bildhauer Juan José Sicre sowie Bola de Nieve. Die Nachricht machte in allen Zeitungen die Runde: »Am Montag, den 13. August 1956 findet zu Ehren Hemingways, der seit vielen Jahren in treuer Freundschaft mit Kuba verbunden ist, ein Festessen statt. Das Mittagessen wird von der Brauerei Hatuey gestiftet. Der Nobelpreisträger sagt dazu: ›Ich muss mein Bestes tun, um nicht vor dem 13. August zu sterben.‹«

»Ich hätte gern fünfhundert Leute eingeladen. Du kannst dir ja vorstellen, dass bei diesem Essen einfach jeder dabei sein wollte«, kommentiert Campoamor heute das legendäre Bankett. »Aber schließlich war ich nicht derjenige, der die Zeche zu zahlen hatte, und so riss ich mich zusammen und beschränkte die Einladung auf zweihundert Gäste. Ich konnte damit Hemingway für unsere Freundschaft danken und gleichzeitig die unausgesprochene Erwartung meiner Kollegen einlösen, ihn endlich einmal persönlich zu treffen.«

Es war auch der große Tag Campoamors. Der Zeremonienmeister befand sich in seinem Element, er holte den Schriftsteller und seine Frau Mary Welsh in der Finca Vigía ab, sorgte für eine bunt gemischte Sitzordnung und hielt eine kurze, aber blumige Festrede auf den Schriftsteller, der sein Volk einen neuen literarischen Stil gelehrt habe, auch wenn er sich selbst nach achtundfünfzig Jahren immer noch keinen ordentlichen Krawattenknoten binden konnte.

An diesem Tag überraschte Hemingway die Anwesenden mit einer ungewohnten Geste der Rührung. Nach dem Essen stieg er auf die Bühne und überreichte Fernando Campoamor seine goldene Nobelpreismedaille mit den Worten, dass er sie der Virgen de la Caridad del Cobre in Santiago de Cuba stiften möchte, der Schutzpatronin Kubas und der Fischer von Cojímar. »Möge dieses Schmuckstück im Besitz des Volkes bleiben, *que tanto amo* – das ich so sehr liebe.« Mit dieser Geste ist Hemingway endgültig Kubaner geworden. »Der in den Staaten geborene Kubaner«, wie es die Presse in ihrer Resonanz auf den Festakt formulierte.

Noch vier Jahre sollte der Rummel in La Vigía anhalten, dann wurde es still in der Finca. 1960 verließen Mary und Ernest Hemingway ihr Haus in San Francisco de Paula und zogen nach Ketchum in Idaho. Ein Jahr später nahm sich der Autor von *Der alte Mann und das Meer* mit einer Jagdflinte das Leben.

In der Finca Vigía steht seitdem die Zeit still. Nichts wurde verändert, seit der Hausherr starb. Seine Schreibmaschine ist immer noch auf ihrem Stammplatz auf dem Bücherregal, vor dem Bett eine Vichy-Wasserflasche, Hemingways Kappe auf dem Kopfkissen, in der Wohnzimmerbar noch die Flaschen, die der Hausherr höchstpersönlich geöffnet hat.

1964 weihte Alejo Carpentier Hemingways Finca als Museum ein. Der erste Direktor hieß Fernando Campoamor. Ein wenig seltsam habe er sich bei dem Gedanken gefühlt, dass er nun die Türen eines Privathauses dem Publikum öffnen sollte, meint Campoamor. »Steckt darin nicht immer etwas Voyeurismus?« Doch damit erfüllte er Hemingway auch einen letzten Freundschaftsdienst, da er in seiner Rolle als Museumsleiter, was das Andenken an den großen Freund betraf, auf Form und Richtung Einfluss nehmen konnte. Eine Aufgabe, die für ihn eine Sache der Ehre war und deshalb von ihm auch ehrenamtlich verrichtet wurde. Es wäre ihm unredlich erschienen, sich dafür bezahlen zu lassen, dass er das Privileg genoss, der Freund eines berühmten Mannes gewesen zu sein.

So hat man sich also Fernando Campoamor, der in den Vierziger- und Fünfzigerjahren mit den Großen dieser Welt verkehrte, in den Sechzigerjahren vorzustellen: als Verwalter eines einsamen Hauses, in dessen Räumen das Leben zu pulsieren aufhörte, als in Havanna ein neues Zeitalter begann – die Zeit nach der Revolution. Die Finca Vigía symbolisierte eine Lebenskunst, die auf Kuba eine lange Vergangenheit hatte, Anfang der Sechzigerjahre aber nicht mehr dem sozialistischen Stil der Revolution entsprach.

62 Auf dem Friedhof von Havanna enden Spuren, die mit einem aufregenden Kapitel kubanischer Zeitgeschichte verbunden sind. Das Grab von Rita Montaner ist Wallfahrtsort nostalgischer Habaneros.

63–64 Der Stadtteil Vedado war der diskrete Rückzugsbereich der kreolischen Bourgeoisie. Detailverliebte Villen und Gärten, elegante Salons und Pianos, auf denen die Stücke der Epoche gespielt wurden, sind Zeugen einer vergangenen Ära.

65 Die Finca *Vigía*, Hemingways Zuhause auf Kuba, ist seit langem Museum. Fernando Campoamor war der erste Direktor. Sein Kommentar dazu: »Ich durfte auf ein totes Haus aufpassen. Bei den leblosen Dingen um mich herum fing ich an, mich selbst immer älter zu fühlen. Ich passte mich schnell meiner Umgebung an.«

66–67 Havanna ist die Stadt der Paläste und der Wäscheleinen; eine Stadt, in der sich Stil und Selbstgebasteltes ungezwungen miteinander mischen, weil hier die Kunst der Improvisation regiert.

68–69 *(rechte Seite)* Im Haus der verstorbenen Sopranistin Iris Burguet werden die süßlichen Träume der kubanischen Bourgeoisie konserviert. Der Geist der früheren Bewohnerin schwebt durch die Räume und füllt sie mit andernorts längst verklungenen Melodien.

70–72 Havanna hat nie den Glauben an sich selbst verloren, auch wenn von den Häusern teilweise nur noch die Fassaden stehen, nachdem sie jahrzehntelang dem zersetzenden Atem der salzhaltigen See und der Zeit überlassen wurden. Die Entdeckungen in der Hafenmetropole entziehen sich jedem Reiseführer. Es sind kubanische Aphorismen, die einer vertraulichen Zwiesprache mit der Stadt entspringen.

73 *No es fácil*, leicht ist es nicht, das Leben. Aber wenn diese Erkenntnis irgendwo auf der Welt zu einer vitalen Grundstimmung stilisiert wurde, dann in Havanna. Denn der größte Trumpf dieser Stadt sind die Menschen.

HAVANNA *Feelings*

Ende einer Ära

Die Stadt der Toten

Scheinbar im Kontrast zur Unbekümmertheit, mit der sich Havanna dem Leben stellt und dem Gedanken an das Jenseits ausweicht, steht der monumentale Friedhof Cristóbal Colón, Familientempel aus Carrara-Marmor; dramatische Skulpturen und in Stein gehauene Szenen ragen in den Himmel. Wie für die Ewigkeit gebaut, als sollte der Gedanke an das Ende, der im Leben vernachlässigt wurde, im Tod nachgeholt werden. Hatte sich Havanna der Leichtigkeit im Umgang mit dem Leben doch nicht bis zum letzten Atemzug verschrieben? Planung und Anlage der pompösen Grabmäler setzen intensive Beschäftigung mit Tod und Jenseits zu Lebzeiten voraus. Doch wie ist das mit der kubanischen Philosophie der Leichtlebigkeit zu vereinbaren?

»Ich hab's dir gesagt, Cheo!«, ruft eine Witwe vorwurfsvoll, fast wütend ihrem verstorbenen Gatten hinterher und schreibt es ihm als letzte, abschließende Lebenslektion auf den Grabstein. Ein wuchtiger Dominostein ziert ein anderes Grabmal. Der Tote wurde bei seinem letzten Spiel aus dem Leben gerissen. Kein Grund, das Spiel zu unterbrechen. Die doppelte Drei hielt er in der Hand, als ihn der Herzinfarkt ereilte. Mit der doppelten Drei fährt er mit seinem Spiel im Tod fort. Die Ewigkeit wird zur letzten Geste stilisiert, der etwas nahezu Beiläufiges anhaftet. Und die kunstvoll und teuer angelegten Grabstätten verraten, dass nur noch ein weiteres Mal versucht wird, der unfassbaren Vorstellung vom Jenseits auszuweichen, indem man es domestiziert und aus der jenseitigen eine Fortsetzung der diesseitigen Welt macht. Die Gräber und Grabreihen sind nach der gesellschaftlichen Stellung und Klassenzugehörigkeit derjenigen unterteilt, die darin ihre ewige Ruhe suchen. Zeige mir dein Grab, und ich sage dir, welche Chance dir Havanna zu Lebzeiten bot! Der Grundriss des Friedhofs Colón entspricht Havannas Gesellschaft en miniature. An der begrünten Hauptstraße, die am Hauptportal beginnt und durch den gesamten Friedhof führt, liegen die Prachttempel der alten kreolischen Aristokratie und die Pantheons einflussreicher gesellschaftlicher und beruflicher Vereinigungen, mit denen die Mitglieder auch nach dem Tode verbunden blieben. Bei einem Spaziergang durch den Friedhof Colón mit seinem überladenen Marmor und Neobarock flackert noch einmal jene Zeit auf, in der Havanna die Metropole der kreolischen Zuckerbourgeoisie war.

In vorderster Reihe, gleich hinter dem Haupteingang links, liegt die Grabstätte der Herzöge von Mortera, in Sichtweite zum Grabmal des General Gómez und seiner Familie. In bester Gesellschaft ruhen auch die achtundzwanzig Feuerwehrmänner, die bei einem Brand 1890 ihr Leben verloren. Ihr Denkmal ist das bekannteste des ganzen Friedhofs.

In der Mitte des Friedhofs kreuzt die asphaltierte Allee eine zweite Hauptstraße, die quer zu ihr verläuft. Hier liegen die Gräber des gehobenen Mittelstands. Die beiden Straßen unterteilen den Friedhof in vier symmetrische Quadranten, von denen kleinere Straßen abgehen, die jeweils kleinere Wegkreuzungen bilden. Mit zunehmendem Abstand zur Hauptstraße verringert sich die Pracht der Gräber. Am äußersten Winkel im westlichen Teil des Friedhofs wurden die gesellschaftlichen Außenseiter, die Nicht-Katholiken und Epidemie-Opfer, beigesetzt.

Die Architektur des Cementerio Colón präsentiert und symbolisiert die Gesellschaft einer vergangenen Epoche. Aus individuellen Lebensgeschichten wurden spirituelle Denkmäler für die Nachwelt. Grandiose Marmorskulpturen, die dramatische Szenen aus dem Leben festhalten oder religiöse Themen darstellen, schmücken oft auch die Grabstätten unbekannter Menschen, um ihnen zumindest nach dem Tode etwas von dem zu geben, was sie vorher nicht besaßen: einen Hauch Grandezza. Die Namen, deren Bekanntheit schon zu Lebzeiten die private Dimension sprengte, brauchen den Zierrat nach dem Tod nicht. Ihre Gräber sind oft die unscheinbarsten: Fernando Ortiz liegt unter Bäumen versteckt, von Rita Montaner blieb nur der Name – ohne Schmuck –, Lezama Limas Grabstein ist verwaschen, sein Name kaum mehr lesbar.

Havanna, die Stadt, die eine gebärdenreiche Sprache liebt, pflegt auch nach dem Tod das Pathos. Das allgegenwärtige Flüstern, Rauschen und Wispern, das über der Stadt schwebt und jahrhundertealte Legenden und Anekdoten über sie hinwegträgt, verstummt auch nicht auf dem Friedhof: »Todgeweihte«, raunt und wispert es, »fuhren nach

Havanna, um hier begraben zu werden. Der Kunstsammler Oscar Cintas, Campoamors geheimnisvoller Nachbar, kam aus New York; André Voisin, ein französischer Wissenschaftler, wollte Havanna sehen und sterben. Selbstmörderinnen kletterten über die Friedhofsmauern und vergifteten sich auf den Gräbern der Toten.

Wie kleine, welke Blätter fallen lautlos und sanft die Gerüchte und geheimnisvollen Legenden auf eine schwarze Marmorplatte nieder und bedecken drei Buchstaben: O. Z. W. – die Initialen der Gräfin Olla Zubikowska, Tochter einer angesehenen Wiener Familie. Sie kam Mitte der Dreißigerjahre mit 41 000 Pesos in Havanna an und starb zehn Jahre später – bettelarm. Doch bereits kurz nach ihrer Ankunft erwarb sie auf dem Friedhof Colón ihre letzte Ruhestätte, als Grundeigentum mit ewiger, unbegrenzter Belegungsdauer. *Clausurada*, steht denn auch auf ihrer Grabplatte, womit die Gräber gekennzeichnet werden, die nicht nach Ablauf einer festgelegten Zeit geräumt werden. Im Lauf der Zeit erwarb sie zwei weitere Gräber, um größere Auswahl zu haben. Mit ihren letzten fünfundsiebzig Pesos zahlte die Gräfin, den nahen Tod ahnend, im November 1945 schließlich noch ihr eigenes Begräbnis. Zwei Wochen später war sie tot. Ihre Nachbarn standen in der Oficios-Straße, tuschelten, blickten immer wieder zum verschlossenen Fenster hoch, hinter dem die verarmte Gräfin in einem bescheidenen Zimmer gelebt hatte, und schüttelten betroffen die Köpfe. Waren die Umstände ihres Todes nicht rätselhaft? Wurde die Gräfin vielleicht umgebracht? Oder legte sie in ihrer Todessehnsucht gar Hand an sich selber? Eine Autopsie brachte Klärung: Olla Zubikowska starb eines natürlichen Todes, an einer Leberzirrhose. Die Gerüchte verstummten, stattdessen setzte eine romantisch verklärte Rückschau ein. Die mysteriöse Nachbarin beherrschte mehrere Sprachen, sie behielt trotz Armut ihre Noblesse, und einmal rief sie sogar emphatisch aus: »Ich weiß, dass ich sterben muss, und ich werde es stilvoll tun. Ich kann nicht um Almosen flehen. Das verbieten meine gesellschaftliche Stellung, meine Herkunft und meine Moral. Vielleicht täusche ich mich, aber es gibt so viele, die sich täuschen.« Ihr Nachbar fand sie am Morgen des 13. Dezember 1945 tot in ihrem Zimmer auf. Ihr Begräbnis verlief nach Plan. Sie wurde in einem der Gräber beigesetzt, die sie erworben hatte. Nach ihrem Tod fand die Gräfin wieder zu der Etikette zurück, die ihrer gesellschaftlichen Herkunft entsprach. Sie liegt in den vorderen Reihen, neben ihr die großen Namen kubanischer Geschichte.

Was sind schon zehn entbehrungsreiche Jahre in Armut, wenn eine ewige Ruhestätte wartet, die mit edelsten Materialien verkleidet ist? Ihr Grabmal aus teurem schwarzen Marmor, der per Schiff von Italien nach Kuba gebracht wurde, hat die Zeit bis heute unbeschädigt überdauert. Gut angelegtes Geld!

Nicht jede der monumentalen Familiengrüfte hat die Zeit so gut überstanden. Die kostbaren Grabstätten sehen zum Teil reichlich lädiert aus. Buntglasscheiben sind zersprungen, in Familienkapellen wurde eingebrochen, Grabplatten sind verschoben, auf dem Boden der Gräber liegen menschliche Knochen, Marmor wurde abgetragen, Skulpturen bröckeln. Was für die Ewigkeit geplant war, Wirbelstürme und Salpeterangriffe überdauerte, gerät heute in die Hände von Grabräubern, die gegen Kunstwerke und Weihestätten mit Spitzhacke und Schaufel vorgehen, weil sie nur an den Materialien interessiert sind. Sie stehlen Marmor, Granit und – im Inneren der Gräber – Goldzähne, Hochzeitsringe und den Familienschmuck der Toten. Kapellen, so fest und sicher gebaut, dass sie früher den nahe beim Friedhof wohnenden Familien in den langen, wilden Sturmnächten Havannas Schutz und Zuflucht geboten haben, sacken ein, nachdem ihre Fundamente untergraben wurden, um die Marmorböden zu lockern. Bisher war der Ort, der eigentlich die menschliche Vergänglichkeit symbolisiert, ein Reservat der alten Pracht, besser erhalten als so mancher Straßenzug in Havanna, wo von den einst so beeindruckenden Wohngebäuden nur Steingerippe und Schuttberge geblieben sind. Nun droht der massive Verfall auch im Friedhof Colón Einzug zu halten; unauffällig, unsichtbar zunächst, noch hat er im Gesamtkunstwerk, das – wie Havannas Altstadt – den Titel *Patrimonio cultural* trägt, keine Spuren hinterlassen. Aber warum sollte man mit der Stadt der Toten pietätvoller umgehen als mit der Stadt der Lebenden?

Die Toten sind tot, und der Vorwurf, die Bedürfnisse der Lebenden zu vernachlässigen, wiegt dagegen weitaus schwerer. Havannas Bewohner waren immer die Meister der Improvisation, doch jetzt wird ihre

Philosophie der Unbekümmertheit mit einem Handstreich weggewischt. »Mit leerem Gerede lassen sich keine Häuser renovieren und fehlenden Materialien ersetzen.« Wo der Schönheit die Berechtigung entzogen wird, weil nur noch die nackte Not regiert, kann die kubanische Seele nicht mehr leichtfüßig der Ewigkeit ausweichen, sondern fängt an, nachlässig mit ihr umzugehen. Um wie viel einfallsreicher und witziger wirken im Nachhinein die pointenreichen Diebstähle der Vergangenheit, die die ganze Stadt erheiterten. Da gab es die mysteriösen Diebstähle der Trauerbänder, an die sich Julio Girona lachend erinnert. Wochenlang versuchte man, der Person auf die Spur zu kommen, die von den Gräbern frisch Beerdigter die Trauerbänder stahl. Und als der Dieb dann auf frischer Tat ertappt wurde, entpuppte er sich als alte Frau. »Aber Señora, schämen Sie sich denn nicht, die Bänder der Toten zu stehlen? Wie können Sie damit Geschäfte machen?«, fragte sie der Beamte auf der Polizeibehörde entrüstet.

»Aber ich verkaufe sie doch gar nicht«, sagte die Alte. »Ich nähe mir daraus Mieder und Unterhosen. Kommen Sie mit, ich zeige es ihnen.«

Im Nebenraum entkleidete sie sich, und der verblüffte Polizist las auf dem Mieder: »Gefallen bei der Erfüllung seiner Pflicht.« Und auf dem Höschen: »Ruhe in Frieden.«

»Ist schon gut, ziehen Sie sich wieder an«, meinte der Beamte verlegen.

»Einen Moment noch«, verlangte die verwegene Bänderdiebin und drehte ihm den Rücken zu. Auf dem Höschen stand: »Lola, deine Freunde werden dich immer in Erinnerung behalten.«

Bei einem Spaziergang durch den Friedhof fällt auf, dass die Einstellung zu Leben und Tod bei den Habaneros gar nicht so sehr von Gegensätzen geprägt war. Die Nekropole wurde im Geist der bestehenden Gesellschaft errichtet, sie ist eine Stadt in der Stadt, ein Spiegelbild ihrer Zeit. Was vielmehr heraussticht, ist der Kontrast zwischen gestern und heute. Die Zäsur setzte die kubanische Revolution. Nirgends zeigt sich das Ende der alten und der Beginn der neuen Ära so abrupt, übergangslos und plastisch anschaulich wie hier. Vor 1959 wurden die Grabreihen angelegt wie die Häuser und Straßen in der Stadt der Lebenden, nach gesellschaftlichem Rang und Namen. Nach 1959 gehören die

Pracht und der Prunk der bürgerlichen Vergangenheit Havannas an. Einzig die Grabanlagen der beruflichen und ethnischen Vereinigungen wurden weitergeführt. So gibt es mehrgeschossige Urnenhallen der *Sociedad Gallega* und der *Asturianos*, der Vereinigung der Busfahrer und der Streitkräfte. Im Mausoleum der Revolutionären Streitkräfte liegt Celia Sánchez begraben, die Weggefährtin Castros. Die Märtyrer der *Granma*, Castros bei der Landung in Kuba 1956 gefallene Kampfgenossen, haben ihre eigene Grabstätte, ebenso die Märtyrer der Expedition der *Corintia* und die Märtyrer von Angola. Die Heldengräber der Revolution symbolisieren die neuere Geschichte Kubas. Die kostspieligen Privatkapellen der ehemaligen Oberschicht verfallen seit langem, da die nachfolgenden Generationen, diejenigen, die sich normalerweise um den Erhalt des Grabmals kümmern, das Land verlassen haben. Der chinesische Friedhof, der in direkter Nachbarschaft zum Cementerio Colón angelegt wurde, zeigt, wie weit der Verfall gehen kann, wenn eine Gemeinschaft beinahe geschlossen aus dem Land auswandert. Die Vergangenheit wirkt umso vergangener, denn der Verfall hebt die zeitliche Distanz hervor, die zwischen dem, was war, und der Erinnerung daran steht. Da nützt es auch nichts, dass weit Zurückliegendes durch Erzählungen in vertraute Nähe gerückt ist. Der Anblick der Namen der Toten auf den Grabplatten hat etwas Endgültiges. Spätestens jetzt begreift man, dass die Vergangenheit nicht wieder belebt werden kann. Denn die Namen, die in Biografien und Erzählungen mit lebenden Menschen verknüpft werden und die man sich dann auch als lebendige Menschen vorstellt, gehören in Wirklichkeit zu den Toten, deren sterbliche Überreste unter den schweren Grabplatten liegen. Doch gleichzeitig erhält die Vergangenheit dadurch auch wieder etwas Beruhigendes und Konkretes. Bei den in Stein gehauenen Namen enden Spuren, denen man durch die ganze Stadt gefolgt ist. Vielleicht haben sie bei einem Bild von Carlos Enríquez angefangen, bei einer alten Archivaufnahme mit Rita Montaner oder bei der Aufführung einer beliebten Zarzuela aus der Feder von Gonzalo Roig. So liest sich auch der Name des *Guantanamera*-Komponisten Joseíto Fernández auf der Grabplatte wie das Ende einer Geschichte: gestorben am 5. Mai 1965.

Auf einem der Gräber taucht der Name des kubanischen Schachweltmeisters José Raúl Capablanca auf. Eduardo Sánchez de Fuentes, der Komponist der Habanera *Tú*, liegt neben den unbekannten Bewohnern Havannas begraben, die seine vielen Lieder durchs Leben begleitet haben.

Im südlichen Abschnitt hinter der Friedhofskapelle liegt auf der linken Seite das Grab der bekanntesten Sopranistin der Fünfzigerjahre: Iris Burguet, die kubanische Interpretin des klassischen Liedes. Auf einem kleinen Foto lächelt sie den Passanten als junge Frau entgegen. Frische Blumen stehen in der Vase auf der Grabplatte. Das Grab wirkt poliert. Eduardo Cura, der Witwer der Sängerin, kümmert sich um das Grabmal seiner Frau, deren Biografie beispielhaft für den Zeitenwechsel ist, der 1959 erfolgte. Jahrelang füllte ihre Stimme die größten Säle Havannas und begeisterte ein internationales Publikum. Iris Burguet wurde in den kubanischen Zeitungen frenetisch gefeiert und zur kubanischen Maria Callas stilisiert. Jahrzehnte später jedoch ist die frühere Diva völlig vergessen.

Eine verlorene Biografie

Das berühmte *Auditorium*, der Stolz des alten Havanna, brannte Anfang der Achtzigerjahre nieder. In der offiziellen Version heißt es, das Feuer wurde von Konterrevolutionären gelegt. Doch die Brandursache wurde nie eindeutig geklärt.

Das Konzerthaus wurde wieder aufgebaut und unter dem Namen *Amadeo Roldán* neu eröffnet. Im Foyer hängen die Fotos der einheimischen und internationalen Künstler, die die glanzvolle Geschichte des berühmten Saals mitgeschrieben haben. Nach einem Foto sucht man allerdings vergeblich: Iris Burguet. Dabei war sie neben Martha Pérez jene Künstlerin, die häufiger als jede andere Interpretin auf der Bühne des Konzertsaals stand, seit sie 1937 als Fünfzehnjährige bei einem Konzert unter der Leitung von Gonzalo Roig debütierte. Doch im Memorial der Auditorium-Biografie wurde die bekannteste Stimme des Belcanto schlichtweg vergessen.

Im Archiv der staatlichen Plattenfirma Egrem lagern Aufnahmen, die wenige Jahre vor ihrem Tod gemacht wurden. Mit einer Stimme, die sich durch die Erfahrungen des Lebens und des Alterns dem Mezzosopran genähert hat, singt Iris Burguet Stücke von Sánchez de Fuentes. Begleitet von dem Pianisten Eduardo Lecuona, einem Neffen des Meisters Ernesto Lecuona, trägt sie die Habanera *Tú* über die Schatten der Zeitenwechsel hinweg in die Gegenwart.

Anders als die populäre Rita Montaner, deren Repertoire die beliebten Zarzuelas und Pregones umfasste, konzentrierte sich Iris Burguet auf das wenig volkstümliche, aber kunstvolle Lied. Die beiden Diven der kubanischen Konzertbühnen gingen respektvoll miteinander um. Sie waren zu unterschiedlich, um sich künstlerisch in die Quere zu kommen. Die Montaner war von dem musikalischen Können und der ausgebildeten Stimme der Sopranistin sogar beeindruckt. Sie schlug ihrer jüngeren Kollegin vor, gemeinsam zu üben. Iris Burguet wusste das Angebot der berühmten Sängerin zu schätzen, das umso ungewöhnlicher war, da Rita für ihre spitze Zunge Kolleginnen gegenüber bekannt war. Sie sagte, dass es ihr großes Vergnügen bereiten würde, mit ihr gemeinsam zu üben. Für die Montaner war damit alles geklärt: »Also gut, dann kommen Sie zu mir nach Hause. Dort können wir eine Tasse Kaffee trinken und alles Weitere in Ruhe besprechen.« Iris Burguet lächelte freundlich und sagte mit Nachdruck: »*Sie* sind es, die mit *mir* üben möchte. Deshalb schlage ich vor, dass wir uns bei mir treffen, dort eine Tasse Kaffee trinken und in Ruhe alles besprechen.« Rita stutzte einen Moment und lachte dann auf. So begann die Freundschaft zwischen zwei Bühnenstars, was wohl auch in Havanna eher die Ausnahme war.

Die Suche nach Spuren von Iris Burguet führt wieder einmal ins Archiv von Fernando Campoamor. Der Name der Sopranistin taucht in mehreren Zeitungsartikeln aus den Fünfzigerjahren auf: »Hotel *Hilton* eingeweiht.« Im kulturellen Rahmenprogramm sang die Sopranistin in Begleitung des Philharmonischen Orchesters unter der Leitung von Gonzalo Roig.

Als Heitor Villa-Lobos seine Gastkonzerte im *Auditorium* gab, trat sie als einzige Solistin auf. Der brasilianische Komponist wählte die einunddreißigjährige Sängerin, weil er sie zu den besten Sopranstimmen der Welt zählte. Villa-Lobos und siebenundzwanzig Millionen Radiohörer können nicht irren. Sie verliehen Iris Burguet den Titel der lateinamerikanischen Radiokönigin. Ihr Repertoire umfasste Lieder von Mahler, Britten, de Falla und anderen.

Auf dem Platz der Kathedrale organisierte sie gemeinsam mit Erich Kleiber die ersten Volkskonzerte, bei denen der Eintritt bescheidene fünfundzwanzig Centavos kostete. Iris verlangte kein Honorar, die Einnahmen kamen den Musikern des Orchesters zugute.

Die Regierung unter Batista entsandte sie als musikalische Botschafterin in die Länder Europas. Ihre Tourneen führten sie nach London, Wien, Paris, Hamburg und München. Sie nutzte die Aufenthalte auch, um ihre Stimme weiter auszubilden. So nahm sie Gesangsunterricht, besuchte in München die Musikhochschule und lernte Deutsch am Goethe-Institut. Zur gleichen Zeit trat sie in den renommiertesten Konzertsälen Europas auf. Als sie in Paris sang, saßen Wifredo Lam, Bola de Nieve und der kubanische Dirigent Félix Guerrero unter den Zuschauern und konnten hören, mit welcher Selbstverständlichkeit Iris Burguet in ihrem Programm die Stücke internationaler Komponisten mit denen kubanischer Komponisten mischte. Das Publikum applaudierte ihr stehend, und die kubanischen Verehrer im Parkett atmeten erleichtert auf.

Iris Burguet kehrte nach einem dreijährigen Europa-Aufenthalt 1961 in die Heimat zurück. Sie war sich vollkommen im Klaren darüber, wie ihr künstlerischer Weg weitergehen sollte. Der europäischen Musiktradition widmete sie sich mit der gleichen Leidenschaft wie der Musikgeschichte ihres eigenen Landes. Sie stellte sich die Frage, wie weit die Seelenverwandtschaft von Musik gehen kann. Was haben sich Liszts *Liebestraum* und Lecuonas *Habanera* zu sagen? Iris Burguet wollte den Geist der europäischen mit der kubanischen Romantik verbinden. Schubert, Schumann und Brahms neben Sánchez de Fuentes, Ernesto Lecuona und Jorge Anckermann stellen. Sie freute sich auf die künstlerischen Herausforderungen, die vor ihr lagen. Sie war siebenunddreißig Jahre jung, hatte ihrer Stimme viel Zeit gelassen, um langsam und dauerhaft reifen zu können, und sah nun eine lange Gesangskarriere vor sich. Die politischen Veränderungen nahm sie zur Kenntnis, dachte aber nicht daran, dass sie ihre Arbeit beeinflussen könnten. Schließlich war sie Sängerin, keine Politikerin. Ihre Stimme sollte auf der Bühne erklingen, nicht in den Gängen der UNEAC – des nationalen Schriftsteller- und Künstlerverbandes. Und tatsächlich wird die kubanische Sopranistin zweiundzwanzig Mal in die sozialistischen Bruderländer entsandt, so wie sie vorher durch den Westen Europas reiste. Sie trat weiterhin als Solistin auf und sang mit dem Philharmonischen Orchester, das mittlerweile in Symphonisches Orchester umbenannt worden war. Und sie kümmerte sich als Gesangspädagogin um den künstlerischen Nachwuchs im lyrischen Genre. Iris Burguet machte mit dem weiter, was für sie Lebensinhalt war – sie sang. Nur hatten sich jetzt die Bedingungen geändert, unter denen sie auftrat. Sie stand weiterhin im *Auditorium* auf der Bühne, sie trat im Saal des Napoleonischen Museums auf, das 1966 eröffnet wurde, und sie sang in der Provinz – vor immer weniger Publikum. Iris Burguet war bereit, Kompromisse einzugehen, wo sie der Kunst dienten. So ließ sie sich ihre Enttäuschung nicht anmerken, wenn ihre Vorstellungen kaum noch besucht wurden, und sang weiterhin mit echter Hingabe vor leeren Zuschauerreihen. Sie war aber kompromisslos, wenn es darum ging, bei ihrer Arbeit Konzessionen an den Zeitgeist zu machen. Sie weigerte sich zum Beispiel, auf einer Bühne aufzutreten, auf der ein kaputter Klavierschemel stand, dem man provisorisch einige Ziegelsteine als Stuhlbein untergeschoben hatte. Und sie ignorierte auch die wohlmeinenden Ratschläge, ihr Repertoire zu verändern und populärere Sachen im Stil der Pregones und Zarzuelas zu singen. Iris Burguet war keine Sängerin, die Mehrheiten bediente. Sie widmete sich dem klassischen Lied zu Zeiten, in denen Minderheitenkunst nicht gefragt war, weil ihr etwas bürgerlich Elitäres anhaftete. Im Fall der Burguet war es ihre Vergangenheit als musikalische Botschafterin unter Batista. So verliert sich nach ihrem Tod im Jahr 1987 die Erinnerung an die Sopranistin, der Ernesto Lecuona den Beinamen *La Grande* verlieh.

Eduardo Cura, ihr Mann, hat sein Haus in einen Reliquienschrein verwandelt. Der Verehrungskult, den er mit seiner Frau betreibt, vereinnahmt alle Zimmer. An den Wänden hängen Ölgemälde und Fotografien, die sie auf den wichtigsten Stationen ihres Lebens zeigen: nach ihrem Gesangsdebüt, mit Gonzalo Roig auf der Bühne des Auditoriums, bei einem Cocktailempfang mit Konrad Adenauer, im Kreis ihrer Kollegen, mit Bola de Nieve und Ernesto Lecuona. Dazwischen hängen Preise, Urkunden, Auszeichnungen. Wer das Haus betritt, fühlt sich zeitlich in die Belle Epoque der kubanischen Bourgeoisie zurückversetzt. Von der Decke hängen überladene Kronleuchter herab, die seit Jahren nicht mehr verwendet werden, um die Glühbirnen zu schonen. Das Esszimmer mit dem langen Eichenholztisch und dem feinen weißen Tischtuch wird durch Spiegelwände ins Unendliche vervielfacht. Auf Anrichten und in Vitrinen stehen kostbare Gläser und antike Porzellanfiguren, die Iris Burguet von ihren Reisen mitgebracht hat. Im Treppenhaus hängen Bilder, die kubanische Künstler der von ihnen hochverehrten Sängerin gewidmet haben. Auf dem Grammofon liegt eine ihrer Platten auf. Im Schlafzimmer hat der Witwer seit dem Todestag seiner Frau nichts mehr angerührt. Im Schrank hängen immer noch die paillettenbestickten Kleider, in denen sie glanzvolle Auftritte hatte. Auf dem Frisiertisch liegen ordentlich aufgereiht Silberkamm, Bürste und eine kleine Schmuckschatulle. Auf ihrem Bett: die Krone, die sie als Radiokönigin erhielt, und daneben ein Notenblatt mit einer Widmung Lecuonas. Abends hört Eduardo Cura die alten Plattenaufnahmen seiner Frau. Er stöbert in ihrer Korrespondenz und liest immer wieder Zeitungsausschnitte und Kritiken. Sie sind ihm Beweis, dass seine Frau wirklich eine der großen Persönlichkeiten des Belcanto war, auch wenn sie heute vergessen ist. »Die Geschichte wird eben von Menschen geschrieben«, sagt er.

Eduardo Cura bemüht sich, mit Würde den Geist einer vergangenen Epoche zu kultivieren, auch wenn das in den Zeiten der *período especial*, der Zeit des Energiemangels und der Nahrungsknappheit seit Anfang der Neunzigerjahre, zunehmend schwerer wurde. Seitdem ist es noch einsamer und stiller in den Räumen geworden. Denn um Gäste zu bewirten wie früher, fehlt ihm wie jedem Kubaner das Geld. So leben das Haus und sein Besitzer hauptsächlich von den Erinnerungen an bessere Zeiten und trösten sich damit in bester Gesellschaft.

Ein Brief zum Jahreswechsel

In der Nacht zum 1. Januar 1959 senkte sich der Vorhang über dem alten Havanna. Als er sich wieder hob, war alles anders. Die Halbwelt und der Jetset hatten die Stadt verlassen. Neue Besucher kamen an: Linksintellektuelle, Philosophen, Schriftsteller. Gabriel García Márquez führte bereits im Januar seine ersten Interviews mit den ehemaligen Rebellenführern. Jean-Paul Sartre und Simone de Beauvoir waren die Vorhut der europäischen Linken, die sich mit eigenen Augen von der Kraft der Revolution überzeugen wollte. Françoise Sagan schrieb ihre Reportagen für *L'Express*.

Für die Habaneros wurde der Jahreswechsel '59 erst im Rückblick zum denkwürdigen Ereignis. Als am Morgen des 1. Januar Radio Rebelde meldete, dass Fulgencio Batista in der vergangenen Nacht mit dem Flugzeug das Land verlassen hatte, überschlugen sich die Ereignisse. Castro rief zum Generalstreik auf, um zu verhindern, dass das Militär die Macht übernehmen konnte. Am 2. Januar trafen die ersten Rebellenverbände, mit Che Guevara und Camillo Cienfuegos an der Spitze, in Havanna ein.

Als Castro Tage später seinen Triumphzug durch Kuba in Havanna beendete, quartierte er sich im zweiundzwanzigsten Stockwerk des Hotels *Havana Hilton* ein, das schnell in *Habana Libre* umbenannt worden war. Es ist wohl Ironie der Geschichte, dass Castro ausgerechnet jenes neu erbaute Luxushotel zu seinem Hauptquartier machte, das Mr. Hilton bei seiner Eröffnungsrede als »wirksamstes Mittel im Kampf gegen den Kommunismus« bezeichnet hatte.

Aufregende Zeiten auch für den Journalisten Campoamor. Lateinamerika will wissen, was sich auf Kuba abspielt. Der Exklusivreporter des *O Cruzeiro* schreibt atemlose Reportagen über die letzten Tage der Rebellen in der Sierra Maestra und über den Schrei der Freiheit, über Castros Einzug in Havanna und das Land der langen Bärte. Für Besinnliches hat er in diesen Tagen keine Zeit. Die Alltagsglosse muss dem Festtagsjubel weichen, der spöttisch-melancholische Blick auf die Wirklichkeit dem Heldengesang. Campoamor ist für einen Augenblick dem Rausch der Ereignisse erlegen. Doch dann finden sich in den unzähligen Blättern seiner Aufzeichnungen doch noch einige leise, nachdenkliche Zeilen, mit denen der Alltagschronist das neue Jahr begrüßt. Es ist ein öffentlicher Brief an die Heimat, geschrieben in den Stunden, in denen sich das alte Jahr für die Ablösung bereit hält. Ein Brief, verfasst im Ton eines Bekenntnisses, so wie er angestimmt wird, wenn man die letzten Blätter des zu Ende gehenden Kalenderjahres abreißt:

»Lass mich es dir zunächst mit den schwermütigen Worten Dostojewskis sagen, dass du gelebt und auch gelitten hast, doch mehr als alles andere hast du gelebt. Du hast deine Symphonie gespielt und dich an die Partitur gehalten und dich auch von denjenigen nicht stören lassen, die von Chaos, Verfall und Zerrüttung sprachen. Mit einigen eingestreuten, mehr und weniger gewaltsamen Variationen hast du dein Thema vorgetragen. Noch ist es in dieser harten Welt keine Todsünde, Fehler zu begehen. Aus Fehlern kann man gestärkt wieder hervorgehen, wenn man anschließend weiß, welche Richtung eingeschlagen werden muss, und du – meine Insel – wirst in der Lage sein, deinen Weg zu gehen, auch wenn du ihn bis jetzt noch nicht gefunden hast. Noch bist du nicht am Ziel angekommen – und hoffen wir, dass es noch in weiter Ferne liegt. Denn Ankommen ist auch eine Art zu sterben, weil der Lebensantrieb verloren geht, der die Segel der menschlichen Geschichte mit Wind füllt. Ich bin mir sicher, dass du dich unterwegs nicht verirren wirst. Du führst einen Kompass mit, dessen Magnetnadel dir stets den Norden anzeigt, mag sie auch unruhig erzittern.

Es war, glaube ich, der feingeistige Montaigne, der die These aufgestellt hat, dass es auf der Welt nichts Unnützes gibt. Die Laster und Fehler sind in unserer Struktur angelegt und zu entschuldigen wie die Gifte, die wir zu uns nehmen, obwohl wir wissen, dass sie unserer Gesundheit schaden. Wir brauchen sie. Montaigne ging sogar so weit, zu behaupten, dass eine Nation Verräter brauche. Sie verlange auch Betrüger und Mörder. Seine These ist nicht so verwegen, wie sie auf den ersten Blick erscheint. Sie ist vielmehr sehr irdisch, erstellt für eine menschliche Gesellschaft, die aus den gleichen widersprüchlichen Zutaten zusammengesetzt ist, wie sie der Substanz deiner Insel entsprechen. Mit anderen Worten: Wir dürfen uns deine Geschichte nicht als gerade Linie vorstellen, passender ist das Bild eines Schneckengewindes, dessen Verlauf uns alle nach oben bringt, falls wir in der Lage sind, nach einem taktisch geschickten Plan vorzugehen. Um die Spirale zu erklettern, müssen wir es wie die Bergsteiger machen und uns an den Händen packen. Auf dem Gipfel der Geschichte angekommen, können wir uns auf diese Weise dort oben halten und besitzen sogar genügend Kraft und Reserven, die schwarzen Schafe mit aufzunehmen, ohne uns von ihnen wieder hinunterreißen zu lassen.

Der spanische Republikaner Don Alvaro de Albornoz, ein weiser Mann, dem man beileibe keinen Radikalismus nachsagen kann und der ruhig und friedlich im hohen Alter gestorben ist, sagte einmal folgende Sätze: ›Jedes Volk ist für sein eigenes Schicksal verantwortlich. Es rettet sich oder ertränkt sich selbst. Die Aggression kann von außen kommen, die Freiheit nicht. Völkern wie Menschen kann der Todesstoß versetzt werden. Das Leben jedoch entsteht immer in ihrem Inneren. Das wahre Leben wird nur durch eigene Substanzen erzeugt und fast immer mit dem Preis des Heldentums oder des Opfers bezahlt.‹ Das sei denjenigen eine Lehre, die an Lösungen glauben, die von außen kommen und an exzessive Großzügigkeiten geknüpft sind. Sie führen nur zum Verlust der Würde.

Ich grüße dein neues Jahr. Die vergangenen Jahre haben deine kreolische Mentalität robust werden lassen. Du bist weder das Land der Militärs noch das Land der Geschäftemacher. Für den Schriftsteller bist du auch mehr als nur Heimat der Guajiros. Auf unseren Lippen ist dein Name mit viel mehr Hoffnungen und Zuversicht verknüpft, als es bloße Ehrfurcht ausdrücken kann. Welchen Gefahren du auch immer auf deinem Weg durch die Jahre noch ausgesetzt sein wirst, wirklich wichtig ist nur, dass sich alle Aspekte von dir zu einer Insel vereinen lassen, die Heimat *aller* Kubaner ist.«

Mit diesen Worten heißt Fernando Campoamor nicht die Revolution willkommen, sondern das Jahr 1957. Sein öffentlicher Brief an die Heimat hätte allerdings auch den idealistischen Neuanfang des Jahres 1959 begrüßen können oder könnte – vorsichtig hoffend – heute stehen und an die Zukunft gerichtet sein, gereift um weitere Erfahrungen kubanischer Geschichte.

Auf alle Fälle kann sich der Verfasser dieser zeitlos gültigen Zeilen, mit denen er als Kolumnist des *Diario Nacional* seine Landsleute morgens begrüßte, in seinem Schaukelstuhl zurücklehnen und seine Havanna zu Ende rauchen. In der beruhigenden Gewissheit, dass sein Archiv nicht nur aus sentimentalen Gründen des Betreibers die Zeit und die Vergänglichkeit überdauert hat. Fernando Campoamor hat den Blick eines Journalisten archiviert, den er von seiner Wohnung aus, über die 19. Straße des Viertels Vedado hinweg, auf seine Stadt und sein Land gleiten ließ. Und wenn die Perspektive nun auch schon über ein halbes Jahrhundert alt ist, hat sie in einer Stadt, in der Umgang mit Raum und Zeit zu neuen Wirklichkeiten führt, nichts von ihrer Gültigkeit eingebüßt. Mit dem Blick zurück lässt sich heute immer noch das *Qué hubo* all der Neugierigen beantworten, für die Havanna immer etwas zu erzählen hat. Und wenn seine Geschichten in einem Land, das sich mit Begeisterung für die Dramatik seiner Helden und seiner Metropole interessiert, noch einmal auferstehen, können sie helfen, die Partie gegen die Zeit zu gewinnen. Genießen wir also Campoamors Legenden über Havanna. Denn diese sinnliche, erzählfreudige Stadt war sein Leben.

Dank

Ich bedanke mich bei meinen Gesprächspartnern, die mich in die Magie des alten Havanna eingeweiht haben. Sie tauchen in den Geschichten dieses Buches auf und werden alle namentlich erwähnt.

Literaturhinweise

Arenas, Reinaldo: Bevor es Nacht wird. München: dtv 1996.

Barnet, Miguel: Das Lied der Rachel. Frankfurt a.M.: Suhrkamp 1983.

Bourne, Peter: Fidel Castro. Düsseldorf, Wien, New York: Econ 1991.

Cabrera Infante, Guillermo: Drei traurige Tiger. Frankfurt a. M.: Suhrkamp 1987.

Calvo Ospina, Hernando: Salsa. Havana Heat – Bronx Beat. Stuttgart: Schmetterling-Verlag 1997.

Campoamor, Fernando: El Hijo Alegre de la Caña de Azúcar. La Habana: Editorial Científico-Técnica / Ministerio de Cultura 1985.

Campoamor, Fernando: Que Su Llama Nos Queme. La Habana: Impresora Vega y Cía 1953.

Carley, Rachel und Andrea Brizzi: Kuba. Architektur aus vier Jahrhunderten. Berlin: Seemann 1998.

Carpentier, Alejo: Die Methode der Macht. Frankfurt a. M.: Suhrkamp 1989.

Carpentier, Alejo: Le Sacre du Printemps. Frankfurt a. M.: Suhrkamp 1996.

Carpentier, Alejo: Mein Havanna. Geschichten über die Liebe zur Stadt. Zürich: Ammann 2000.

Cirules, Enrique: El Imperio de La Habana. La Habana: Editorial Letras Cubanas 2000.

Díaz, Jesús: Die verlorenen Worte. München: Piper 1993.

Fajardo Estrada, Ramón: Rita Montaner. Testimonio de una época. Cuba: Ministerio de Cultura Colombia / Casa de las Américas 1998.

Gibson, Ian: Federico García Lorca. Frankfurt a. M.: Suhrkamp 1999.

Girona, Julio: Memorias Sin Título. La Habana: Editorial Letras Cubanas 1994.

Greene, Graham: Unser Mann in Havanna. Hameln: Niemeyer 1998.

Guillén, Nicolás: Cuba. En el Ala de Nuestro Tiempo. La Habana: Editorial Letras Cubanas / Instituto Cubano del Libro 1995.

Guillén, Nicolás: Gedichte. Zweisprachige Ausgabe. Aus dem Spanischen von Janheinz Jahn. Frankfurt a. M.: Suhrkamp 1982.

Hemingway, Ernest: Der alte Mann und das Meer. Frankfurt a. M.: Suhrkamp 1995.
Hemingway, Ernest: Haben und Nichthaben. Reinbek: Rowohlt 1998.
Hemingway, Ernest: Inseln im Strom. Reinbek: Rowohlt 2000.
Heufelder, Jeanette Erazo: Gloria Cuartas. Bürgermeisterin für den Frieden. Porträt der kolumbianischen Menschenrechtskämpferin. Mit einem Nachwort von UNESCO-Generalsekretär Federico Mayor. Göttingen: Lamuv 1999.
Kuba und der Rum: Eine Legende. Kollektion Havana Club. In Zusammenarbeit mit Fernando Campoamor. Toulouse: Editions Bahia Presse o.J.
Lezama Lima, José: Paradiso. Frankfurt a. M.: Suhrkamp 1979.
Martí, José: Nuestra América. 1881.
Massari, Roberto: Geschichte Kubas. Frankfurt a. M.: dipa 1992.
Mießgang, Thomas: Der Gesang der Sehnsucht. Die Geschichte des Buena Vista Social Club und der kubanischen Musik. Köln: Kiepenheuer & Witsch 2000.
Moreno Fraginals, Manuel: El Ingenio. Complejo económico social cubano de azúcar. La Habana: La Prensa Cubana 1978.
Ortiz, Fernando: Glosario de Afronegrismos. La Habana: Editorial de Ciencias Sociales 1991.
Roig de Leuchsenring, Emilio: La Habana. Apuntes Históricos. La Habana: Editorial del Consejo Nacional de Cultura 1963.
Roy, Maya: Buena Vista - Die Musik Kubas. Vorwort von Compay Segundo. Nachwort von Arno Frank Eser. Heidelberg: Palmyra 2000.
Villaverde, Cirilo: Cecilia Valdés. La Habana: Editorial Letras Cubanas 1981.
Zeuske, Michael: Insel der Extreme. Zürich: Rotpunktverlag 2000.
Zeuske, Michael: Kleine Geschichte Kubas. München: C.H. Beck 2000.

Bild- und Textnachweis

Heufelder, Sylvio, München: 8, 9, 11, 12, 14, 15, 17, 18, 19, 20, 21, 22, 24, 25, 26, 27, 28, 29, 30, 31, 32, 33, 34, 36, 37, 38, 40, 41, 43, 44, 46, 53, 58, 59, 60, 61, 62, 63, 64, 65, 66, 67, 68, 69, 70, 71, 72, 73, 74
Archiv Fernando Campoamor: 1, 2 (auch Vorsatz), 3, 4, 5, 6, 7, 10, 13, 16 (auch Nachsatz), 23, 35, 39, 45, 47, 48, 49, 50, 52, 54, 55, 56, 57, 58, alle Schutzumschlagmotive
Unbekannt: 42, 51

Der Abdruck des Gedichtes *Sensemayá* von Nicolás Guillén sowie der Übersetzung von Janheinz Jahn aus dem Band „Nicolás Guillén: Gedichte. Zweisprachige Ausgabe. Aus dem Spanischen von Janheinz Jahn. Frankfurt a. M.: Suhrkamp 1982" erfolgt mit freundlicher Genehmigung des Suhrkamp Verlages, Frankfurt / M.

Register

In diesem Register sind verschiedene Namen unter Sammelbegriffen zusammengefasst:

– Bars, Cabarets, Cafés, Casinos, Restaurants usw. siehe *Bars*

– Clubs, Vereine und Gesellschaften siehe *Clubs*

– Bauwerke, Straßen etc. in Havanna siehe *Havanna*.

Des weiteren zusammengefasst sind *Filme*, *Hotels*, *Kinos*, *Musikgruppen*, *Musikstücke*, *Theater* sowie *Zeitungen/Zeitschriften*

PATRICK MARNHAM

Diego Rivera

TRÄUMER MIT OFFENEN AUGEN

Umfassende und vorzüglich recherchierte Biografie des vielleicht bekanntesten mexikanischen Malers des 20. Jahrhunderts: Diego Rivera (1886–1957).
Während seiner langjährigen Aufenthalte in Frankreich, Spanien und den USA begegnete er den großen Künstlern seiner Epoche und war stets Mittelpunkt leidenschaftlicher Diskussionen um die Aufgaben der Kunst. Seine monumentalen Wandgemälde waren Programm einer sozialen Erneuerungsbewegung. Seine eigenwillige Persönlichkeit, seine Ehe mit der Malerin Frida Kahlo und seine erotischen Eskapaden lieferten Stoff für zahlreiche Legenden.

464 Seiten mit 6 teils farbigen Abbildungen
Gebunden mit Schutzumschlag
ISBN 3-7857-2071-8

»Mit einer Fülle faszinierender Details wird dieses erzählerisch reiche und humorvolle Werk nicht nur diejenigen interessieren, die den rätselhaften Rivera verstehen wollen, sondern auch interessant für jeden sein, der mehr über sein Leben mit Frida Kahlo und über die große Allianz von Kunst und Politik … wissen möchte.«
Commonweal

GUSTAV LÜBBE VERLAG

La Emperatr
215
90